Arbeitsseiten
Hier erarbeitest du die wichtigsten Kenntnisse und Fähigkeiten.

Die Lernziele aus dem Lehrplan werden ausgewiesen.

TERRA-Codes führen dich im Internet zu dem passenden Zusatzmaterial.

Alle Texte und Materialien sind durchnummeriert.

Aufgaben stehen immer auf einer grünen Fläche.

Begriffserklärungen stehen in der Randspalte.

Emil Witoslawski
Rödelstr. 19
04229 Leipzig

1   Mit diesen Aufgaben erarbeitest du die Lernziele.

5   Unterstrichene Aufgaben vertiefen und erweitern geographische Themen.

MK   steht für Medienkompetenz und Medienbildung. In Aufgaben mit diesem Symbol übst du den Umgang mit verschiedenen Medien.

SP   kennzeichnet Aufgaben, die das Schreiben und Sprechen fördern. Sie begünstigen die Sprachbildung im Fach.

NE   steht für nachhaltige Entwicklung und kennzeichnet Aufgaben, die Zusammenhänge zwischen den Bereichen Wirtschaft, Umwelt und Soziales thematisieren.

A oder **B**   Hier wählst du dir eine Aufgabe aus.

Lösungshilfen kannst du im Arbeitsanhang nachlesen.

Diese Icons zeigen dir, welche Form des kooperativen Lernens gefordert wird (Partnerarbeit, Gruppenarbeit, Präsentieren).

Anforderungsbereiche:
- ○ Informationen erfassen und wiedergeben
- ◑ Wissen verarbeiten und anwenden
- ● Urteilen

Hinweise zum Umgang mit Operatoren findest du am Ende des Buches.

SP Sprachtipp   Zu vielen Materialien und Aufgaben findest du passende Formulierungshilfen.

T1   Zwischenüberschriften gliedern die Texte.

M1   Quellentexte haben einen roten Hintergrund.

M1   Materialtexte haben einen blauen Hintergrund.

Tipp   Hier bekommst du einen nützlichen Hinweis.

→   Dieses Zeichen weist darauf hin, dass ein Thema noch an anderer Stelle im Buch vorkommt.

Unter „Kaum zu glauben" findest du spannende Zusatzinformationen.

1. Auflage   1 5 4 3 2 1 | 24 23 22 21 20

Autorinnen und Autoren: Kerstin Hein, Rodewisch; Thomas Labusch, Münster; Ute Müller, Dresden; Christian Porth, Frechen; Eberhard Pyritz, Schloß Holte-Stukenbrock; Dr. Sandra Wochele-Marx, Leipzig
Mit Beiträgen von: Michael Bendel, Wertheim; Delia Dombrowski, Dresden; Andy Horschig, Dresden; Maik Jährig, Oderwitz; Rainer Kalla, Spenge; Christian Klotz, Bad Aibling; Peter Kraus, Wäschenbeuren; Krystina Kusserow, Göttingen; Hans Lammersen, Schieder-Schwalenberg; Bodo Lehnig, Großdubrau; Jürgen Leicht, Mutlangen; Thomas Lenz, Waldstetten; Tobias Litz, Wannweil; Günter Nau, Rechberghausen; Paul Palmen, Alsdorf; Georg Pinter, Königswinter; Marion Schauz, Heidenheim; Anne Schminke, Olpe; René Terzic, Göppingen; Sophia Wagner, Gößnitz

Entstanden in Zusammenarbeit mit dem Projektteam des Verlages.
Externe Redaktion: Lisa Vogel, Berlin

Gestaltung: Nathanaël Gourdin & Katy Müller GbR, Leipzig
Umschlaggestaltung: Nathanaël Gourdin & Katy Müller GbR, Leipzig
Satz: detailverliebt. Ulrike Poppe, Leipzig
Reproduktion: Druckmedienzentrum Gotha GmbH, Gotha
Druck: Firmengruppe APPL, aprinta druck, Wemding

Printed in Germany
ISBN 978-3-12-105005-5

Kerstin Hein, Thomas Labusch, Ute Müller,
Christian Porth, Eberhard Pyritz, Dr. Sandra Wochele-Marx

TERRA

Geographie 6

Ernst Klett Verlag
Stuttgart · Leipzig

1

Europa im Überblick 4

2

Klima und Vegetation in Europa 26

3

Im Norden Europas 46

4

In den Alpen 66

Farblegende:
TERRA METHODE
TERRA ORIENTIERUNG
TERRA TRAINING
TERRA EXTRA

5

Im Süden Europas 86

6

Europa zwischen Atlantik und Ural 106

7

Wirtschaften in Europa 134

8

Arbeitsanhang 146

9

Haack-Kartenteil 174

Mit Operatoren arbeiten hintere Umschlagseite

Europa im Überblick

M1

Über 700 Millionen Einwohner in 50 Staaten mit vielen verschiedenen Sprachen, Kulturen, und Landschaften – Europa ist jeder Hinsicht ein Kontinent der Vielfalt. In der Karikatur zeigt der Zeichner bekannte Besonderheiten einzelner Länder. Was kennt ihr? Was ist euch unbekannt? Woran könnt ihr erkennen, um welche Länder es sich handelt? Fallen euch weitere Besonderheiten dieser Länder ein, die in der Karikatur fehlen?

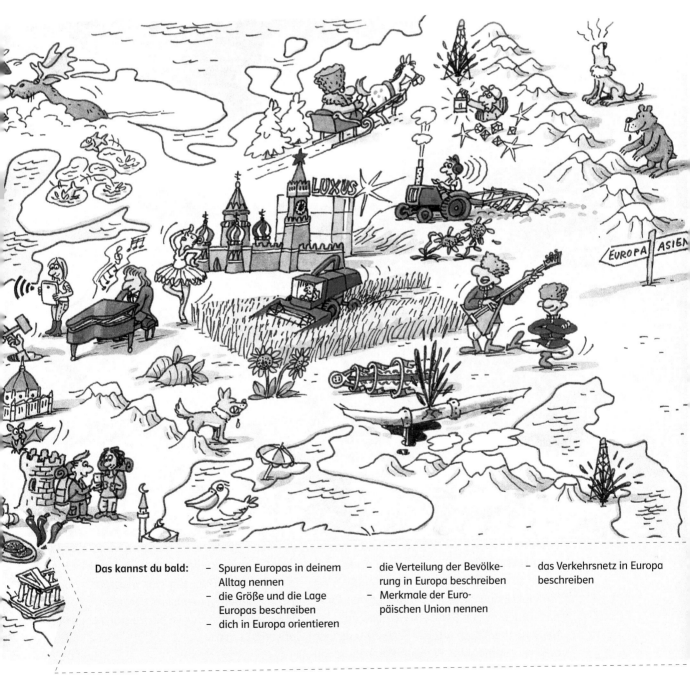

Das kannst du bald:
- Spuren Europas in deinem Alltag nennen
- die Größe und die Lage Europas beschreiben
- dich in Europa orientieren
- die Verteilung der Bevölkerung in Europa beschreiben
- Merkmale der Europäischen Union nennen
- das Verkehrsnetz in Europa beschreiben

M1 Eurovision Song Contest (ESC)

M3 Spuren von Europa in unserem Alltag

M2 Speisen in Europa

Europa bei uns

Den Euro hast du fast täglich in der Hand, Europameisterschaften im Sport interessieren dich vielleicht. Manches Essen aus europäischen Ländern schmeckt dir. Halte die Augen offen und entdecke Europa bei uns.

→

Wir alle leben in Europa
Seite 22/23

T1 Europa im Alltag

Die Pizza beim Italiener um die Ecke oder das Croissant in der Bäckerei sind für uns selbstverständlich. Wir benutzen Geld, das wie in 19 anderen Ländern „Euro" heißt. Auch im Supermarkt findest du viele Spuren Europas: Orangen aus Spanien, Gemüse aus den Niederlanden, Käse aus der Schweiz und viele andere europäische Erzeugnisse kannst du dort kaufen. Jugendliche aus Europa gehen bei uns zur Schule, ihre Eltern arbeiten hier. In vielen deutschen Städten gibt es europäische Firmen. Vielleicht sitzt du im Urlaub in einem Airbus-Flugzeug, das mehrere europäische Länder gemeinsam hergestellt haben. Europa bei uns – das ist ein Beitrag zur Vielfalt unseres Lebens.

M4 Restaurants

M6 Städtepartnerschaft

M5 ## Woher stammt der Name Europa?

Aus der Sagenwelt

Wo heute Israel und Syrien ans östliche Mittelmeer grenzen, lag im Altertum das Reich der Phönizier. Dort herrschte König Agenor. Er hatte eine wunderschöne Tochter, sie hieß Europa. Der griechische Gott Zeus verliebte sich in sie. Als Europa mit ihren Freundinnen am Mittelmeer spielte, näherte sich ihr Zeus in Gestalt eines Stieres. Er verhielt sich so zutraulich, dass Europa keine Angst hatte. Sie setzte sich auf seinen Rücken. Der Stier erhob sich und schwamm mit ihr durch das Wasser, bis sie die griechische Insel Kreta erreichten.

Dort erkannte Europa, dass Zeus in Wirklichkeit ein Gott war. Er sagte: „Dein Name wird unsterblich werden, denn der Erdteil, der dich aufgenommen hat, soll den Namen Europa tragen."

Aus der Wissenschaft

Der Name Europa stammt wohl tatsächlich aus Phönizien. Die phönizischen Seefahrer nannten das Land des Sonnenuntergangs im Westen „ereb", woraus der Name „Europa" abgeleitet ist. Das Land der aufgehenden Sonne im Osten nannten sie „aszu". Daraus wurde dann der Name „Asien".

1 Erkläre, warum Europa eine Frau gewesen sein soll (M5).

2 Wie erklärt die Wissenschaft den Namen „Europa" (M5)?

3 Europa und wir: Schau dir die Aufgaben A und B an und wähle eine zum Bearbeiten aus.
A Europa bei uns: Gib Beispiele dafür (M1 – M4, M6, T1). Welche weiteren Spuren von Europa in deinem Alltag fallen dir noch ein?

B „Europa ist ein Beitrag zur Vielfalt unseres Lebens." Erkläre diese Aussage.

MK **4** Bei M6 ist von einer Städtepartnerschaft die Rede. Informiere dich, was man darunter versteht. Vielleicht hat deine Stadt / deine Gemeinde ja auch eine solche Städtepartnerschaft?

5 Betrachte die Karikatur auf Seite 4/5: Sehen alle Schweden aus wie Pippi Langstrumpf oder haben

alle Franzosen eine Baskenmütze? Der Zeichner benutzt viele Klischees oder Verallgemeinerungen.
a) Überlege, warum er das tut.
b) Bewerte die Karikatur: Ich finde das gelungen/nicht gelungen, weil …

MK **6** Die Landeshauptstadt Dresden hat zahlreiche Partnerschaften mit anderen Städten. Liste mithilfe einer Internetrecherche die Städte auf und unterstreiche die europäischen Städte.

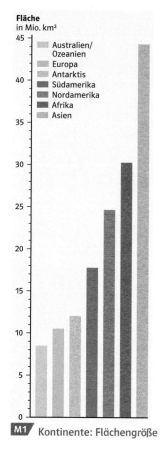

Fläche
in Mio. km²

- Australien/Ozeanien
- Europa
- Antarktis
- Südamerika
- Nordamerika
- Afrika
- Asien

M1 Kontinente: Flächengröße

M2 Wo das europäische Festland endet: A Nordkinn-Halbinsel, B Cabo da Roca,
C Hafen von Tarifa, D Uralgebirge

Kontinent Europa

Den Umriss von Afrika, Australien oder Amerika kannst du gut
abzeichnen. Beim Kontinent Europa ist das viel schwieriger.
Verschaffe dir hier einen Überblick.

SP Sprachtipp

**Große und kleine
Kontinente
vergleichen**
⟶ Aufgabe 3

Europa ist im
Vergleich zu …
größer/kleiner.

… ist kleiner/
größer als …

Am größten/
kleinsten ist …

T1 Europas Grenzen

Im Norden, Westen und Süden bilden Meere
die Grenzen Europas. Im Osten fehlt eine
solche natürliche Grenze. Europa und Asien
sind hier miteinander verbunden. Aufgrund
der eigenen Geschichte und unterschiedlichen Kultur betrachtet man Europa und
Asien aber als eigenständige Kontinente. Als
Grenze zu Asien hat man folgende Grenzlinie
festgelegt: Uralgebirge, Fluss Ural, Kaspische
Senke, Manytschniederung, Schwarzes Meer,
Bosporus.

M3 Grenzlinie zwischen Europa und Asien
im Uralgebirge (von Norden aus fotografiert)

© Klett

Berlin

| Insel | Halbinsel | Festland |

0   250   500 km

M4 Inseln und Halbinseln Europas

T2 Inseln und Halbinseln

Europa ist durch den Atlantik, seine Randmeere und das Mittelmeer vielfältig in Inseln und Halbinseln gegliedert. Die größten Inseln sind Großbritannien, Irland und Island. Die großen Halbinseln sind die Iberische Halbinsel, die Skandinavische Halbinsel, die Apenninen-Halbinsel und die Balkan-Halbinsel. Die Inseln und Halbinseln machen etwa ein Drittel der Landfläche aus.

Mehr als die Hälfte aller Orte Europas liegen nicht weiter als 300 km von einer Küste entfernt. Kein Ort ist mehr als 700 km von der nächsten Küste entfernt. Trotzdem gibt es Binnenstaaten. Das sind Staaten, die keinen Zugang zu einer Meeresküste haben.

MK **1** Vermute, welches Foto in M2 den Himmelsrichtungen Norden, Süden, Osten und Westen zuzuordnen ist. Überprüfe mithilfe des Internets.

2 Begründe, warum es schwierig ist, den Kontinent Europa zu zeichnen (T1, T2, M4).

SP **3** Vergleiche mithilfe von M1
MK Europa mit den anderen Kontinenten. Nutze die Sprachtipps.

4 Benenne die Inseln und Halbinseln, die in M4 mit Groß- und Kleinbuchstaben versehen sind.

5 Atlasarbeit: Fahre mit dem Finger die Grenze Asiens entlang (T1, Atlas).

6 Welche der folgenden Länder liegen nicht auf einer Halbinsel oder Insel? Portugal, Griechenland, Deutschland, Ungarn, Finnland, Frankreich, Italien, Polen.

1

TERRA
ORIENTIERUNG

A – Tiefland im Norden Polens

B – Mittelgebirge in Tschechien

C – In den Pyrenäen

→
Höhenstufen
Seite 70/71

M1 Landschaften in Europa

Tiefland

Tiefländer bedecken die größte Fläche Europas. Sie reichen bis in eine Höhe von 200 m. Einige Gebiete, die Senken, liegen sogar tiefer als der Meeresspiegel. Das Relief ist eben bis wellig. Wiesen, Heidelandschaften sowie mächtige Ströme und Seen prägen die Landschaft. Innerhalb der Tiefländer machen Hügelländer mit Höhen bis über 300 m das Relief abwechslungsreich. In diesen Gegenden sind auch größere geschlossene Waldgebiete zu finden.

Mittelgebirgsland

Zahlreiche Einzelgebirge mit Höhen zwischen 500 m bis etwa 2 000 m bilden das Mittelgebirgsland. Bergketten mit abgerundeten Gipfeln und Hochflächen prägen das Bild. Aber auch tiefe, fast senkrecht eingeschnittene Täler gibt es. Typisch sind die großen Laub- und Nadelwälder. In Höhen um 2 000 m wird die Pflanzenwelt wegen abnehmenden Temperaturen spärlicher. Bäume werden nicht mehr so groß und stehen weiter voneinander entfernt.

Hochgebirge

Einige Berge der europäischen Hochgebirge sind über 4 000 m hoch. Ihre Felsen ragen steil und schroff in den Himmel. Mit zunehmender Höhe nimmt der Pflanzenreichtum ab. Wälder werden durch Wiesen und Matten ersetzt. Hier findet man vielfach seltene Tiere und Pflanzen. Die Gipfel haben häufig keine Vegetation, manche sind sogar das ganze Jahr mit Eis und Schnee bedeckt. Ihre Gletscher sind die Geburtsstätte zahlreicher Flüsse.

Landschaften Europas

Europa ist ein Kontinent der Vielfalt. Das gilt auch für die Landschaften. Lerne diese kennen und orientiere dich in Europa.

Delta
Die dreiecksförmigen Mündungen großer Flüsse wurden aufgrund ihrer Form nach dem griechischen Buchstaben „Delta" (Δ) benannt.

T1 **Großlandschaften und Gewässer**
Tiefländer, Mittelgebirge und Hochgebirge – die Großlandschaften, die du schon aus Deutschland kennst, findest du auch in Europa. Aus den zahlreichen Gebirgen entspringen viele Flüsse. Das **Gewässernetz** des Kontinents ist vielfältig und weit verzweigt. Wo die großen Flüsse in das Meer münden, schaffen sie

Trichtermündungen oder **Flussdeltas**. Flussdeltas sind fächerförmige Gebiete, in denen sich der Fluss verzweigt und Sand ablagert. Ein Beispiel für solch ein Delta ist das Rhônedelta in Frankreich.
Zum Gewässernetz gehören auch die Kanäle, die die Flüsse miteinander verbinden, und die zahlreichen Seen.

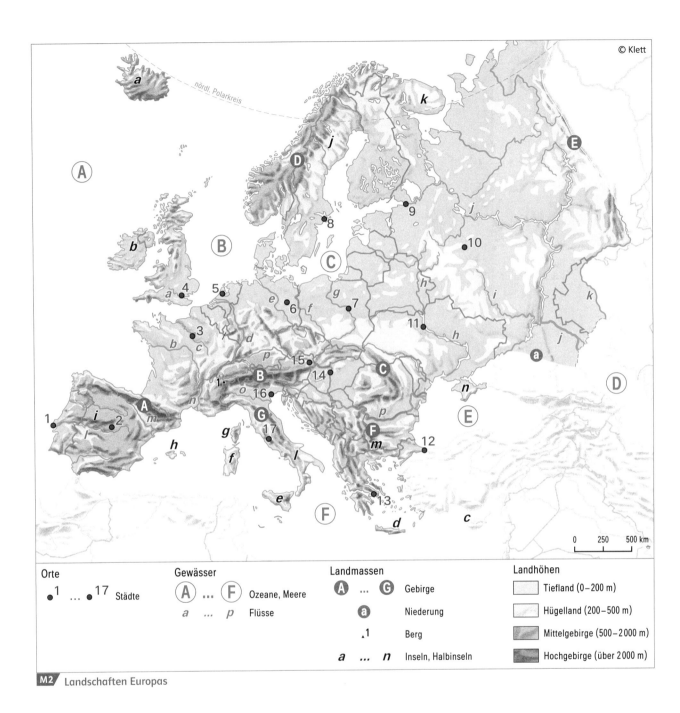

© Klett

nördl. Polarkreis

M2 Landschaften Europas

Orte
• 1 … • 17 Städte

Gewässer
Ⓐ … Ⓕ Ozeane, Meere
a … p Flüsse

Landmassen
ⓐ … Ⓖ Gebirge
ⓐ Niederung
▴1 Berg
a … n Inseln, Halbinseln

Landhöhen
☐ Tiefland (0 – 200 m)
☐ Hügelland (200 – 500 m)
☐ Mittelgebirge (500 – 2 000 m)
☐ Hochgebirge (über 2 000 m)

0   250   500 km

1 Nenne die Großlandschaften Europas (M1).

2 Übertrage die Tabelle in deinen Hefter und ergänze sie. Nutze M1.

Großlandschaft	Merkmale
Tiefland	…

3 Erkläre den Begriff „Gewässernetz" (T1).

4 Orientieren in Europa (M2):
a) Arbeite mit dem Atlas. Ordne den Ziffern und Buchstaben die geographischen Namen zu.
b) Lege eine Tabelle mit zwei Spalten an. Schreibe in die linke

Spalte die Namen der Städte **1 – 17** und ordne diesen in der rechten Spalte die Staaten zu.

MK **5** Recherchiere im Internet: Welcher Fluss ist der längste Europas? Wie heißt der größte See?

6 Gib Beispiele für große Flussdeltas in Europa.

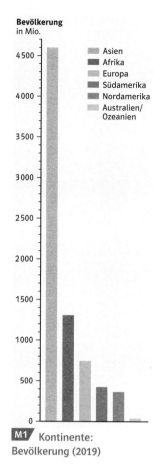

Bevölkerung
in Mio.

- Asien
- Afrika
- Europa
- Südamerika
- Nordamerika
- Australien/ Ozeanien

M1 Kontinente: Bevölkerung (2019)

M2 Europa bei Nacht

Kleiner Kontinent – viele Menschen

In Europa leben über 700 Millionen Menschen. Dabei ist Europa nur der zweitkleinste Kontinent der Erde. Aber sind die vielen Menschen auch gleichmäßig in Europa verteilt?

T1 Die Verteilung der Bevölkerung
Der Osten und Norden Europas ist dünn besiedelt. Das heißt, dort wohnen nur wenige Menschen auf einer großen Fläche. Ausnahmen im Osten sind die Gebiete um Moskau und Kiew. Mitteleuropa ist dagegen sehr dicht besiedelt. Besonders entlang großer Flüsse oder an den Küsten im Süden leben sehr viele Menschen auf engem Raum.

Mit der Angabe der **Bevölkerungsdichte** gibt man genau an, wie viele Menschen auf der Fläche eines Quadratkilometers (km²) leben. Spitzenreiter bei der Bevölkerungsdichte in Europa ist Monaco. Dort leben fast 19000 Menschen auf einem Quadratkilometer. Ganz anders sieht es in Island aus. Dort leben nur drei Menschen auf einem Quadratkilometer. Die Bevölkerung Europas ist also sehr ungleich verteilt.

T2 Gründe für die ungleiche Verteilung
Für die unterschiedliche Bevölkerungsdichte gibt es verschiedene Ursachen. Es können natürliche Gründe sein, die ein Gebiet günstig oder ungünstig für eine Besiedlung machen. Es kann aber auch geschichtliche Gründe geben.

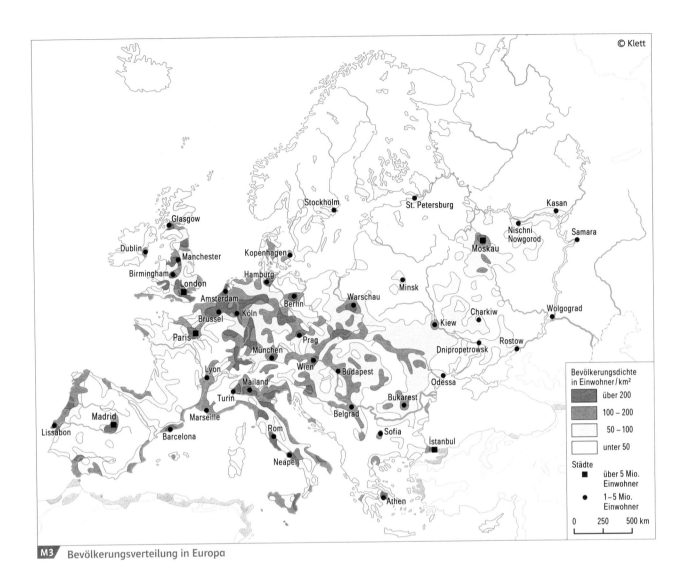

© Klett

M3 Bevölkerungsverteilung in Europa

T3 **Die Bevölkerungsdichte berechnen**
Um die Bevölkerungsdichte eines Gebietes zu
berechnen, teilt man die Anzahl der in diesem
Gebiet lebenden Menschen durch die Fläche.
Das Ergebnis ist dann die Einheit „Einwohner
pro Quadratkilometer" (Einwohner/km²).

Beispiel Deutschland:
Bevölkerung: 83 517 000 Einwohner
Fläche: 357 000 km²
Rechnung:
83 517 000 : 357 000 = 234 Einw./km²

1 Erkläre den Begriff „Bevölkerungsdichte" (T1).

2 Auf dem Satellitenbild M2 siehst
du, dass die Beleuchtung in Europa
nachts sehr unterschiedlich ist.
a) Wo gibt es viel Licht, wo wenig?
b) Vermute, was die Ursachen dafür
sein könnten.

SP **3** Werte die Karte M3 aus, indem
MK du die Verteilung der Bevölkerung
beschreibst. Nutze den Sprachtipp.

4 Stelle einen Zusammenhang
zwischen dem Satellitenbild und der
Karte her (M2, M3).

5 Bevölkerung weltweit: Vergleiche
Europa mit den anderen Kontinenten
(M1).

6 In T2 sind als Gründe für die Bevölkerungsdichte „natürliche Gründe"
genannt. Überlege, wie die Natur
Einfluss auf die Bevölkerungsdichte
haben kann.

Gemeinsame Region - Gemeinsame Ziele

INTERREG IV A
2007-2013

Kofinanziert aus Mitteln der Europäischen Union
(Europäischer Fonds für Regionale Entwicklung)

Vorhaben: Grenzüberschreitender Ausbau der wassertouristischen
Infrastruktur und gemeinsame Vermarktung von kulturellen und
wassersportlichen Veranstaltungen in der Universitäts- und
Hansestadt Greifswald und in Trzebiez/ Gemeinde Police

M1 Spuren der Europäischen Union im Alltag

Europa wächst zusammen

In der Europäischen Union arbeiten viele Staaten Europas zusammen. Lerne die Gründe dafür kennen und erfahre, welche Vorteile es für die Menschen in den einzelnen Ländern bringt.

Bei einer Volksabstimmung in Großbritannien entschied sich 2016 eine knappe Mehrheit für den Austritt aus der EU. Großbritannien ist seit Februar 2020 nicht mehr Mitglied der EU.

T1 Die Europäische Union

In Europa gab es über viele Jahrhunderte immer wieder gewaltsame Auseinandersetzungen. Im vorigen Jahrhundert führte dies zu zwei Weltkriegen mit Millionen von Toten und großen Zerstörungen. „Nie wieder Krieg" – das schworen sich die Menschen 1945 nach dem Zweiten Weltkrieg. Seit 1951 haben sich 28 Staaten mit rund 500 Millionen Menschen vertraglich verpflichtet, eng zusammenzuarbeiten und friedlich miteinander zu leben. Heute bilden 27 Staaten die **Europäische Union**, kurz EU. Union ist ein anderes Wort für Vereinigung oder Bündnis. Alle Mitglieder der EU haben ihre eigene Regierung und ihre eigenen Gesetze. Doch es gibt auch eine ge-

meinsame EU-Politik. Die Gesetze für die EU zu beschließen, ist jedoch nicht einfach. Wie in einer großen Familie gibt es in der EU viele unterschiedliche Meinungen und jeder meint, er habe recht. Die Europäische Union ist offen für neue Mitglieder, allerdings muss jeder Beitrittskandidat ganz bestimmte Voraussetzungen erfüllen, um Mitglied werden zu können.

T2 Der Euro

In 19 Staaten der Europäischen Union kannst du mit dem **Euro** bezahlen. So heißt die gemeinsame Währung (das Geld) der 19 Staaten. Diese Länder bilden den Euroraum. Bei Reisen innerhalb dieser Länder ist kein Geldumtausch mehr notwendig.

M2 Zug eines gemeinsamen Europas (Stand 2016)

T3 Grenzenlose Freiheiten

In den Sommerferien nutzt Leonies Familie, dass jeder Bürger eines EU-Landes innerhalb der Europäischen Union frei reisen kann. Die Kontrollen an den Grenzen wurden überwiegend abgeschafft. „Meine Großeltern erzählen oft von ihrem Urlaub in Spanien, als sie noch jung waren. Damals wurde an jeder Grenze kontrolliert, welche Waren man mitnahm. Das konnte lange dauern", weiß Leonie zu berichten. „Früher musste man einen Reisepass haben, um nach Spanien zu fahren.

Heute reicht es, einen Personalausweis dabei zu haben."

Auch Herr Brand nutzt die Vorteile durch die Europäische Union. „Ich wohne zwar in Freilassing, habe aber eine Arbeitsstelle bei einer großen Baufirma in Salzburg gefunden", erklärt Herr Brand. „Unsere Firma ist in vielen Ländern der Europäischen Union tätig. Früher war es kaum möglich, in Deutschland zu wohnen und in Österreich zu arbeiten. Doch heute darf jeder Bürger der EU in einem anderen EU-Land arbeiten, egal in welchem Land er wohnt."

1 Nenne Spuren der Europäischen Union im Alltag (M1)

2 Nenne Gründe für die Entstehung der Europäischen Union (T1).

3 Erkläre den Begriff „Euroraum" (T2).

4 In Grafik M2 steht jeder Waggon für einen Mitgliedstaat der EU. An der ersten Station war der Zug noch sehr kurz. An jeder weiteren Station wurden Eisenbahnwagen angehängt.
a) Stelle auf einem Zeitstrahl dar, wie sich die EU von sechs auf 27 Mitglieder erweitert hat.
b) Trage außerdem Daten deiner Familie ein, z.B. Geburtstage, sonstige Ereignisse.

5 Stelle in einer Umrisskarte (TERRA-Code) die Mitgliedstaaten der EU in den Farben der Wagen des EU-Zuges (M2) dar. Bezeichne die Staaten mit ihren Autokennzeichen, z.B. „F" für Frankreich.

TERRA
ORIENTIERUNG

M1 Verkehrsknotenpunkt Flughafen Frankfurt am Main

Europas Verkehrsnetz

In Europa ist es heute kein Problem, von einem Ort zum anderen zu kommen. Der Kontinent ist von vielen Straßen, Eisenbahnstrecken, schiffbaren Flüssen und Kanälen durchzogen. Brücken und Tunnel verbinden Verkehrswege miteinander und auch für den Luftverkehr ist alles gut ausgebaut.

→

Thematische
Karten auswerten
Seite 152

T1 Europas Verkehrsnetz

Die Verkehrswege eines Raums bilden zusammen das **Verkehrsnetz**. Man kann innerhalb eines Verkehrsnetzes an vielen Orten von einem Verkehrsmittel auf das andere wechseln. Solche Orte bezeichnet man als **Verkehrsknotenpunkte**.

Viele Verkehrswege in Europa sind in den letzten Jahrzehnten stark ausgebaut worden. Die Autobahnen und Fernstraßen der einzelnen Länder wurden vernetzt. Wo das der Fall ist, haben solche Autobahnen auch Europanummern, z. B. E 49 von Magdeburg nach Wien.

Bei der Eisenbahn wird ein europäisches Hochgeschwindigkeitsnetz ausgebaut. Ein Beispiel dazu ist der Eurotunnel, der Großbritannien mit dem europäischen Festland verbindet. Skandinavien bekam mit der Öresundbrücke eine schnelle Verkehrsverbindung nach Mitteleuropa. Auch die Wasserstraßen wurden weiter ausgebaut. Zahlreiche alte und neue Flughäfen in Europa sind über ein immer dichteres Luftstraßennetz miteinander verbunden. Das europäische Verkehrsnetz gilt insgesamt als eines der besten in der Welt.

T2 Transitland Nr. 1: Deutschland

Deutschland liegt im Zentrum Europas. Das bedeutet, dass besonders viel Verkehr zwischen anderen Ländern auf Autobahnen und Fernstraßen durch Deutschland führt. Von Skandinavien bis Sizilien und von Russland bis an den Atlantik fahren Tausende von Lkw durch Deutschland. Diesen Verkehr nennt man **Transitverkehr**.

© Klett

ATLANTISCHER

OZEAN

Nordsee

Ostsee

Wolga

Bergen

Stockholm

Primorsk

St. Petersburg

Ust-Luga

Moskau

Grimsby/Immingham

Kopenhagen

Öresundbrücke

Hamburg

Bremen

London

Rotterdam

Hannover

Berlin

Eurotunnel

Amsterdam

Düsseldorf

Antwerpen

Brüssel

Köln

Oder

Le Havre

Frankfurt

Paris

Donau

München

Wien

Zürich

Gotthardtunnel

Mailand

Rhône

Po

Triest

Genua

Marseille

Dnipro

Noworossisk

Constanţa

Donau

Schwarzes Meer

Madrid

Rom

İstanbul

Barcelona

İzmit

Valencia

Algeciras

Botas

M i t t e l m e e r

Bedeutende Verkehrswege
— Straße
— Eisenbahn
— Straße und Eisenbahn
— Fähre

Verkehrsknoten
○ Verkehrs- und Wirtschaftszentrum
Ⓐ Hafen
⊕ internationaler Flughafen

Verkehrsobjekte
● Brücke
◉ Autobahntunnel
◎ Eisenbahntunnel

0   200   400 km

M2 Europas Verkehrsnetz

1 Definiere die Begriffe „Verkehrsnetz" und „Verkehrsknotenpunkt" (T1).

2 Arbeite mit M2 und dem Atlas:
[MK] **a)** Benenne fünf Verkehrsknotenpunkte in Europa und die jeweiligen Verkehrsmittel, die sich hier kreuzen.

[SP] **b)** Vergleiche das Verkehrsnetz von
[MK] Mitteleuropa mit dem von Skandinavien und Osteuropa.

c) Vermute, welche Gründe die Unterschiede haben könnten.

3 Transitland Deutschland. Arbeite mit M2 und dem Atlas:
a) Suche zwei Fernstraßen, die durch Deutschland von Westen nach

Osten verlaufen. Notiere europäische Großstädte, die sie verbinden.
b) Wiederhole dies mit zwei Fernstraßenverbindungen, die durch Deutschland von Norden nach Süden verlaufen.

4 Bewerte, was es für Deutschland bedeutet, Transitland Nr. 1 Europas zu sein.

GROSS-BRITANNIEN

○ Eurotunnel

FRANKREICH

London
GB
Eurotunnel
Calais
Ärmelkanal
F
Paris
50 km

M1

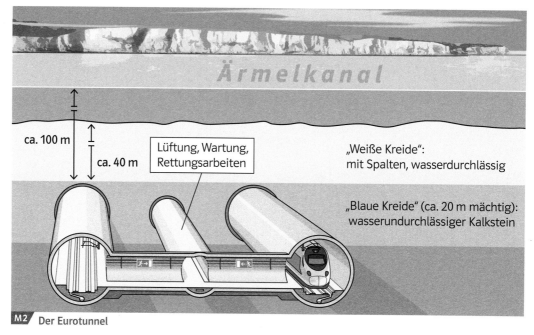

Ärmelkanal

ca. 100 m

ca. 40 m

Lüftung, Wartung, Rettungsarbeiten

„Weiße Kreide": mit Spalten, wasserdurchlässig

„Blaue Kreide" (ca. 20 m mächtig): wasserundurchlässiger Kalkstein

M2 Der Eurotunnel

Unter dem Meer – über dem Meer

Ein Gewässer trennt zwei Gebiete voneinander? Da kann man eine Fähre nehmen, aber die ist langsam. Autos und Züge wären viel schneller. Also muss ein Tunnel oder eine Brücke her. Lerne hier zwei eindrucksvolle Beispiele aus Europa kennen.

T1 Der Eurotunnel

Bereits Mitte des 18. Jahrhunderts gab es erste Pläne, Frankreich und Großbritannien durch einen Tunnel miteinander zu verbinden. Aber erst 1987 begann man mit dem Bau. Seit 1994 verbindet nun der Eurotunnel Großbritannien mit dem europäischen Festland. Er führt von Folkstone nach Coquelles nahe Calais in Frankreich. Es fahren nur Züge: Der Euroshuttle ist ein „Huckepackzug" für Pkw und Lkw. Mit dem Hochgeschwindigkeitszug Eurostar gelangen Passagiere in nicht einmal 150 Minuten von London nach Paris oder nach Brüssel. Das ist möglich, weil der Zug auch im Tunnel schnelle 160 km/h fährt.

M3 Mit Hochgeschwindigkeit durch Europa?

Der Eurotunnel ist Teil eines europäischen Hochgeschwindigkeitsnetzes. In diesem Netz sollen Eisenbahnstrecken für Hochgeschwindigkeitszüge ausgebaut werden. Das ist aber nicht einfach. Mit teuren Tunnel oder Brücken müssen Gewässer oder Gebirge für die schnellen Züge passierbar gemacht werden. Die Gleisnetze in den verschiedenen Ländern haben aber zum Teil unterschiedliche Spurweiten. Damit es wirklich schnell geht, müssen diese vereinheitlicht werden. Wenn alles passt, ist man schnell am Ziel: Für die Strecke Paris–London beträgt die Fahrzeit nur noch 2 Stunden und 15 Minuten.

M4 Die Öresundbrücke

M6 Verlauf der Öresundbrücke

T2 Die Öresundbrücke

Seit dem 1. Juli 2000 kann man den 16 km breiten Öresund zwischen Kopenhagen in Dänemark und Malmö in Schweden mit Eisenbahnen und Fahrzeugen überwinden. Möglich ist das durch die Öresundbrücke. Sie besteht aus drei Bereichen: einem Tunnel in der Nähe der dänischen Küste, einer künstlich aufgeschütteten Insel und der Brücke.

Die Öresundbrücke ist die größte Schrägseilbrücke der Welt. „Autos oben, Züge unten" heißt die Devise für den Doppelstockverkehr über die Brücke.

Das Bauwerk verbessert nicht nur die Verkehrsverbindung zwischen Dänemark und Schweden, es schließt gleichzeitig auch die letzte Lücke im europäischen Straßennetz zwischen Norden und Süden.

M5 Hauptverkehrswege über die Öresundbrücke

M7 Bauweise der Öresundbrücke

1 Ein Reporter möchte eine Expertin zu den Themen „Eurotunnel" und „Öresundbrücke" interviewen. Nutzt für die folgenden Aufgaben alle Materialien der Seite.

SP a) Erstellt zehn Fragen des Reporters und die Antworten der Expertin. Schreibt sie in Interviewform auf:
Reporter: Wie ist der Eurotunnel aufgebaut?
Expertin: Der Eurotunnel ...
Reporter: Welche Vorteile ...

b) Führt das Interview in einem Rollenspiel auf.

2 Hochgeschwindigkeitsnetz in Europa – Pro und Kontra: Werte M3 aus.

TERRA
TRAINING

Wichtige Begriffe	Euro	Verkehrsknotenpunkt
Bevölkerungsdichte	Gewässernetz	Verkehrsnetz
Flussdelta	Hochgebirge	Tiefland
Europäische Union (EU)	Mittelgebirgsland	Transitverkehr

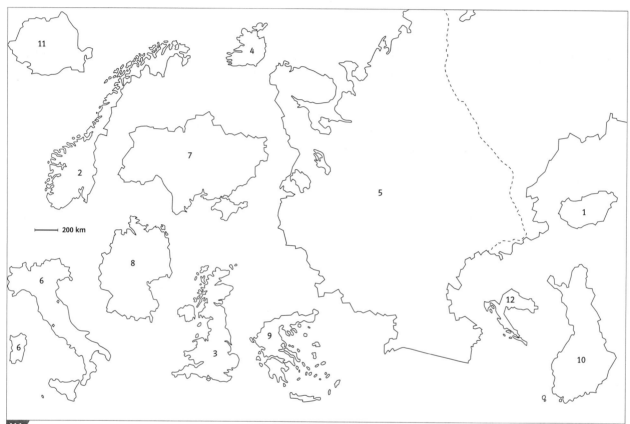

M1 Umrisse verschiedener Staaten Europas

Sich orientieren

1 Staaten erkennen

In Karte M1 sind europäische Staaten abgebildet. Notiere die Namen der Staaten und ordne sie den Teilräumen Europas zu. Lege dazu eine Tabelle nach folgendem Muster an:

Nr.	Staat	Teilraum
1	Ungarn	Mitteleuropa
…	…	…

2 Grenzen Europas

Beschreibe die Grenzen Europas im Norden, Westen, Süden und Osten.

3 Auf die Lage kommt es an!

Welche Hauptstadt liegt am
- nördlichsten: Helsinki – Oslo – Stockholm?
- westlichsten: Dublin – Paris – Lissabon?
- südlichsten: Athen – Madrid – Rom?
- östlichsten: Kiew – Minsk – Moskau?

4 Europäische Rekorde

Arbeite mit Europakarten im Atlas. Suche und nenne
a) den Staat in Europa mit den meisten Nachbarstaaten;
b) den Fluss in Europa, an dem vier Hauptstädte liegen;
c) den Staat in Europa mit den meisten Bergen über 4 000 m Höhe;
d) die Hauptstadt in Europa, die am nördlichsten liegt;
e) den Staat in Europa, der am südlichsten liegt;
f) das längste Gebirge Europas.

⊕ **Arbeitsblatt:** Selbsteinschätzung
x8u4vp

⊕ **Üben interaktiv**
x8u4vp

⊕ **Lösungen**
x8u4vp

A   B   C   D   E   F

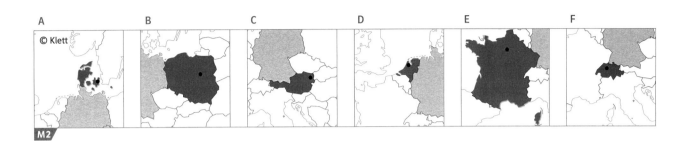

M2

5 Nachbarstaaten Deutschlands
Benenne die dunkelrot gekenn-
zeichneten Staaten mit ihren Hauptstädten in den Karten M 2 (A–F).

Kennen und verstehen

6 Der Hauptstadtbande auf der Spur
Elegant treten sie auf, rauben
aber im günstigen Moment luxuri-
öse Schmuckgeschäfte aus. In neun
Hauptstädten hat die Bande schon
zugeschlagen. Beim letzten Raub
blieb ihr Geheimcode liegen. Neun
Hauptstädte sind in dem Code ver-
steckt.
Die Anfangsbuchstaben der waage-
rechten und die Endbuchstaben der
senkrechten Namen ergeben den
europäischen Kleinstaat, in dem der
nächste Einbruch stattfindet.

7 Staaten der Europäischen Union
Ordne die Länder den in Abbildung
M 2 auf S. 15 genannten Jahreszahlen
zu:
a) Deutschland
b) Frankreich
c) Polen
d) Österreich
e) Spanien
f) Rumänien

8 Richtig oder falsch?
a) Alle Staaten Europas haben den
Euro als Währung.
b) Zur Europäischen Union gehören
nicht alle Staaten Europas.
c) Halbinseln sind vollständig von
Wasser umgeben.
d) Kanäle sind Teil eines Gewässer-
netzes.

**9 Welches Land ist dicht besiedelt,
welches Land ist dünn besiedelt?**
a) Niederlande: 17 097 123 Einwohner
leben auf 41 500 km².
b) Griechenland: 10 473 452 Einwohner leben auf 132 000 km².

Fachmethoden anwenden

10 Thematische Karten lesen
a) Beschreibe mithilfe der Karte M 3
die Bevölkerungsverteilung in
Bulgarien. Nutze die Sprachtipps
auf S. 12 bei Bedarf.
b) Welche Gründe könnte es für die
unterschiedliche Bevölkerungsdichte geben? Nutze dazu den
Atlas.

	1	2	3	4	5	6	7	8	9	10	11	12
a	D	A	S	T	U	H	S	S	R	I	P	O
b	A	S	T	O	C	K	H	O	L	M	A	P
c	S	I	L	B	E	N	K	F	B	E	H	M
d	O	B	E	N	L	A	K	I	P	R	E	U
e	B	E	R	M	O	S	K	A	U	L	L	I
f	R	R	K	I	N	F	O	A	L	T	S	O
g	M	N	R	G	D	O	L	T	I	P	I	M
h	R	S	T	R	O	M	I	H	M	E	N	G
i	S	T	U	L	N	E	N	E	I	M	K	I
j	O	S	L	O	S	N	A	N	E	L	I	M
k	K	A	M	S	T	E	R	D	A	M	E	R
l	H	E	U	L	I	G	A	D	I	S	R	E

M3 Bevölkerungsverteilung in Bulgarien

TERRA
EXTRA

Wir alle leben in Europa

Sofia, Mantas, Pauline, Jón – sie alle sind Kinder aus Europa. Wie du gehen sie in die Schule, treiben Sport, besuchen Freunde. Und doch ist bei ihnen vieles anders: die Sprache, der Schulalltag, die Traditionen ihres Landes.

1 Was erfährst du über die Lebensweise der vier Kinder (M2–M5)? Lege dazu eine Tabelle an.

SP **2** Schreibe einen Brief an einen ausländischen Brieffreund über dein Leben in Deutschland.

3 In welches der vier Länder würdest du bei einem Schüleraustausch am liebsten fahren? Begründe.

Name	Land	Schule	Sonstiges
Sofia	Griechenland	...	...
	...	...	...

○1 ◖2, 3

ISLAND

LITAUEN

FRANKREICH

GRIECHENLAND

M1

M2 **Καλημερα! Με λενε Σοφία.**

Mein Land **Griechenland** ist eines der beliebtesten Urlaubsländer in Europa. In vielen Städten in Deutschland findet man griechische Restaurants. In meiner Sprache verwenden wir nicht die lateinischen Buchstaben, sondern wir haben ein eigenes Alphabet. Bei uns gehen alle Kinder bis zur 6. Klasse in die Grundschule und danach an das Gymnasio, das drei Jahre dauert.

Für die Olympischen Spiele wird bei uns im antiken Olympia die olympische Fackel entzündet. Besonders berühmt aus unserer Geschichte sind z. B. die Sagen über Odysseus und die griechischen Götter.

Weihnachten feiern wir auch am 25. Dezember, aber leider müssen wir immer bis zum Silvesterabend warten, bis wir unsere Geschenke erhalten.

Im Sommer wird es dann bei uns so heiß, dass wir fast drei Monate Ferien haben. Sonst gibt es bei uns aber nur noch an Weihnachten und Ostern Ferien. Die Zeiten dazwischen sind manchmal ganz schön lang und anstrengend. Viele ältere Schüler helfen in den Sommerferien ihren Eltern in den Tourismusbetrieben.

M3 **Labas! Mano pavarde Mantas.**

Mein Land **Litauen** ist eines der kleinsten Länder Europas. Obwohl die Geschichte unseres Landes weit zurückreicht, sind wir erst seit 1990 wieder ein unabhängiger Staat.

Litauisch ist eine eigene Sprache, die eng mit dem Lettisch unseres Nachbarlandes verwandt ist. Besonders interessant ist, dass die Grammatik unserer Sprache Ähnlichkeiten mit dem indischen Sanskrit aufweist. Bei uns in Litauen gibt es eine gemeinsame zehnjährige Pflichtschulzeit. Danach kann man dann noch weiterführende Schulen besuchen.

Weihnachten ist bei uns ein Fest der Familie. Am Heiligen Abend gibt es bei uns zwölf verschiedene fleischlose Gerichte, die an die zwölf Monate und die zwölf Apostel erinnern sollen. Die Reste des Essens werden an diesem Abend nicht weggeräumt, sondern für die Seelen der toten Verwandten stehen gelassen.

M4 **Bonjour! Je m'appelle Pauline.**

Ich wohne im Limousin, das ist eine Region in der Mitte von **Frankreich**, einem der größten Länder Europas.

Wie fast alle Kinder bin ich als Dreijährige in die „École maternelle" gegangen. Mit sechs Jahren bin ich an die Grundschule gekommen, die fünf Jahre dauerte. Jetzt besuche ich das „Collège". In Frankreich haben wir Ganztagsschulen, das heißt, der Unterricht endet bei uns erst um 16:30 Uhr. Am Mittwoch ist bei uns keine Schule, dafür müssen wir am Samstag noch einmal bis zum Mittag dorthin gehen. Am Mittwoch gehe ich in unserer Kirchengemeinde zum Religionsunterricht. In den Sommerferien fahren wir oft zu Verwandten nach Paris. Jedes Mal bin ich wieder überrascht von der Größe der Stadt. Oft gehen meine Eltern dann mit mir in ein Museum oder wir besuchen eine Kirche oder ein Schloss auf der Fahrt nach Paris.

Am schönsten ist es aber, wenn wir Gäste haben und mein Vater viel Zeit hat. Dann zaubert er uns immer ein super Essen auf den Tisch.

M5 **Góðan daginn! Ég heiti Jón.**

Meine Sprache ist dem Norwegischen ähnlich, aber wir haben bei uns kaum Fremdwörter. Dafür werden einfach neue Wörter erfunden oder wir umschreiben die Dinge.

In meinem Land **Island** gehen alle Schüler zwischen 6 und 16 Jahren in eine gemeinsame Schule. Meine Schule hat nur etwa 100 Schüler. In Reykjavík gibt es aber Schulen mit rund 800 Schülern. Außerhalb der Hauptstadt findet man Zwergenschulen mit nur zehn Schülern. Viele meiner Verwandten glauben auch heute noch an Elfen und Trolle oder bestreiten nicht, dass es sie geben könnte. Besonders beeindruckend an unserer Insel sind aber die vielen heißen Quellen und Vulkane. Bei uns unterscheidet man nur die beiden Jahreszeiten Sommer und Winter.

TERRA
EXTRA

Europas Wunder der Natur

Wilde Wälder, tiefe Schluchten, spektakuläre Seen und Berge – gehe mit
TERRA auf die Reise und besuche einige Wunder der Natur in Europa.

1 Welche der hier dargestellten Natursehenswürdigkeiten A bis E würdest du gerne besuchen? Begründe deine Wahl.

MK **2** Suche zu deiner gewählten Landschaft weitere Informationen und erkunde ein Reiseangebot (Internet).

3 Informiere dich über weitere Natursehenswürdigkeiten in Europa. **MK** Stelle drei vor, so wie du es auf dieser Seite siehst. Wähle ein Foto über die Bildersuche aus und erstelle einen kurzen Info-Text. Präsentiere dein Ergebnis auf einem Plakat.

MK **4** Die UNESCO vergibt den Titel „Welterbe". Recherchiere, was dieser Begriff bedeutet und was sich hinter UNESCO verbirgt.

 1 – 4

→
Kulturerbestätten
in Europa
Seite 132/133

Jurassic Coast in England

Die Jurassic Coast ist ein 150 km langer Küstenstreifen in Süd-England. Er war die erste Naturlandschaft Englands, die von der UNESCO als Welterbe aufgenommen wurde. Die Schönheit der Landschaft zieht zahlreiche Touristen an. Für sie wurden Wanderwege angelegt. Eine weitere Attraktion ist die Suche nach Fossilien.

Plitvicer Seen in Kroatien

Der Nationalpark Plitvicer Seen ist der größte Nationalpark Kroatiens und liegt nahe der Grenze zu Bosnien und Herzegowina. Seit 1979 ist der Nationalpark UNESCO-Welterbe. Eine Million Touristen besuchen die 16 Plitvicer Seen jedes Jahr. Diese Seen erstrecken sich über 8 km. Sie sind durch Wasserfälle, Kaskaden und unterirdische Wasserläufe miteinander verbunden.

→
Vulkane
Seite 98/99

Chaîne des Puys in Frankreich

Im Herzen Frankreichs, in der Auvergne, kann man gut sehen, wie die Kräfte aus dem Erdinneren Landschaften formen. Die erloschenen Vulkane mit ihren Kratern zeugen vom Aufbrechen der Erdkruste. Weil man diese Vorgänge hier besonders gut beobachten kann, wurde die Landschaft in das UNESCO-Welterbe aufgenommen.

Białowieża-Nationalpark in Polen/ Weißrussland

Der Nationalpark im Grenzgebiet von Polen und Weißrussland ist Welterbe der UNESCO. Ein Teil des riesigen Waldgebietes ist besonders geschützt, ein sogenanntes „Strenges Schutzgebiet". Touristen dürfen hier nicht ohne einen Führer hinein, der mit seinen Gästen nur auf genau festgelegten Wegen geht. Menschliche Eingriffe in den Wald sind nicht erlaubt. Lediglich die Wege für die Besucher werden freigehalten, ansonsten ist der Wald sich selbst überlassen.

Der Wald von Białowieża ist berühmt für die dort wildlebenden Wisente. Diese europäischen Büffel waren zu Beginn des 20. Jahrhunderts in Europa nahezu ausgestorben. Nur in einigen Zoos gab es noch Wisente. Man hat es geschafft, diese Art wieder im Białowieża-Nationalpark anzusiedeln. Der Wald ist heute eines der letzten Gebiete, in denen Wisente noch frei und wild leben.

Geiranger-Fjord in Norwegen

Norwegen ist das Land der Fjorde. An ihrer Entstehung sind Gletscher beteiligt. Sie schufen die steilen Trogtäler. Als nach der Eiszeit der Meeresspiegel anstieg, wurden diese Täler geflutet. Der Geiranger-Fjord ist etwa 15 km lang und zwischen 0,6 und 1,3 km breit. Er ist eine der meist besuchten Natur-Sehenswürdigkeiten Norwegens.

Der Fjord gehört zum UNESCO-Welterbe. Besonders hervorgehoben wurde in der Begründung der Aufnahme, dass der Geiranger-Fjord ein besonders typisches Beispiel für einen Fjord ist und zu den schönsten Fjorden der Welt gehört. Seine Natur ist mit den Wildbächen, Wasserfällen und Waldgebieten sehr vielfältig. Das gilt auch für die Tier- und Pflanzenwelt.

Die Landschaft wurde und wird aber auch von Menschen genutzt. Heute sind einige der alten Bauernhöfe und Almhütten zu Touristenunterkünften umgebaut. Dort können Wanderer übernachten und die Landschaft mit Blick von oben genießen. Wer den Blick lieber von unten nach oben richtet, kann den Geiranger-Ford mit dem Schiff befahren.

→
Fjorde
Seite 54/55

25

2 Klima und Vegetation in Europa

M1 In verschiedenen Vegetationszonen Europas: A – in der Tundra; B – im borealen Nadelwald; C – in der Laub- und Mischwaldzone; D – in der Zone der Hartlaubgewächse

Warst du in den Ferien schon einmal in einem anderen europäischen Land? Vielleicht ist dir dabei aufgefallen, dass das Klima dort anders ist. Auch die Pflanzen sehen in anderen Ländern Europas oft anders aus als bei uns in Deutschland. Warum ist das so? Und gibt es einen Zusammenhang zwischen Klima und Vegetation?

Das kannst du bald:
- Wetter und Klima unterscheiden
- die Beleuchtungszonen der Erde erklären
- Klimadiagramme auswerten
- die Klimazonen Europas beschreiben
- den Zusammenhang zwischen Vegetation und Klima erklären
- den Einfluss des Golfstroms auf unser Klima beschreiben

Windgeschwindigkeits-
messer

Windrichtungs-
messer

Thermometer

Niederschlags-
messer

M2 Automatische Wetterstation

Vom Wetter zum Klima

„Heiter bis wolkig, vereinzelt Regen. Temperaturen an der Elbe bis 14 Grad.
Starker Wind aus Nordwest." So könnte ein Wetterbericht für den nächs-
ten Tag lauten. Mit dem Wetter machst du täglich deine Erfahrungen.
Doch was ist eigentlich der Unterschied zwischen Wetter und Klima?

**Ausgewählte
Wetterelemente**
- Temperatur in °C
  (Grad Celsius)
- Niederschlag in
  mm (Millimeter)
- Wind in m/s
  (Meter/Sekunde)

T1 Das Wetter messen

Das **Wetter** ändert sich bei uns fast täglich.
Mal scheint die Sonne und es ist warm. Am
nächsten Tag ist es kühl und es regnet. Mal ist
es völlig windstill und kurze Zeit später kann
ein Sturm aufziehen. Auf das Wetter kann
man sich nicht verlassen, sagen viele.

Trotzdem kann man das Wetter genau beschreiben und für einige Tage sogar ziemlich
genau vorhersagen. Die wichtigsten „Zutaten"
für das Wetter sind die Temperatur und der
Niederschlag.

Man misst die Temperatur mit einem Thermometer. Den gemessenen Wert gibt man
in Grad Celsius an, abgekürzt °C. Den Niederschlag misst man in einem Gefäß und gibt die
Menge in Millimetern (mm) an.

T2 Das Klima bestimmen

Das **Klima** kann man anders als das Wetter
verlässlich bestimmen. Dazu misst man über
einen längeren Zeitraum von meist 30 Jahren die Temperatur und den Niederschlag an
einem Ort und bildet Durchschnittswerte. Die
Temperaturen und der Niederschlag eines
Jahres unterscheiden sich meistens nur wenig
vom Durchschnitt der Vorjahre. So erkennt
man den regelmäßigen Wetterablauf für
einen Ort – das Klima.

Um die Durchschnittstemperatur pro Jahr zu
erhalten, geht man so vor: Die Temperaturwerte eines Ortes werden für jeden Monat
angegeben. Das ist die Monats-Durchschnitts-
temperatur. Wenn man die Werte aller zwölf
Monate eines Jahres addiert und wieder
durch zwölf teilt, erhält man die Jahres-
Durchschnittstemperatur.

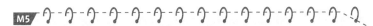

M3

Lufttemperatur messen

Material: Thermometer, Klebeband, Holzlatte (2 m lang)

Durchführung: Befestige das Thermometer mit Klebeband am oberen Ende der Holzlatte. Stelle die Latte am Messpunkt auf. Die Lufttemperatur wird grundsätzlich unter freiem Himmel gemessen. Das Thermometer sollte sich dabei im Schatten befinden, da eine direkte Sonneneinstrahlung die Temperaturmessung verfälscht. Zudem sollte das Thermometer 2 m vom Boden und von Hauswänden entfernt sein. Lies nach etwa zwei Minuten den Messwert ab.

Auswertung: Notiere den abgelesenen Wert.

M5

Windstärke messen und Windrichtung bestimmen

Material: großer Korken, Stricknadel, Holzlatte, Trinkhalm, Klebeband, vier Kunststofflöffel, kleine Handsäge, Faden (0,1 m lang), Kompass

Durchführung: Schneide zwei 1 cm tiefe Schlitze in den Korken. Säge die Stiele der Löffel zur Hälfte ab. Stecke die Löffel in die Korkschlitze. Male einen Löffel bunt an. Drücke die Stricknadel von unten in den Korken.
Befestige den Faden am Stiel. Stelle nun das Windrad in den Trinkhalm, der mit Klebeband von unten zugeklebt und an einer Holzlatte befestigt ist. Das Windrad soll sich frei drehen können. Stelle mit dem Kompass fest, wo Norden ist. Beobachte täglich morgens um 7:00 Uhr, mittags um 14:00 Uhr und abends um 21:00 Uhr, wie oft sich das Rad während einer Minute völlig herumdreht.

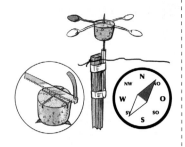

Auswertung: Notiere die Drehzahl und mit Blick auf den Faden die Richtung, aus welcher der Wind weht.

M4

Niederschlag messen

Material: Plastikflasche, Lineal, farbiges Klebeband, Schere

Durchführung: Schneide den oberen Teil der Plastikflasche ab und stecke ihn als Trichter in den unteren Teil der Flasche. Klebe das Klebeband senkrecht auf die Flasche und beschrifte es mit einer Zentimeterskala. Befestige den Niederschlagsmesser oder beschwere ihn durch hineingelegte Steinchen. Gieße dann bis zur unteren Markierung Wasser hinein.

Auswertung: Lies für jeden Tag die Niederschlagsmenge ab und übertrage sie in deinen Beobachtungsbogen.

1 Beschreibe, wie Temperatur, Niederschlag, Windstärke und Windrichtung in einer Wetterstation gemessen werden (T1, M2).

2 Beschreibe deinem Lernpartner den Unterschied zwischen Wetter und Klima (T1, T2).

 3 Wetter beobachten und messen:
a) Bastelt die Instrumente zur Wetterbeobachtung (M3 – M5).
b) Führt einfache Messungen durch und gestaltet ein Wettertagebuch. Benutzt den Protokollbogen aus dem TERRA-Code.

c) Vergleicht eure Messwerte an den verschiedenen Orten zu verschiedenen Tageszeiten.
d) Begründet die Unterschiede.

TERRA
METHODE

Ein Klimadiagramm auswerten

Ein Klimadiagramm zeigt dir, wie das Klima an einem Ort ist. Mit seiner
Hilfe kannst du herausfinden, in welchem Monat es an einem Ort am
wärmsten ist oder in welchem Monat es am meisten regnet.

Kelvin (K)
Temperatur-
differenzen
werden in der
Einheit Kelvin (K)
angegeben.

SP Sprachtipp

Den Ort einordnen
In dem Klimadia-
gramm ist das
Klima von … dar-
gestellt. Der Ort
liegt … m über
dem Meeresspie-
gel.

**Temperaturen
beschreiben**
Die mittlere
Jahrestemperatur
beträgt …

Der kälteste/
wärmste Monat ist
der … mit …°C.

Die Temperaturen
steigen/fallen/
bleiben gleich
von … bis …

**Niederschläge
beschreiben**
Der mittlere
Jahresniederschlag
beträgt …

Am meisten/we-
nigsten Nieder-
schlag fällt im …

Die Niederschläge
schwanken im Jah-
resverlauf wenig/
stark.

T1 Das Klimadiagramm

In einem **Klimadiagramm** sind die Mittel-
werte von Temperatur und Niederschlag eines
Ortes über einen Zeitraum von 30 Jahren dar-
gestellt. Das Klimadiagramm besteht aus ei-
ner x-Achse für die Monate und zwei y-Achsen.
Die linke y-Achse bildet die Temperatur ab und
die rechte y-Achse bildet den Niederschlag ab.
Die rote Kurve zeigt für jeden Monat die er-
rechneten Mittelwerte der Temperatur. Die
Höhe der blauen Säulen gibt die mittlere
Niederschlagssumme für jeden Monat an.
Außerdem sind der Name und die Höhe der
Station, die mittlere Jahrestemperatur und
der mittlere Jahresniederschlag angegeben.
Mithilfe eines Klimadiagramms lässt sich der
übliche Jahresgang von Temperatur und Nie-
derschlag für einen Ort leicht erkennen und
beschreiben.

T2 Ein Klimadiagramm auswerten
1. Schritt: Ort einordnen

Lies den Namen und die Höhe der Messstation ab.

Name und Höhe der Messstation:
Leipzig-Holzhausen, 138 m

2. Schritt: Temperaturwerte ablesen
Lies die mittlere Jahrestemperatur ab. Ermittle
den kältesten und den wärmsten Monat.

mittlere Jahrestemperatur: 10 °C
kältester Monat: Januar mit 1 °C
wärmster Monat: …

3. Schritt: Jahresschwankung der
Temperaturen berechnen

Berechne die Jahresschwankung der Temperatur, das heißt die Temperaturdifferenz
zwischen dem wärmsten und dem kältesten
Monat.

Jahresschwankung: 19 − 1 = 18 K

4. Schritt: Niederschlagswerte ermitteln
Lies den mittleren Jahresniederschlag ab und
ermittle die Monate mit dem höchsten und
dem niedrigsten Niederschlag.

mittlerer Jahresniederschlag: 627 mm
Höchstwert: …
Tiefstwert: Februar, 36 mm

5. Schritt: Temperaturverlauf und
Niederschlagsverteilung beschreiben

Beschreibe den Temperaturverlauf und die
Verteilung der Niederschläge im Jahresverlauf.

Die Temperaturen von Leipzig-Holzhausen
steigen allmählich vom Tiefstwert im
Januar bis zum Höchstwert … und fallen
dann wieder bis …
Die Niederschläge schwanken im Jahres-
verlauf geringfügig. Sie sind im Sommer …

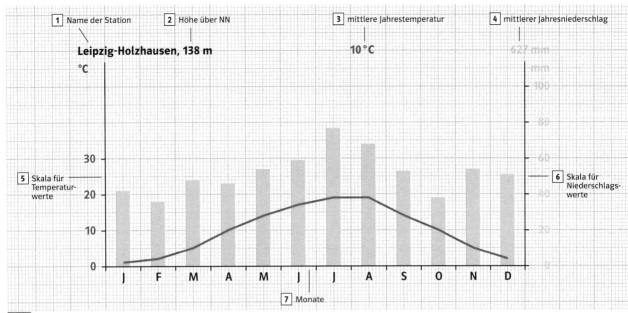

M1 Klimadiagramm von Leipzig (langjährige Mittelwerte)

Monat	Jan.	Feb.	März	April	Mai	Juni	Juli	Aug.	Sep.	Okt.	Nov.	Dez.	Jahr
Temperatur	1	2	5	10	14	17	19	19	14	10	5	2	10 °C
Niederschlag	42	36	48	46	54	59	77	68	53	38	54	51	627 mm

M2 Temperatur- und Niederschlagswerte von Leipzig (langjährige Mittelwerte)

M3 **Was du beim Lesen eines Klimadiagramms beachten musst**
Alle Werte sind Mittelwerte aus über 30 Jahren. Wenn du für den Monat August eine Temperatur von 19 °C abliest, dann kann es an mehreren Tagen im August sehr warm (Temperaturen > 30 °C) oder kühl (Temperaturen < 15 °C) gewesen sein. Der Wert 19 °C ist ein Mittelwert aus den Mitteltemperaturen des Augusts in den letzten 30 Jahren. Klimadiagramme sind so gezeichnet, dass auf der y-Achse jeweils 10 °C Temperatur (links) 20 mm Niederschlag (rechts) entsprechen.

SP **1** Klimadiagramme auswerten
MK **a)** Nenne die Bestandteile eines Klimadiagramms (T1, M1).
b) Partnerarbeit: Wertet mithilfe der Schritte 1 – 5 das Klimadiagramm von Leipzig aus. Ergänzt die angefangenen Texte (T2, M1, M2).

c) Werte ein Klimadiagramm deiner Wahl von S. 32 aus. Vergleiche dein Ergebnis mit deinem Lernpartner oder deiner Lernpartnerin. Nutze die Sprachtipps bei Bedarf.

2 Beträgt die Temperatur im August an jedem Tag 19 °C? Begründe mithilfe von M 3.

3 Wähle eine europäische Klimastation aus dem Anhang (S. 149) aus. Zeichne dazu ein Klimadiagramm und werte es aus. Benutze dafür die Vorlage aus dem TERRA-Code.

TERRA
ORIENTIERUNG

Klimadiagramme vergleichen

In … fallen die meisten Niederschläge im Frühling/Sommer/Herbst/Winter.

Dagegen/Im Gegensatz dazu …

Die mittlere Jahrestemperatur ist in … höher/niedriger als in …

Der wärmste/kälteste Monat ist in … mit … °C wärmer/kälter als in …

In … liegt der mittlere Jahresniederschlag bei … mm, während in …

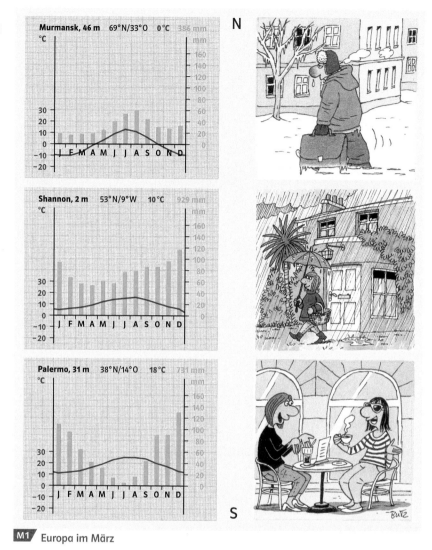

M1 Europa im März

Die Klimazonen Europas

Im Sommer fahren wir gerne in die südlichen Länder Europas, da es dort wärmer ist als bei uns. Auch regnet es seltener. In Regionen nördlich von Deutschland ist es hingegen kälter und regnerischer. Warum gibt es in Europa so große Unterschiede?

T1 **Europa im März – welch ein Gegensatz!**
Pjotr Nishew kann vom Frühling nur träumen. Bereits seit fünf Monaten herrscht in Murmansk (Russland) eisige Kälte. Für Manuela Contini sind solche Temperaturen unvorstellbar. Sie sitzt in Palermo (Italien) in der Sonne und die Mandelbäume blühen bereits seit Ende Februar. Fast 2500 km weiter nordwestlich hat Sarah Murphy in Shannon (Irland) ähnlich milde Temperaturen, aber es regnet schon wieder.

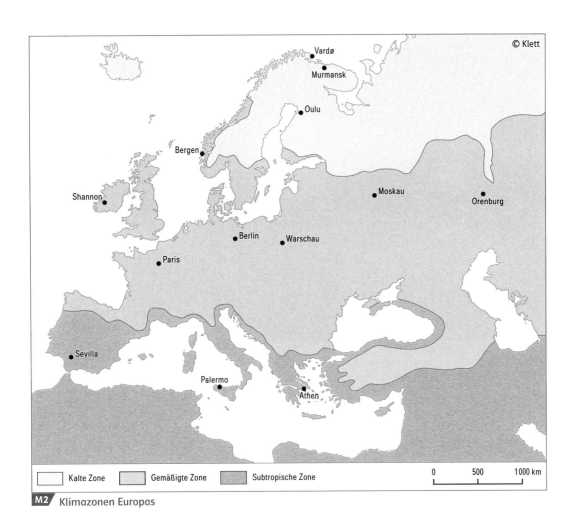

© Klett

	Kalte Zone		Gemäßigte Zone		Subtropische Zone

0   500   1000 km

M2 Klimazonen Europas

T2 Klimazonen Europa

Große Gebiete mit einheitlichen Klimamerkmalen werden als **Klimazonen** bezeichnet. Europa hat Anteil an drei Klimazonen:

Ganz im Norden liegt die **Kalte Zone**, die durch kurze, kühle Sommer und lange, kalte Winter gekennzeichnet ist.

Südlich daran schließt sich die **Gemäßigte Zone** an, die den größten Teil Europas einnimmt. Gemäßigt heißt, dass das Klima ausgeglichen ist. Die Winter sind nicht zu kalt und die Sommer nicht zu heiß.

Der Südteil Europas gehört zur **Subtropischen Zone** mit heißen, trockenen Sommern und milden, regnerischen Wintern.

→ Gemäßigt ist nicht gleich gemäßigt Seite 110/111

---

1 Europas Klimazonen (T 2).

a) Nenne die drei Klimazonen Europas.

b) Beschreibe die Lage und die Merkmale der drei Klimazonen. Übertrage dazu die Tabelle in deinen Hefter und ergänze sie.

Klimazone	Lage	Merkmal
Kalte Zone	im Norden Europas	…
…	…	…

c) Ordne die Klimastationen aus M1 den Klimazonen in Karte M 2 zu.

MK 2 Werte die Klimadiagramme aus M1 aus, die du noch nicht in Aufgabe 1 c von S. 30 bearbeitet hast. Folge den Schritten von S. 30.

SP 3 Vergleiche die Klimadiagramme aus M1. Nutze die Sprachtipps bei Bedarf.

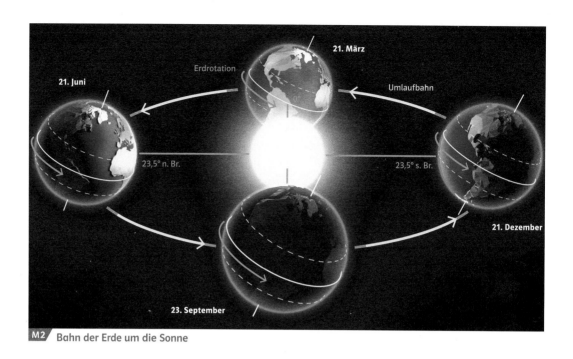

M2 Bahn der Erde um die Sonne

Die Beleuchtungszonen der Erde

**Auf der Erde gibt es unterschiedliche Klimazonen. Drei Klimazonen hast
du schon kennengelernt. Aber warum ist es nicht überall gleich warm?**

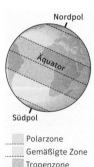

M1 Beleuchtungszonen der Erde

T1 Die Schrägstellung der Erde

Wenn du einen Globus betrachtest, siehst du, dass die Erdkugel schräg steht. Die Erdachse ist um 23,5° geneigt. Innerhalb eines Jahres dreht sich die Erde einmal um die Sonne. Bei ihrem Weg um die Sonne neigt sich daher einmal der Nordpol und einmal der Südpol zur Sonne. Dadurch werden die Nordhalbkugel und die Südhalbkugel im Verlauf eines Jahres unterschiedlich stark beleuchtet.

Wir leben auf der Nordhalbkugel. Wenn diese zur Sonne geneigt ist, ist bei uns Sommer. Die Temperaturen steigen. Im Winter ist die Nordhalbkugel von der Sonne abgeneigt. Dann ist es deutlich kälter als im Sommer.

T2 Die Beleuchtungszonen

Die Erde bleibt bei ihrer Bewegung um die Sonne immer gleich geneigt. Daraus ergeben sich drei **Beleuchtungszonen**. Die Polarzone liegt zwischen den Polarkreisen und den Polen. Die Gemäßigte Zone liegt zwischen den Wendekreisen und dem Polarkreis. Die Tropenzone liegt nördlich und südlich des Äquators und reicht bis zu den Wendekreisen. Die Klimazonen entstehen aufgrund der Beleuchtungszonen.

T3 Tageslänge

Die Erde dreht sich in 24 Stunden einmal um ihre eigene Achse. So entstehen Tag und Nacht. Innerhalb eines Jahres werden die drei Beleuchtungszonen unterschiedlich lang bestrahlt. In der Polarzone können die Tage und Nächte bis zu 24 Stunden lang sein. In der Gemäßigten Zone ändern sich die Tageslänge und die Nachtlänge im Verlauf der Jahreszeiten. Im Winter sind die Tage kürzer als im Sommer. In den Tropen sind die Tage und Nächte fast gleich lang.

M3 Tromsø an einem Dezembertag um 13 Uhr

NORWEGEN

Europäisches Nordmeer · ○ Tromsø

nördlicher Polarkreis

NORWEGEN

FINNLAND

Oslo

SCHWEDEN

250 km

M5

Dauer des Polartages (in Tagen)
Nordpol: 186
Spitzbergen: 130
Tromsø: 64
Polarkreis: 1

T4 **Polartag und Polarnacht**

Der Nordpol wird vom 21. März bis zum 23. September ununterbrochen von der Sonne beschienen. Dann ist **Polartag**. Die Sonne geht 24 Stunden lang nicht unter.

Im Winter, wenn die Erde auf ihrem Weg um die Sonne weitergewandert ist, liegt das Nordpolargebiet auf der von der Sonne abgewandten Seite. Jetzt erreichen die Sonnenstrahlen den Nordpol für ein halbes Jahr nicht mehr. Es ist dunkle **Polarnacht**.

Auch am Südpol gibt es Polartag und Polarnacht – aber genau zur gegensätzlichen Zeit.

M4 **Ein besonderer Februartag**

An einem Februartag, kurz vor Mittag, in einer Schule im Norden von Norwegen: Alle stürmen aus dem Klassenzimmer. Der Himmel ist rot. Im Süden steigt ein kleines Sonnenkäppchen aus dem Meer. Gleichzeitig donnert ein Kanonenschuss als Gruß an die Sonne über der Bucht. Lauter Jubel bricht los! Nach kurzer Zeit wird das rote Käppchen kleiner, es versinkt im Meer. Nun sieht alles noch grauer und dunkler aus als vorher. „Aber morgen kommt die Sonne wieder", sagt eine Schülerin hoffnungsvoll.

1 Beleuchtungszonen
a) Nenne die Beleuchtungszonen der Erde und beschreibe deren Lage (T2, M1).
b) Nenne Gründe, die für die unterschiedlichen Beleuchtungszonen verantwortlich sind (T1, T2, M2).

2 Erkläre den Zusammenhang zwischen Beleuchtungszonen und Klimazonen (T1–T3, M1, M2).

3 Polartag und Polarnacht
a) Beschreibe das Bild M3. Berücksichtige auch M4.
b) Du möchtest an den Nordpol reisen. Für welche Reisezeit

entscheidest du dich? Begründe (T4, M2).

4 Stellt euch vor, eine Stadt liegt genau auf dem nördlichen Polarkreis. An einem Tag ist es dort genauso dunkel wie in M3. Welcher Tag ist das?

Kalte Zone

Gemäßigte Zone

Subtropische Zone

M1

Die Vegetation in Europa

Warst du schon einmal im Norden oder im Süden von Europa?
Bestimmt ist dir aufgefallen, dass dort andere Pflanzen wachsen als
bei uns. Denn ebenso wie sich das Klima von Norden nach Süden ändert,
so verändern sich auch die Pflanzen.

←

**Die Klimazonen
Europas**
Seite 32/33

boreal
nördlich

→

**Das „grüne Gold"
des Nordens**
Seite 58/59

→

**Höhenstufen
in den Alpen**
Seite 70/71

→

Steppen
Seite 112/113

→

Hartlaubgewächse
Seite 38/39

Tundra
Nördlich der Baumgrenze wachsen nur noch Sträucher, Moose und Gräser. Selten findet man in der Tundra auch kümmerliche Bäume. Das liegt an der kurzen Vegetationsperiode, die den Pflanzen zum Wachsen bleibt. Es ist ganzjährig kalt und der wenige Niederschlag fällt meist als Schnee.

Boreale Nadelwaldzone
Fichten, Kiefern und Tannen bestimmen das Bild der borealen Nadelwaldzone. Die immergrünen Nadeln dieser Bäume sind durch ihre geringe Oberfläche sowie durch eine Wachsschicht vor der winterlichen Austrocknung geschützt.

Sommergrüne Laub- und Mischwaldzone
Neben Eichen und Buchen prägen auch Kiefern und Lärchen das Bild der sommergrünen Laub- und Mischwaldzone. Um sich vor Austrocknung im Winter zu schützen, werfen Laubbäume ihre Blätter im Herbst ab und bilden im Frühjahr neue Triebe aus. Im Winter halten sie Vegetationsruhe.

Winterkalte Steppen
Im Osten Europas liegen die winterkalten Steppen. Die Kombination aus kalten, langen Wintern und ausgeprägter Trockenheit in den Sommern verhindert, dass Bäume wachsen.

Zone der Hartlaubgewächse
Olivenbäume, Stein- und Korkeichen sowie Lorbeer sind typische Pflanzen in der Zone der Hartlaubgewächse. Ihre Blätter sind meist klein und von einer Wachsschicht überzogen, wodurch sie sich vor der Austrocknung in den heißen Sommern schützen.

M2 Vegetationszonen in Europa

T1 Vegetationszonen

Unter dem Begriff **Vegetation** versteht man alle Pflanzen, die in einem bestimmten Gebiet wachsen. Pflanzen benötigen je nach Art unterschiedlich viel Niederschlag und unterschiedlich warme Temperaturen. Sie siedeln sich entsprechend dem Klima in verschiedenen Regionen der Erde an.

Ein Gebiet mit ähnlichen Pflanzen wird **Vegetationszone** genannt. In Europa gibt es fünf natürliche Vegetationszonen. Von Norden nach Süden unterscheidet man die Tundra, die boreale Nadelwaldzone, die Laub- und Mischwaldzone, die Steppen und die Zone der Hartlaubgewächse.

Oft ähneln die Vegetationszonen den Klimazonen und verlaufen parallel zu den Breitenkreisen. Eine Ausnahme bilden Erhebungen wie Gebirge, denn hier ändert sich das Klima mit der Höhe. Somit verändert sich auch die Vegetation mit der Höhe.

T2 Der Mensch verändert die Landschaft

Die Vegetation, die sich aufgrund der natürlichen Bedingungen und ohne den Eingriff des Menschen entwickeln würde, nennt man natürliche Vegetation. Von der natürlichen Vegetation ist heute nicht mehr viel übriggeblieben. Als die Menschen sesshaft wurden, rodeten sie die Wälder, um Ackerflächen und Weideland zu schaffen. Außerdem bauten sie Städte und Straßen. Sie legten Sümpfe und Moore trocken und fällten die Eichen und Buchen, die hier natürlich vorkamen.

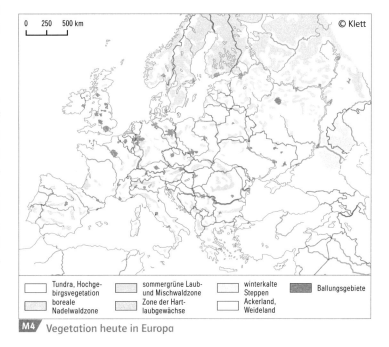

	Tundra, Hochgebirgsvegetation		sommergrüne Laub- und Mischwaldzone		winterkalte Steppen
	boreale Nadelwaldzone		Zone der Hartlaubgewächse		

0   250   500 km

M3 Die natürliche Vegetation in Europa

	Tundra, Hochgebirgsvegetation		sommergrüne Laub- und Mischwaldzone		winterkalte Steppen		Ballungsgebiete
	boreale Nadelwaldzone		Zone der Hartlaubgewächse		Ackerland, Weideland		

M4 Vegetation heute in Europa

1 Ordne folgende Begriffe einander zu: Kalte Zone, Gemäßigte Zone, Subtropische Zone, Steppen, Laub- und Mischwaldzone, boreale Nadelwaldzone, Tundra, Zone der Hartlaubgewächse (M1, M2, M3).

2 Vegetationszonen Europas:
a) Beschreibe die Ausdehnung der natürlichen Vegetationszonen (M3,

T1). Ergänze dazu den Lückentext und führe ihn weiter:
Die boreale Nadelwaldzone liegt im N... Europas. Die Länder ... haben Anteil an ihr. Sie liegt in der ... Klimazone.
Die Laub- und Mischwaldzone liegt in Mitteleuropa in der ...
Die Zone der Hartlaubgewächse ...

b) Erläutere, wie sich die Vegetation in Deutschland verändert hat (M3, M4, T2).

3 Der Wald hat viele Funktionen und ist wichtig für unser Klima. Informiert euch darüber im Internet. Präsentiert euer Ergebnis der Klasse.

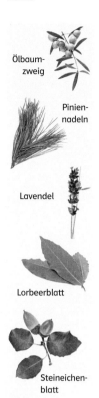

Ölbaum-
zweig

Pinien-
nadeln

Lavendel

Lorbeerblatt

Steineichen-
blatt

M1 Typische
Pflanzen der
Subtropischen
Klimazone

M2 Olivenbaumplantage in Spanien

Viel Sonne, wenig Regen

Temperaturen von 40 °C und seit Monaten kein Regen – welche Fähigkeiten haben Pflanzen im Süden Europas entwickelt, um unter diesen Bedingungen zu überleben?

T1 Lange, heiße Sommer und kurze, milde Winter

Im Süden Europas, in der Subtropischen Klimazone, dauert der Sommer bis zu einem halben Jahr. Dann ist es dort meist sehr heiß und trocken. Die monatlichen Durchschnittstemperaturen steigen oft auf über 20 °C und es fallen fast keine Niederschläge.

Während des kurzen und milden Winters gibt es kaum Frost, weil selbst im kältesten Monat die Durchschnittstemperaturen über 5 °C liegen. Dafür fällt in dieser Jahreszeit der Großteil der Jahresniederschläge.

T2 Hartlaubgewächse

Um sich vor der großen Hitze und Austrocknung während des Sommers zu schützen, haben Pflanzen zum Beispiel kleine, harte Blätter ausgebildet. Deshalb werden sie als **Hartlaubgewächse** bezeichnet. Andere Pflanzen speichern Feuchtigkeit in fleischigen Blättern und Stängeln oder in Knollen.

Der Ölbaum gilt als typischer Vertreter der Hartlaubgewächse. Seine Wurzeln reichen tief in die Erde. Daher kann er die Trockenheit gut überstehen. Frost verträgt er hingegen kaum. Aus diesen Gründen gilt sein Vorkommen als Abgrenzung der Subtropischen Klimazone in Europa.

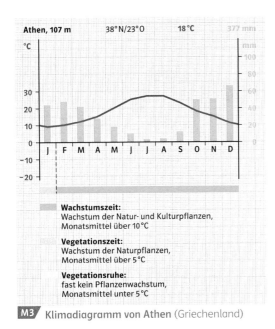

Athen, 107 m 38°N/23°O **18°C** 377 mm

Wachstumszeit:
Wachstum der Natur- und Kulturpflanzen,
Monatsmittel über 10°C

Vegetationszeit:
Wachstum der Naturpflanzen,
Monatsmittel über 5°C

Vegetationsruhe:
fast kein Pflanzenwachstum,
Monatsmittel unter 5°C

M3 Klimadiagramm von Athen (Griechenland)

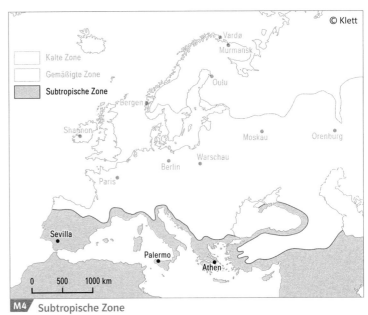

© Klett

Kalte Zone
Gemäßigte Zone
Subtropische Zone

Vardø
Murmansk
Oulu
Bergen
Shannon
Moskau
Orenburg
Warschau
Berlin
Paris
Sevilla
Palermo
Athen

0   500   1000 km

M4 Subtropische Zone

T3 Einfluss des Menschen

Ursprünglich waren große Gebiete der Subtropischen Klimazone mit dichtem, immergrünem Eichen- und Kiefernwald bedeckt. Der Mensch hat diese Wälder aber seit Jahrhunderten abgeholzt, um Baumaterial für Häuser und Schiffe sowie Ackerland und Weideland zu gewinnen.

Anstelle der ursprünglichen Wälder breiten sich seitdem bis zu 3 m hohe Sträucher aus, die als Macchie bezeichnet werden. Im Sommer sind diese Strauchlandschaften oft von Bränden bedroht.

M5 Macchie

? FLUPP!

M6 „Aua, ein Hartlaubgewächs!"

1 Arbeite mit Karte M4 und dem Atlas. Nenne europäische Länder, die Anteil an der Subtropischen Zone haben.

MK 2 Werte das Klimadiagramm von Athen aus (M3).

3 Beschreibe verschiedene Anpassungen der Pflanzen an das Klima der Subtropischen Zone (T2, M1, M2).

SP 4 Hartlaubgewächse:
a) Beschreibe Karikatur M6.
b) Erkläre, was der Zeichner ausdrücken will.

5 Erläutere Zusammenhänge zwischen Klima und Vegetation in der Subtropischen Zone Europas anhand des Wachstums- und Vegetationszeitraumes (T1, M3).

6 Erkläre, weshalb sich die Macchie in der Subtropischen Klimazone ausbreiten konnte (T3).

2

Skandinavien

Brønnøysund
(NORWEGEN)

Oulu
(FINNLAND)

500 km

M1

SP Sprachtipp

Was sehe ich?
→ Aufgabe 2

Das linke/rechte
Bild zeigt …

Das Bild wurde
am … aufgenom-
men.

Man erkennt …

Davor/Dahinter/
Daneben liegt …

**Unterschiede
beschreiben**
Während in …

Anders als in …

←

Klimadiagramme
vergleichen
Seite 32/33

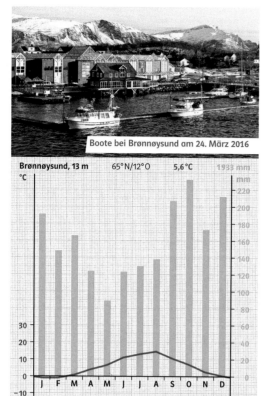

Boote bei Brønnøysund am 24. März 2016

Brønnøysund, 13 m | 65°N/12°O | 5,6 °C | 1933 mm

M2 Klimadiagramm von Brønnøysund (Norwegen)

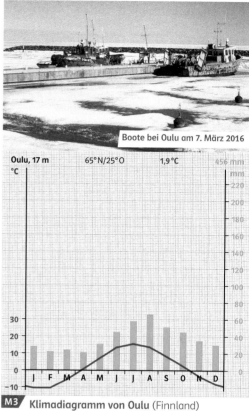

Boote bei Oulu am 7. März 2016

Oulu, 17 m | 65°N/25°O | 1,9 °C | 456 mm

M3 Klimadiagramm von Oulu (Finnland)

Der Golfstrom – Europas Warmwasserheizung

**Während die Temperaturen in Brønnøysund selten unter 0 °C liegen,
herrschen in Oulu in fast fünf Monaten Minustemperaturen. Wie ist das
zu erklären, wenn beide Städte auf demselben Breitengrad liegen?**

T1 Europas Warmwasserheizung

Ganz West- und Nordeuropa verdankt sein
deutlich milderes Klima vor allem einer war-
men Meeresströmung, dem **Golfstrom**. Ohne
ihn wäre es im Jahresdurchschnitt 5 °C kälter.
Als Teil der weltweiten Meeresströmungen
hat der Golfstrom keinen Anfang und kein
Ende. Sein Wasser erwärmt sich im Golf von
Mexiko auf bis zu 30 °C. Seine Ausmaße sind
beeindruckend: Er ist durchschnittlich 50 km
breit und fließt mit 8 km/h durch den Nordatlantik. Winde und die Erddrehung geben
diese Richtung vor.

M4

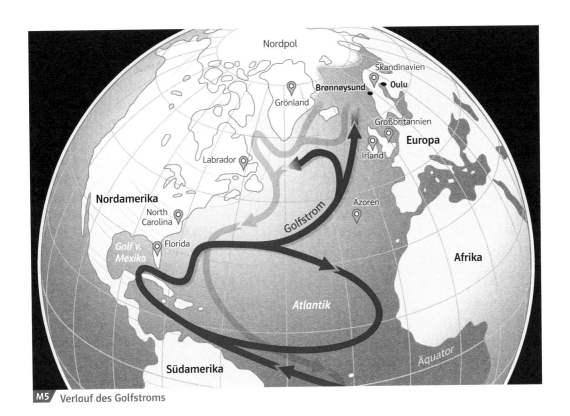

M5 Verlauf des Golfstroms

T2 Der Motor des Golfstroms

Aufgrund der niedrigen Temperatur und des höheren Salzgehaltes wird das Wasser im Nordatlantik schwerer und sinkt ab.

Zwischen Island und Grönland sinkt das Golfstromwasser bis in 3 000 m Tiefe ab und strömt mit einer Temperatur von 2 °C am Boden des Atlantiks wieder südwärts. Durch das Absinken entsteht eine enorme Sogwirkung, die als „Motor" des Golfstroms gilt und den Kreislauf der Meeresströmung in Bewegung hält.

Zuvor erreicht der Golfstrom aber die Küsten im Nordwesten Europas und sorgt dort mit einer durchschnittlichen Wassertemperatur von 10 °C für ein mildes Klima.

T3 Ist der Golfstrom in Gefahr?

Europas Warmwasserheizung ist störanfällig. Durch den Klimawandel und die damit einhergehende Erwärmung der Erde schmilzt das Eis. Dadurch könnte der Süßwasseranteil des Nordatlantiks steigen und der Salzgehalt abnehmen. Der Golfstrom könnte zum Stillstand kommen. Die Lufttemperatur würde sich im Durchschnitt um 2 °C auf der Nordhalbkugel verringern, in Nordeuropa sogar um 8 °C.

1 Der Golfstrom:

a) Erkläre, woher der Golfstrom seinen Namen hat (T1).

b) Beschreibe seinen Verlauf (M5, T1, T2).

c) Erkläre die Bezeichnung „Europas Warmwasserheizung" (M5, T1, T2).

d) Beschreibe, wie der „Motor" des Golfstroms funktioniert (T2).

SP **2** Vergleiche die Fotos und Klimadiagramme M2 und M3. Welche Unterschiede stellst du fest? Nutze die Sprachtipps bei Bedarf.

 3 Was wäre, wenn der Golfstrom ausfallen würde? Diskutiert in der **SP** Klasse.

4 Eine Karikatur:

a) Beschreibe die Karikatur M4.

b) Erkläre, was der Zeichner damit zeigen will.

2

TERRA TRAINING

Wichtige Begriffe

Beleuchtungszone	Klima	Subtropische Zone
boreale Nadelwaldzone	Klimadiagramm	Tundra
Gemäßigte Zone	Klimazone	Vegetation
Golfstrom	Laub- und Mischwaldzone	Vegetationszone
Hartlaubgewächse	Polarnacht	Wetter
Kalte Zone	Polartag	Zone der Hartlaub-
	Steppe	gewäschse

M1 **Spitzbergen** (Norwegen)

M3 **Lot-Tal** (Frankreich)

M2 **Lappland** (Schweden)

M4 **Costa Brava** (Spanien)

Sich orientieren

1 Klima- und Vegetationszonen gesucht

a) Bestimme für die Fotos M1 – M4 die Klima- und Vegetationszone.

b) Benenne für jede Vegetationszone mindestens drei typische Pflanzen.

2 Staaten gesucht

Nenne mindestens drei europäische Staaten, die Anteil an mehreren Klimazonen haben.

Kennen und verstehen

3 Findest du die Begriffe?

a) Klimazone mit trockenen, heißen Sommern und milden, regenreichen Wintern

b) baumlose Vegetationszone aus Sträuchern, Gräsern und Flechten

c) Klimazone mit nicht zu kalten Wintern und nicht zu heißen Sommern

d) Vegetationszone, in der vor allem Nadelbäume vorherrschen

4 Außenseiter gesucht

Finde den Außenseiter und begründe, warum er nicht dazu passt.

a) Fichte, Kiefer, Eiche, Lärche

b) Hartlaubvegetation, Tundra, Taiga, Regenwald

c) Flechten, Buchen, Moose, Sträucher

 Arbeitsblatt: Selbsteinschätzung
4b4g32

Üben interaktiv
4b4g32

Lösungen
4b4g32

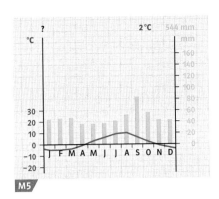

M5

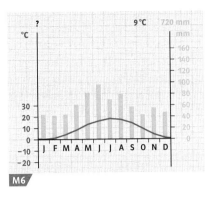

M6

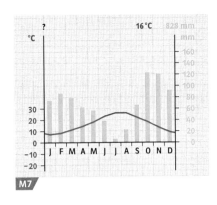

M7

5 Finde die Begriffe.

Verbessere die falschen Aussagen und schreibe sie richtig auf.

a) An der Westküste Irlands sind die Sommer überwiegend trocken und warm.

b) Das Klima im borealen Nadelwald hat kurze und milde Winter.

c) In der Kalten Klimazone müssen die Pflanzen „überwintern", in der Subtropischen Klimazone müssen sie „übersommern".

d) In der Tundra können keine Bäume wachsen, weil die Niederschläge zu gering sind.

e) Der Ölbaum ist ein typischer Vertreter der Hartlaubgewächse.

6 Bilderrätsel

Löse die Bilderrätsel und erkläre die gesuchten Begriffe.

a)

b)

c)

Methoden anwenden

7 Klimaexperten gesucht

a) Ordne die Klimadiagramme M 5, M 6 und M 7 den Orten Stuttgart, Vardø und Rom zu. Begründe deine Entscheidung.

b) Finde anhand der folgenden Beschreibungen heraus, in welcher Klimazone die Orte A und B jeweils liegen:
 – Ort A: Das Klima zeichnet sich durch warme Sommer und kalte Winter aus.
 – Ort B: Hier kann man viele Pflanzen finden, die kleine, harte Blätter und Stacheln ausgebildet haben.

Beurteilen und bewerten

8 Europas Warmwasserheizung?

Der Golfstrom wird auch als „Warmwasserheizung Europas" bezeichnet. Beurteile diese Aussage.

9 Prima Klima?

Erläutere die Vorzüge und Nachteile der Gemäßigten Klimazone

a) aus der Sicht eines Bauern und

b) aus der Sicht eines Touristen.

TERRA
EXTRA

Überlebenskünstler gesucht!

Eigentlich herrschen für Tiere und Pflanzen im Süden Europas ideale Lebensbedingungen. In acht bis zwölf Monaten steigen die Durchschnittstemperaturen auf über 10 °C an und die Winter sind viel milder als bei uns. Aber die Tiere und Pflanzen müssen eine lange Trockenzeit überstehen.

1 Welche Gefahren erschweren den Tieren und Pflanzen das Überleben in der Subtropischen Klimazone (M 1)?

2 Wähle mindestens ein Tier und eine Pflanze aus und beschreibe ihre Anpassungen an den Lebensraum (M 2–M 7).

NE **3** Überlege dir, weshalb vor allem größere Säugetiere im Süden Europas kaum mehr vorkommen und vom Aussterben bedroht sind.

◯1 ◖2 ●3

M1 **Lebensraum in Gefahr!**

Die sommerliche Trockenheit, Hitze und Winde aus Nordafrika zwingen nicht nur die Pflanzen in der Subtropischen Klimazone zu Anpassungen. Auch die einheimische Tierwelt ist davon betroffen. Die Tiere können hierauf aber besser reagieren, da sie zur Not ihren Standort wechseln können. Ursprünglich war die Tierwelt im Süden Europas sehr vielfältig. Durch die Zerstörung ihrer angestammten Lebensräume durch Entwaldung, Besiedlung, Land- und Weidewirtschaft sind ihre Bestände inzwischen stark gefährdet.

M2 Europäischer Halbfingergecko

M3 Skorpion

Geckos sind – wie alle Reptilien – wechselwarme Tiere. Das bedeutet, dass ihre Körpertemperatur von der Umgebungstemperatur abhängt. Sie sonnen sich gerne, um sich aufzuwärmen. Bei zu hohen Tagestemperaturen suchen sie aber schattige Verstecke auf, um nicht zu überhitzen. In der Dämmerung gehen sie auf Jagd nach Insekten. Geckos haben extrem lichtempfindliche Augen, sodass sie sogar nachts farbig sehen. Bis 15 °C sind sie aktiv. Viele Gecko-Arten halten von November bis März eine Winterruhe. Ihr Schwanz dient als Fett- und Nährstoffspeicher.

Skorpione sind meist in den kühleren Abend- und Nachtstunden aktiv. Dann gehen sie auf Jagd nach Insekten. Während der heißen Tageszeit verstecken sie sich unter Steinen oder in Trockenmauern. Das überlebenswichtige Wasser beziehen Skorpione aus ihren Beutetieren. Wenn das Futter knapp ist, verlangsamt der Skorpion seinen Stoffwechsel. Ein einziges Insekt reicht ihm dann aus, um ein ganzes Jahr lang zu überleben. Alle Skorpione sind giftig, wobei die Stiche der in Südeuropa vorkommenden Arten für Menschen nicht lebensgefährlich sind.

M4 Rosmarin

Der intensiv duftende, immergrüne Rosmarin kann ein bis zu 2 m hoher Strauch werden. Seine kurzen, schmalen Blätter haben auf der Oberseite eine dicke Haut, die die Pflanze vor Austrocknung schützt. Der Strauch blüht das ganze Jahr über. Rosmarin ist ein wichtiges Gewürz der Mittelmeerküche. Aufgrund des enthaltenen Öls findet Rosmarin auch in der Heilkunde Verwendung.

M6 Ölbaum

Der sehr langsam wachsende Ölbaum, auch Olivenbaum genannt, kann über 1 000 Jahre alt werden. Um an das lebenswichtige Wasser zu kommen, bildet er weitverzweigte Wurzeln aus, die bis zu 7 m in die Tiefe reichen können. Der Ölbaum ist eine immergrüne Pflanze. Nie verliert er sein ganzes Laub. Wegen seiner ölhaltigen Steinfrüchte wird der Ölbaum seit 6 000 Jahren im Mittelmeerraum genutzt.

M5 Singzikade

Den typischen „Gesang" der männlichen Singzikaden kennt jeder, der schon einmal einen Sommerurlaub am Mittelmeer verbracht hat. Das Gezirpe dieser Insekten soll aber weniger Menschen erfreuen, als vielmehr die Zikadenweibchen anlocken. Mithilfe ihres Rüssels stechen sie Pflanzen an und saugen an den nährstoffreichen Pflanzensäften. Die gut getarnten Singzikaden leben nur wenige Sommermonate lang. Etwa fünf Jahre lang dauert dagegen ihre Entwicklung. Bis zu 1 m tief graben sich die Larven in den Boden ein und legen sich eine Aufenthaltskammer an. Während dieser Zeit saugen sie an Pflanzenwurzeln.

M7 Äskulapnatter

Die Äskulapnatter ist mit bis zu 2 m Länge eine der größten Schlangen Europas. Als wechselwarmes Tier bevorzugt sie warme und sonnige Plätze. Bei sehr großer Hitze verkriecht sie sich aber in den Schatten. Die ungiftige Schlange ist tagaktiv, geht jedoch im Hochsommer in den kühleren Morgen- und Abendstunden auf die Jagd. Zu ihrer Beute gehören Mäuse, Eidechsen, Jungvögel und Eier. Im Winter verkriecht sich die Natter und hält eine bis zu sechs Monate dauernde Winterruhe. Weil sie sich regelmäßig häutet, galt sie bei den alten Griechen als Symbol der Verjüngung und war dem Heilsgott Äskulap geweiht.

3

Im Norden Europas

Im Norden Europas beeindrucken schneebedeckte Berge, die keine Spitzen haben und von tiefblauen Wasserarmen durchzogen sind. Dort befinden sich auch die größten Gletscher des europäischen Festlandes und heiße Springquellen. Weite Gebiete sind von Nadelwäldern und Tausenden Seen bedeckt. Finde heraus, welche Kräfte die Natur Nordeuropas formten.

Das kannst du bald:
- dich in Nordeuropa orientieren
- die Entstehung und den Aufbau von Gletschern beschreiben
- die Vorgänge im Eiszeitalter und deren Auswirkungen auf unser Heimatgebiet erklären
- die Bedeutung des Nadelwaldes für das Leben der Menschen und die Wirtschaft in Nordeuropa beschreiben

3

**TERRA
ORIENTIERUNG**

Nordeuropa

M1

→
Gletscher
Seite 50/51

M2 A – Der Strokkur, B – Hauptstadt Stockholm, C – Eishotel in Kemi, D – Lysefjord

Sich orientieren in Nordeuropa

Norwegen, Schweden und Finnland liegen auf der Skandinavischen
Halbinsel. Zusammen mit Island und Dänemark gehören diese Länder zu
Nordeuropa. Diese nordischen Staaten haben viele Gemeinsamkeiten.

M3 God dag, ich bin Ole
Fährt man in meinem Land
an der Küste entlang, ist
man sehr lange unterwegs,
weil immer wieder Meeres-
arme tief ins Landes-
innere hineinreichen. Deshalb kommt die Post nicht
mit dem Auto, sondern per
Schiff. Hammerfest, die
nördlichste Stadt der Welt,
liegt nur wenige Kilometer
entfernt vom Nordkap.

**M4 Góðan daginn,
ich bin Njörd**
In unserem Land
leben nur 300 000
Einwohner. Das
Telefonbuch ist nach
Vornamen sortiert.
Bei uns liegt einer
der größten Glet-
scher Europas.
Springquellen schie-
ßen in die Luft und
aus Erdlöchern steigt
heißer Dampf auf.

M5 Päivää, ich bin Aki
Im Norden meines Lan-
des liegt Lappland. Das
ist der beste Ort, um
Nordlichter zu beobach-
ten. Im Winter leuch-
tet der Himmel fast
jede Nacht. Touristen
übernachten gern im
Schneehotel und schla-
fen bei – 5 °C in Eis-
betten. Im Winter sit-
zen wir gern in einer
heißen Sauna.

**M6 God dag, ich bin
Smilla**
Die größte Stadt un-
seres Landes ist auch
die Hauptstadt. Sie
ist auf 14 Inseln er-
baut, die durch mehr
als 50 Brücken verbun-
den sind. Im Süden un-
seres Landes wurde das
weltberühmte IKEA
gegründet. Bei uns hat
man auch das Knäcke-
brot erfunden.

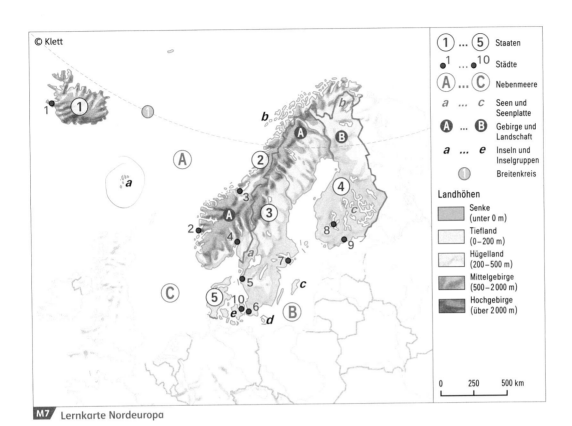

© Klett

① ... ⑤	Staaten
•1 ... •10	Städte
Ⓐ ... Ⓒ	Nebenmeere
a ... c	Seen und Seenplatte
Ⓐ ... Ⓑ	Gebirge und Landschaft
a ... e	Inseln und Inselgruppen
◯	Breitenkreis

Landhöhen

	Senke (unter 0 m)
	Tiefland (0–200 m)
	Hügelland (200–500 m)
	Mittelgebirge (500–2000 m)
	Hochgebirge (über 2000 m)

0 250 500 km

M7 Lernkarte Nordeuropa

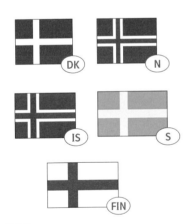

M8 Flaggen von Staaten Nordeuropas

DK N IS S FIN

M9 **Papageientaucher – fliegende Clowns der Meere**
Ihre bunten Schnäbel verliehen den Papageientauchern den Namen. Die Vögel ernähren sich vor allem von Fisch. Sie tauchen sie bis zu 60 m tief, lenken mit ausgebreiteten Flügeln und nutzen ihre Beine als Ruder. In der Luft können sie bis zu 400 Mal pro Minute mit den Flügeln schlagen und erreichen dabei bis zu 90 km/h.

1 In Nordeuropa:
a) Ordne den Texten M3 bis M6 die Fotos M2 zu.
b) Finde die Namen dieser nordeuropäischen Staaten.
c) Ergänze die Tabelle.

Staat	Hauptstadt	Besonderheiten

2 Arbeite mit Karte M7 und dem Atlas.
a) Benenne die Staaten **1–5** und die dazugehörigen Städte **1–10**.
b) Benenne die Meere **A–C**, die Seen **a–c**, die Inseln **a–e** sowie das Gebirge und die Landschaft.
c) Nenne die Staaten, die Anteil am Hochgebirge haben.

3 Flaggen-Experte gesucht.
a) Ordne den Flaggen (M8) die richtigen Staaten zu.
b) Nenne Gemeinsamkeiten der nordeuropäischen Flaggen.

4 Recherchiere zu einem Land Nordeuropas weitere Besonderheiten. Informiere deine Klasse.

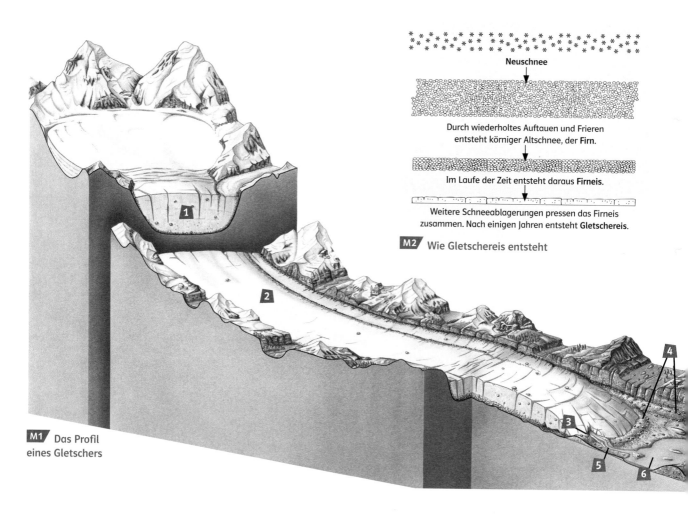

Neuschnee

Durch wiederholtes Auftauen und Frieren
entsteht körniger Altschnee, der **Firn**.

Im Laufe der Zeit entsteht daraus **Firneis**.

Weitere Schneeablagerungen pressen das Firneis
zusammen. Nach einigen Jahren entsteht **Gletschereis**.

M2 Wie Gletschereis entsteht

M1 Das Profil
eines Gletschers

Gletscher – Ströme aus Eis

Gletscher gelten als Reste der Eiszeit vor Tausenden von Jahren.
In letzter Zeit beobachtet man einen starken Rückgang des Eises.
Warum verschwinden die Gletscher zunehmend?

Kaum zu glauben
Für die Bildung
von einem Zenti-
meter Gletschereis
ist eine 80 cm
dicke Schneedecke
notwendig.

T1 Im Nährgebiet des Gletschers
Eismassen, die sich im Gebirge langsam talwärts bewegen, heißen **Gletscher**. Sie entstehen oberhalb der Schneegrenze, wo aus-
reichend Schnee fällt, der im Sommer nicht
abtaut. Durch das Gewicht von Neuschnee
wird der ältere Schnee in Eis umgewandelt.
Man spricht vom **Nährgebiet** des Gletschers.
Das Eis bewegt sich als Gletscherzunge ins Tal.
Bleibt es am felsigen Untergrund „hängen",
reißt es und es entstehen Gletscherspalten.

T2 Im Zehrgebiet des Gletschers
Im Tal ist es wärmer und das Eis schmilzt.
Man spricht vom **Zehrgebiet** des Gletschers.
Am vorderen Rand der Gletscherzunge entsteht eine Höhle, das Gletschertor. Daraus
fließt der Gletscherbach, der in einen Gletschersee mündet. An den Rändern bilden sich
Moränen. Das sind Hügel aus Gesteinsschutt,
den der Gletscher durch seine Bewegung abgetragen hat.

M3 Briksdalsbreen – Gletscher in Norwegen 2012

M4 Briksdalsbreen 2017

T3 Gletscher in Gefahr

Norwegen hat über 2500 Gletscher. Seit dem Jahr 2000 gehen viele dieser Gletscher zurück. Ursache dafür sind die weltweit ansteigenden Temperaturen. Der Niederschlag fällt zunehmend als Regen und weniger als Schnee. Allein im Jahr 2004 verlor die Gletscherzunge des Briksdalsbreen 96 m. Viele norwegische Gletscher werden im Laufe dieses Jahrhunderts ganz verschwinden.

Wissenschaftler stellten fest, dass die menschliche Umweltbelastung ein wesentlicher Grund für den Temperaturanstieg ist. Der Rückgang der Gletscher lässt sich nur durch einen wirksamen Klimaschutz begrenzen.

Gletscher
Anzahl

■ sich zurückziehende Gletscher
□ vorstoßende Gletscher

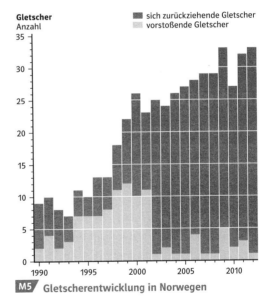

M5 Gletscherentwicklung in Norwegen

 Sprachtipp

Ein Diagramm auswerten
Die Grafik zeigt …

Die Werte für … sind in der Farbe … dargestellt.

Seit dem Jahr … nimmt … zu/ab.

Seit dem Jahr … steigt/sinkt …

→

Diagramme auswerten
Seite 153

---

1 Arbeite mit T1, M1 und dem TERRA-Code. Ordne den Ziffern im Profil die folgenden Begriffe zu: Gletscherbach, Gletscherspalten, Gletschertor, Gletscherzunge, Moränen, Gletschersee.

2 Erkläre mithilfe der Grafik M2 die Entstehung von Gletschereis.

3 Nährgebiet und Zehrgebiet:
a) Definiere die Begriffe „Nährgebiet" und „Zehrgebiet" (T1, T2).
b) Verorte im Profil M1 den Bereich des Nährgebiets und des Zehrgebiets.

4 Beschreibe mithilfe von T3 die Gletscherentwicklung in Norwegen.

NE **5** Nenne Möglichkeiten, wie du das Klima schützen kannst.

6 Vergleiche die beiden Fotos M3 und M4 miteinander.
a) Beschreibe Unterschiede.
b) Nenne die Ursachen dafür.

SP **7** Werte das Diagramm M5 aus. Nutze den Sprachtipp.

**Blick in die Erd-
geschichte**
- vor 4,6 Mrd. Jah-
ren: Entstehung
der Erde
- vor 300 Mio. Jah-
ren: Entstehung
der Kohle
- vor 65 Mio. Jah-
ren: Aussterben
der Dinosaurier
- vor 1,8 Mio. Jah-
ren: Beginn des
letzten Eiszeital-
ters

M2 „Alter Schwede" in Hamburg

Im Eiszeitalter

Ein riesiger Stein versperrt den Weg am Elbufer bei Hamburg. Der „Alte
Schwede" stammt aus Skandinavien. Er wurde aus der Elbe geborgen.
Doch wie kam er dorthin?

M1 Wollhaar-
mammut –
ein typischer Ver-
treter der Tierwelt
im Eiszeitalter

T1 Vor 1,8 Millionen Jahren

Vor etwa 1,8 Mio. Jahren begann das **Eiszeitalter**, auch Pleistozän genannt. In diesem
Abschnitt der Erdgeschichte wechselten sich
Kaltzeiten und Warmzeiten ab. Das Eiszeitalter endete vor 10 000 Jahren. Während der
Kalt- und Warmzeiten haben gewaltige Naturkräfte auf die Erdoberfläche eingewirkt. Diese
Naturkräfte transportierten auch den „Alten
Schweden". Geologen fanden bei der Unter-
suchung des Gesteins heraus, dass der Felsen
ursprünglich aus dem Skandinavischen Gebirge stammt. Solche großen, einzeln liegende
Steine werden als „Findlinge" bezeichnet.

T2 In den Kaltzeiten

In den Kaltzeiten gingen die Temperaturen
so stark zurück, dass Niederschläge immer
als Schnee fielen, der auch im Sommer nicht
abtaute. So wuchsen die Gletscher im Skandinavischen Gebirge zum **Inlandeis**, einer bis zu
3 300 m mächtigen Eisdecke, zusammen. Das
Eis dehnte sich aus und drang nach Süden
vor. Dabei veränderte das Inlandeis durch sein
großes Gewicht die Erdoberfläche. Das Fels-
gestein im Untergrund bekam tiefe Schram-
men, brach oder wurde mitgenommen. Neue
Oberflächenformen entstanden. Alle Gebiete,
die durch das Eis so verändert wurden, gehören zum **Abtragungsgebiet**.

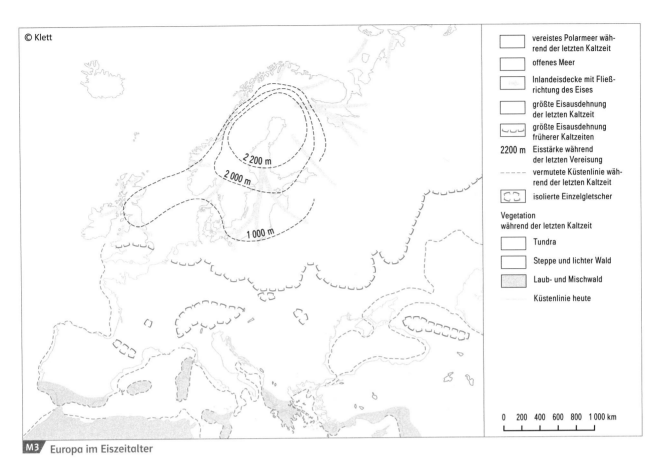

© Klett

	vereistes Polarmeer während der letzten Kaltzeit
	offenes Meer
	Inlandeisdecke mit Fließrichtung des Eises
	größte Eisausdehnung der letzten Kaltzeit
	größte Eisausdehnung früherer Kaltzeiten
2200 m	Eisstärke während der letzten Vereisung
– – –	vermutete Küstenlinie während der letzten Kaltzeit
	isolierte Einzelgletscher

Vegetation während der letzten Kaltzeit

	Tundra
	Steppe und lichter Wald
	Laub- und Mischwald
	Küstenlinie heute

0 200 400 600 800 1 000 km

M3 Europa im Eiszeitalter

T3 In den Warmzeiten

Als die Temperaturen nicht weiter absanken, kam das Inlandeis zum „Stehen". Allmählich stiegen die Temperaturen wieder an und die Eisdecke schmolz langsam ab. Die vom Eis mitgenommenen Felsgesteine, zum Beispiel auch der Findling „Alter Schwede", blieben liegen. Sie wurden abgelagert. Deshalb bezeichnet man dieses Gebiet als **Ablagerungsgebiet**. Auch hier entstanden neue Oberflächenformen.

© Klett

	Gletschereisbedeckung durch Inlandvereisung
	vom Gletschereis aufgestaute Wasserfläche
	Flusstäler während der Eiszeit
	Tundra
	heutiger Flusslauf
	Feuersteinlinie

0 20 40 60 km

M4 Südlichste Ausdehnung des Inlandeises in Sachsen

1 Ausdehnung des Inlandeises:
a) Benenne mithilfe des Atlas und M 3 Gebiete in Europa, die während der Eiszeit vom Inlandeis bedeckt waren.
b) Beschreibe den Verlauf der weitesten Eisausdehnung in Sachsen (M 4).

2 Erkläre die Begriffe Abtragungsgebiet und Ablagerungsgebiet (T 2, T 3).

MK **3** Vergleiche die Lage der Laub- und Mischwaldzone im Eiszeitalter mit der Lage heute (M 3 auf S. 37).

4 Begründe, weshalb der Felsen am Elbufer in Hamburg „Alter Schwede" genannt wurde.

5 Informiere dich über die Bergung des „Alten Schweden" aus der Elbe (TERRA-Code). Halte vor deinen Mitschülern einen Vortrag.
MK

M1 Geirangerfjord, Norwegen

M4 Fjell, Norwegen

M2

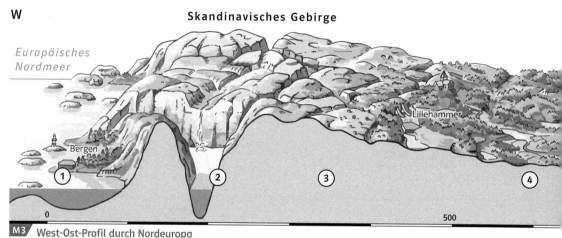

M3 West-Ost-Profil durch Nordeuropa

Im Abtragungsgebiet

Ein Hochgebirge fast ohne Bergspitzen, eine zerfurchte Küste mit vielen kleinen Inseln und über 1 000 m tiefen Meeresarmen – welche Kraft schuf die Landschaft in Nordeuropa?

T1 **Die Kraft des Inlandeises**

Das Inlandeis wirkte wie ein gewaltiger Hobel. Es riss mächtige Gesteinsblöcke aus dem darunter liegenden Gebirge heraus und trug sie mit sich. Dieses Gemisch aus Eis und Stein schliff alles ab, was ihm in den Weg kam. Die spitzen Berge des Skandinavischen Gebirges wurden abgetragen.

Übrig blieben „Bergstümpfe" mit flachwelligen, teilweise schneebedeckten Hochflächen.

Das Eis formte aus scharfkantigen Felsen abgerundete Felshügel, die Rundhöcker. Die ehemaligen Kerbtäler des Skandinavischen Gebirges wurden durch die Tätigkeit des Eises in breite, steilwandige Trogtäler umgewandelt. Dort, wo sich das Inlandeis über eine flache Oberfläche schob, schürften mitgeführte Gesteinsblöcke Vertiefungen aus.

M5 Schärenlandschaft, Schweden

Vor dem Eiszeitalter hatten Flüsse tiefe Kerbtäler in das Gebirge eingeschnitten.

Trogtäler entstanden, als in den Kaltzeiten das Inlandeis in die Kerbtäler eindrang und diese umformte.

O

Bottnischer Meerbusen
(Ostsee)

Finnische Seenplatte

Hudiksvall

Söderhamm

① Uusikaupunki ④

1000 km

Ein Fjord bildete sich, als mit dem Abschmelzen des Inlandeises der Meeresspiegel anstieg. Das Wasser drang weit in die Trogtäler ein.

M6 Vom Kerbtal zum Fjord

T2 Neue Landschaft nach dem Eis

Nach dem Abschmelzen des Eises stieg der Meeresspiegel an. Die Trogtäler füllten sich mit Meerwasser und wurden zu **Fjorden**. Diese Meeresarme können bis zu 1 000 m tief sein. Fjorde reichen weit ins Landesinnere. Der längste von ihnen, der Sognefjord, ist über 200 km lang.

Die flachwelligen Hochflächen auf den Bergstümpfen nennt man **Fjell**. Das Fjell ist nur mit Moosen, Flechten und Zwergsträuchern bewachsen. In Vertiefungen bildeten sich Moore und Sümpfe.

Die Rundhöcker an der Küste wurden durch das Ansteigen des Meeresspiegels zu kleinen Inseln, die man **Schären** nennt. Sie sind meist unbewachsen.

Die ausgeschürften Vertiefungen im Flachland füllten sich mit Schmelzwasser und bilden heute die Finnische Seenplatte.

→
Landschaften in Norwegen
Seite 62/63

---

1 Arbeite mit Profil M3 und T2.
a) Ordne den Ziffern im Profil die richtige Oberflächenform aus dem Text zu.
SP b) Beschreibe die Formen. Nutze die Fotos M1, M4 und M5.

2 Erkläre die Entstehung eines Fjordes (M6).

3 Fjorde in Norwegen (TERRA-Code):
a) Notiere die Namen großer Fjorde in Norwegen.

b) Ermittle mithilfe der Maßstabsleiste deren Länge.

4 Begründe, weshalb in Norwegen die Post mit dem Schiff kommt.

Endmoräne in Mecklenburg

Grundmoränenlandschaft

Im Ablagerungsgebiet

Bist du von Sachsen aus unterwegs an die Ostsee, durchquerst du Landschaften, die so eben sind wie ein Tisch. Finde heraus, welche Ursache das hat.

glazial
eiszeitlich, während einer Eiszeit entstanden

 Sprachtipp

Landschaften beschreiben
→ Aufgabe 3

Ich erkenne eine ... Landschaft.
Im Vordergrund / im Mittelgrund sieht man ...
Die Oberflächenformen werden als ... genutzt.

→
Löss
Seite 64/65

T1 Die glaziale Serie

Das Inlandeis hörte dort auf, vorwärts zu dringen, wo die Temperaturen über 0 °C anstiegen. Entlang des Eisrandes schichteten sich wallartige Hügel aus größeren Gesteinsblöcken auf, die **Endmoränen**. Sie erreichen Höhen von mehr als 100 m.

Das am Eisrand abfließende Schmelzwasser spülte Kiese und Sande aus der Endmoräne aus und lagerte es davor wieder ab. Diese Ablagerungen sind die heutigen **Sander**. Parallel zum Eisrand bildeten sich breite Flusstäler, die **Urstromtäler**. Darin flossen die Schmelzwasser in Richtung Nordwesten ab.

Nach dem völligen Abschmelzen des Eises wurde eine tischebene bis flachwellige Landschaft freigegeben, die **Grundmoräne**. Sie entstand durch das große Gewicht und die Vorwärtsbewegung des Inlandeises. Große, im Eis eingeschlossene Gesteine, die Findlinge, blieben dort liegen. Vertiefungen füllten sich mit Schmelzwasser und bilden heute Seen. Die Abfolge dieser Oberflächenformen nennt man **glaziale Serie**.

T2 Die Nutzung der glazialen Serie

Die Oberflächenformen, die während der Eiszeit entstanden sind, werden heute durch den Menschen vielfältig genutzt. Dabei hängt die Art der Nutzung vom Relief und der Beschaffenheit des Bodens ab. Die ebenen Grundmoränen haben sehr fruchtbare Böden. In den Endmoränen dagegen wird das grobe Gesteinsmaterial an einigen Stellen sogar an der Oberfläche sichtbar. Hier gibt es oft steile Anstiege und tief eingeschnittene Täler. Die Sander sind zwar meist eben, aber das dort abgelagerte Material ist unfruchtbar und kann auch keine Feuchtigkeit speichern. Wenn es lange nicht regnet, ist es dort sehr trocken, im Gegensatz zu den Urstromtälern. Hier ist der Boden sehr feucht.

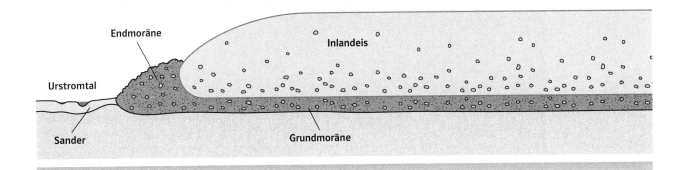

SW NO

Endmoräne

Urstromtal

Inlandeis

Sander

Grundmoräne

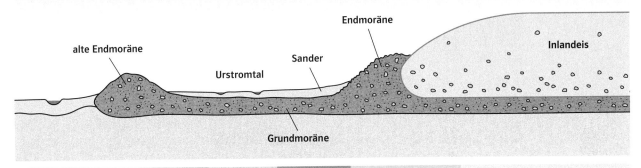

Endmoräne

alte Endmoräne

Sander

Inlandeis

Urstromtal

Grundmoräne

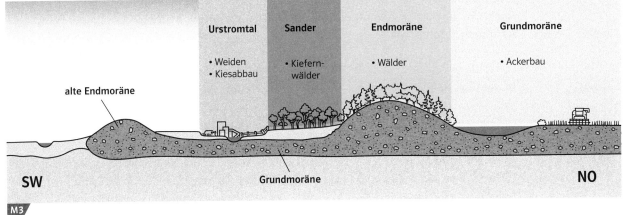

Urstromtal	Sander	Endmoräne	Grundmoräne
• Weiden • Kiesabbau	• Kiefern- wälder	• Wälder	• Ackerbau

alte Endmoräne

Grundmoräne

SW NO

M3

1 Die glaziale Serie:
a) Erkläre die Entstehung der glazialen Serie (T1).
b) Nenne mithilfe von Profil M3 die Abfolge der Oberflächenformen von Nord nach Süd.
c) Welche dieser Oberflächenformen entstanden durch das Eis, welche durch das Schmelzwasser?

2 Vervollständige die Tabelle mithilfe von T2 und M3.

Teil glaziale Serie	Relief	Merk-male Boden	Nutzung

SP 3 Arbeite mit den Fotos M1 und M2. Nutze den Sprachtipp.
a) Welche eiszeitlichen Oberflächenformen erkennst du?
b) Wie werden sie jeweils genutzt?

M1

M2 Holzvollernter

Das „grüne Gold" des Nordens

Holz ist ein nachwachsender Rohstoff, den man vielseitig verwenden
kann. Um ihn auch in Zukunft nutzen zu können, müssen wir heute schon
vorsorgen. Erfahre, wie.

Rohstoff
Naturstoff, der zur
Herstellung von
Gebrauchsgütern
oder zur Gewin-
nung von Energie
dient

Holzwirtschaft
Wirtschaftsbe-
reich, der neben
der holzverarbei-
tenden Industrie
auch den Holz-
handel und das
Holzhandwerk
umfasst

T1 **Rohstoff Holz**

Wald – soweit das Auge reicht! So kann man
die Landschaft in Schweden und Finnland
beschreiben. Wegen der niedrigen Temperaturen im Norden wachsen die Bäume sehr
langsam. Deshalb hat ihr Holz eine besonders
gute Qualität.

Die Menschen wissen daher diesen Rohstoff
zu schätzen, denn er ist vielseitig verwend-
bar. Möbel, Fußböden, Türen, Fenster, Brenn-
material, Papier, Pappe und Getränketüten –
eine Menge Dinge können daraus hergestellt
werden. Der Rohstoff Holz ist auch ein sehr
begehrtes Baumaterial. Viele Menschen in
Nordeuropa errichten ihre Wohnhäuser aus
Holz.

T2 **Holzindustrie in Finnland**

Finnland steht beim Verkauf von Holzerzeug-
nissen und Papier an erster Stelle in Europa.
Zwar gibt es in diesem Land eine vielfältige
Metall- und Elektronikindustrie. Doch jeder
fünfte Industriearbeiter Finnlands ist in der
holzverarbeitenden Industrie, einem Zweig
der Holzwirtschaft, beschäftigt.

Die früher schwere Arbeit in der Forstwirtschaft erfolgt heute mit modernster Technik.
Bei der Ernte der Bäume sitzt der Waldarbeiter in einem Holzvollernter, der den Baum
fällt, alle Zweige entfernt und den Stamm zu-
schneidet. Und das in wenigen Minuten! Die
Information, welche Bäume gefällt werden
sollen, erhält der Waldarbeiter über Satellit.
Die Menge der gefällten Bäume wird im Computer des Holzernters gespeichert.

T3 Nachhaltigkeit – oberstes Gebot

Damit auch zukünftige Generationen die Wälder Nordeuropas nutzen können, darf jährlich nicht mehr Holz geerntet werden, als nachwächst. Es werden immer nur kleine Flächen abgeholzt. Einige alte Bäume bleiben als Samenbäume stehen.

Bei der Holzverarbeitung entstehen Schadstoffe, die die Umwelt belasten. Deshalb werden die Abwässer durch Kläranlagen gereinigt und Abfallprodukte wie z. B. Späne zur Energiegewinnung eingesetzt. Filteranlagen verhindern eine Belastung der Luft mit Giftstoffen.

M4

Ökologie

Soziales

Wirtschaft

Sorgen Menschen in der Gegenwart dafür, dass zukünftige Generationen gleich gute Lebensbedingungen haben, spricht man von **Nachhaltigkeit**. Das Nachhaltigkeitsdreieck zeigt drei gleich große Bereiche, die miteinander in Beziehung stehen:
– Ökologie (Umwelt),
– Wirtschaft,
– Soziales (Mensch).
Nachhaltig zu leben, ist nicht nur die Pflicht jedes einzelnen Menschen. Auch in der Wirtschaft muss nachhaltig gearbeitet werden. Genauso viel Bedeutung hat der Schutz der Umwelt. Verschiebt sich ein Bereich, hat dies Auswirkungen auf alle anderen Bereiche. Die Beachtung der Nachhaltigkeit in allen Bereichen ist keine kurzzeitige Maßnahme, sondern eine wichtige Notwendigkeit aller Generationen in der Zukunft.

M5 FSC
Forest Stewardship Council (forest: Wald, Forst; stewardship: Verantwortung; council: Ratsversammlung) Organisation, die mit dem Siegel Unternehmen auszeichnet, die Holz nachhaltig gewinnen

---

1 Erstelle eine Liste mit Gegenständen, die aus Holz hergestellt werden.

2 Beschreibe, wie in Finnland Holz geerntet wird (M2, T2).

NE **3** Nachhaltigkeit
a) Definiere den Begriff Nachhaltigkeit (T3, M4).
b) Erläutere das Nachhaltigkeitsdreieck (M4).

NE **4** Schätze für die Holzwirtschaft in Finnland den Grad der Nachhaltigkeit ein (T2, T3, M4).
a) Welche Wirkung haben die Maßnahmen für Industriebetriebe?
b) Welche Folgen entstehen für die Umwelt?
c) Was bedeuten die Maßnahmen für die Menschen?

d) Begründe: Nachhaltigkeit ist oberstes Gebot.

NE **5** Überlege, wo du im Alltag nachhaltig sein kannst.

NE **6** Finde Beispiele aus deiner näheren Umgebung, die beweisen, dass Menschen für Nachhaltigkeit sorgen.

3

TERRA TRAINING

Wichtige Begriffe

Ablagerungsgebiet	Fjord	Nährgebiet
Abtragungsgebiet	glaziale Serie	Sander
Eiszeitalter	Gletscher	Schären
Endmoräne	Grundmoräne	Urstromtal
Fjell	Inlandeis	Zehrgebiet
	Nachhaltigkeit	

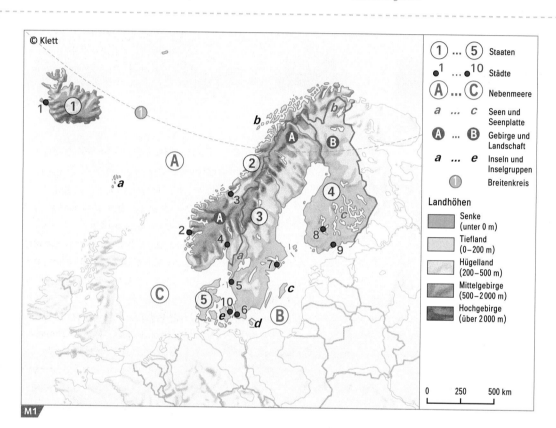

© Klett

M1

Sich orientieren

1 Teste deine Topografie-Kenntnisse

Fertige einen Reisebericht an.

a) 1. Woche ⑤, 10, ③, 6, *a*, ②, 4, Ⓐ, ①
b) 2. Woche 1, ❶, *b*, ④, Ⓑ, *b*
c) 3. Woche 9, Ⓑ, 7, *c*, 5, 10

2 Mit dem Atlas kein Problem

Ordne die folgenden topografischen Objekte den Staaten in der Tabelle zu:
Nordkap, Malmö, Narvik, Jütland, Hammerfest, Keflavík, Lappland, Göteborg, Inarisee, Odense, Selfoss

DK	N	FIN	IS	S

3 Außenseiter gesucht

Welcher Begriff gehört nicht dazu? Begründe.

a) Dänemark, Finnland, Polen, Schweden
b) Finnland, Schweden, Norwegen, Island
c) Fjord, Sander, Fjell, Schäre
d) Gletscherzunge, Gletscherspalte, Gletschertor, Gletscherauge

Kennen und verstehen

4 Wortschlange

Finde die Teile der glazialen Serie (M 3).

5 Grüße aus Skandinavien

Lies den Urlaubsgruß M 2. Finde mindestens fünf Fehler und berichtige sie.

⊕ **Arbeitsblatt:** Selbsteinschätzung
i8x5ym

⊕ **Üben interaktiv**
i8x5ym

⊕ **Lösungen**
i8x5ym

M2

Liebe Sarah,
unsere Schiffsreise nach Nordeuropa begann in Göteborg. Vor der schwedischen Küste waren viele kleine, spitze Inseln zu bewundern. Von dort ging es weiter an der Ostküste Norwegens entlang. Wir fuhren in einen langen Fjord, der mit Süßwasser gefüllt war. Auf unserer Weiterfahrt überquerten wir den südlichen Polarkreis. In Narvik gingen wir an Land und fuhren mit dem Bus ans Nordkap. Zurück ging es durch Finnland. Wir kamen an einem Sägewerk vorbei, in dem Eichenholz verarbeitet wurde. Jetzt warten wir in der finnischen Hauptstadt auf unsere Fähre.
Viele Grüße aus Oslo, dein Tom

M3

Ökologie

Soziales   Wirtschaft

M5

Beurteilen und bewerten

9 Umweltschutz geht uns alle an!
Beurteile die folgenden Aussagen.
a) „Jeder einzelne Mensch kann einen Beitrag für einen wirksamen Umweltschutz leisten."
b) „Wenn die Temperaturen weltweit steigen, ist das nicht so schlimm – ich habe es gern warm."

10 Nachhaltige Produktion
a) Viele Produkte mit einem Umweltsiegel kosten mehr Geld. Doch beim Kauf von solchen Produkten sollte nicht nur der Preis entscheiden. Bewerte diese Aussage mithilfe von M5.
b) „Wie viele Bäume in Finnland abgeholzt werden, ist mir egal. Das Land ist weit weg von hier – der Schutz des Waldes dort hat nichts mit mir zu tun." Beurteile diese Meinung. Nutze auch M5.

6 Bilderrätsel
Erkläre die gesuchten Begriffe.

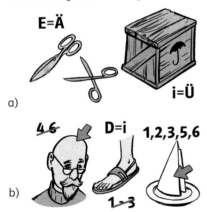

a)

b)

d) Schären und Fjorde gehören zur Ablagerungslandschaft.
e) Grundmoräne und Endmoräne sind Teile der glazialen Serie.
f) Sander und Urstromtal wurden durch das Schmelzwasser geschaffen.

Methoden anwenden

8 Landschaftsprofil
Übertrage die Profillinie aus M4 in dein Heft und setze die richtigen Begriffe (**1–4**) und Meeresnamen (A, B) ein.

7 Richtig oder falsch?
Berichtige die falschen Aussagen.
a) Vor 2000 Jahren begann das Eiszeitalter.
b) In den Kaltzeiten drang das Inlandeis nach Süden vor.
c) Durch das Inlandeis entstand das Abtragungsgebiet.

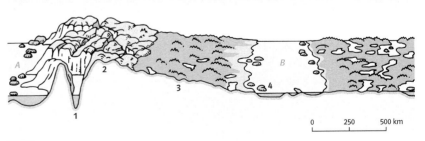

0   250   500 km

M4

TERRA
EXTRA

M2 Aurlandfjord, Norwegen

Eine abenteuerliche Geschichte

Bist du schon einmal einem Troll begegnet? Diese Zauberwesen sind
gefährlich! Sei vorsichtig. Aber lies selbst ...

Endlich Ferien! Im Urlaub wohnt Paula mit
ihren Eltern in einem kleinen Holzhaus in Norwegen. Sie liebt es, hier zu wandern, obwohl
ihr danach oft die Füße schmerzen. Begeis-
5 tert fotografiert sie die Fjorde und die großen
Berge, die aussehen, als hätte jemand ihre
Spitzen abgesägt. Paula weiß, dass mächti-
ges Inlandeis diese Formen hinterließ. Plötzlich erhebt sich über einem Tal eine riesige
10 Wand, auf der gewaltige Felszacken zu erkennen sind. „Das ist die höchste senkrechte Fels-
wand in Europa – die Trollwand", erklärt ihr
Vater. „Sie misst über eintausend Meter."
Paula staunt. „Gab es hier kein Inlandeis?"
15 fragt sie. Der Vater winkt ab. „Diese großen
Felszacken, die du dort siehst, das sind versteinerte Trolle." Und dann erzählt er von diesen
seltsamen Zauberwesen: „Trolle sind Riesen
oder Zwerge. Sie haben lange, krumme Nasen
20 und nur vier Finger und Zehen. Oft besitzen sie
zottiges Haar und riesige, abstehende Ohren.
Manche haben nur ein Auge, andere dagegen gleich drei Köpfe. Auf jeden Fall sehen
sie furchterregend aus. Und wenn sie wütend
25 sind, kennt ihr Zorn keine Grenzen."

Wütende Zaubertrolle also. Paula glaubt ihrem Vater kein Wort. Doch eines weiß sie:
Nach diesem anstrengenden Tag wird sie
heute freiwillig in ihren Schlafsack kriechen.

30 „Hey, du!" Paula schreckt hoch. Rundum ist
stockfinstere Nacht. „Los, wach auf! Ich will
mich dir vorstellen." Paula kann sich nicht bewegen. Eine drohende Stimme spricht zu ihr:
„Ich bin Nisser und ich sorge für Ordnung im
35 Haus. Willst du, dass dir nichts geschieht, so
musst du mich beschenken."
„Ich kenne dich nicht", bringt Paula mühsam
hervor. „Natürlich, mich trifft man ja auch nur,
wenn es dunkel ist. Ich bin ein Troll und wir
40 vertragen kein Sonnenlicht. Vor Jahren schaff-
ten es einige meiner Brüder und Schwestern
nicht, nach einem nächtlichen Ausflug auf die
Trollwand vor Sonnenaufgang nach Hause zu
kommen. Der erste Sonnenstrahl versteinerte
45 sie. Ich bin da viel vorsichtiger. Mir passiert
so etwas nicht. Also – wirst du mich beschenken?" Paula ist viel zu müde, um zu widerspre-
chen. Sie murmelt ein Versprechen und schläft
weiter.

M3 / Trollwand, Norwegen

50 Als der Morgen graut, wird Paula von Vogelgezwitscher geweckt. Rasch springt sie aus ihrem Schlafsack. Bevor sich die Familie am Frühstückstisch trifft, muss sie noch einmal die Fotos von gestern ansehen. Ein paar
55 schöne Schnappschüsse von den Bergen sind ihr gelungen. Und da – die Trollwand! Plötzlich fällt Paula die nächtliche Begegnung mit Nisser wieder ein. Ob die großen Felszacken vielleicht doch versteinerte Trolle sind? Oder
60 hat das Inlandeis nur aus irgendeinem Grund einen Bogen um diesen Teil des Felsens gemacht? Nachdenklich schreibt Paula „Nisser" auf ein kleines Schokoladentäfelchen, legt es auf die Blumenbank am Fenster und geht
65 zum Frühstück.

Vor dem Lesen

1 Betrachte die Bilder und lies die Überschrift. Was erwartest du?

Während des Lesens

SP **2** Unterteile den Text in Sinnabschnitte. Formuliere für jeden Abschnitt eine Überschrift.

Nach dem Lesen

3 Prüfe, ob deine Erwartungen erfüllt wurden.

4 Haben Zauberwesen die Landschaft an der Trollwand geschaffen? Begründe deine Antwort.

5 Zeichne einen Troll so, wie du ihn dir vorstellst.

TERRA
EXTRA

Löss – ein Geschenk des Windes

Am Ende der Eiszeit blies der Wind aus den vegetationslosen Gebieten feinste Staub- und Sandteilchen in Richtung Süden. Dort gibt es heute besonders fruchtbare Böden. Erfahre den Zusammenhang.

1 Beschreibe mithilfe der Karte M5 die Lössverbreitung in Europa.

2 Erkläre die Entstehung von Löss (M3).

3 Nenne Gründe für die hohe Fruchtbarkeit von Schwarzerde (M6).

4 Fertige eine Kartenskizze von Sachsen an (Methodenanhang, S.154). Zeichne die Elbe, die Lommatzscher

Pflege und die Großenhainer Pflege ein.

MK 5 Recherchiere, wo sich in Sachsen Lössgebiete befinden. Trage sie in deine Kartenskizze ein.

○ 1, 3 ● 2, 4, 5   ⛯ Lösungshilfen ab S.167

M3   **Wie Löss entstand**

Am Ende der Eiszeit nahm der Wind in den vegetationslosen Moränen und Sandern kleinste Staub- und Sandkörnchen auf. Diese wurden in den höher liegenden Vorländern der Mittelgebirge, wo erste niedrige Pflanzen wuchsen, Schicht um Schicht abgelagert. Das feine Material verfestigte sich allmählich zu Löss (alemannisch lösch = locker). Das blassgelbe bis bräunlich-graue Material ist sehr durchlässig und kann gut Wasser speichern. Bekannte Lössgebiete in Sachsen sind die Lommatzscher und die Großenhainer Pflege. Dort wird sehr viel Ackerbau betrieben.

M1 Löss

M4 Löss bei Leipzig

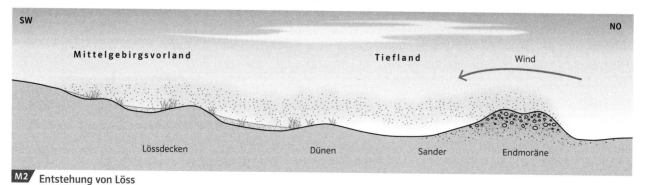

M2 Entstehung von Löss

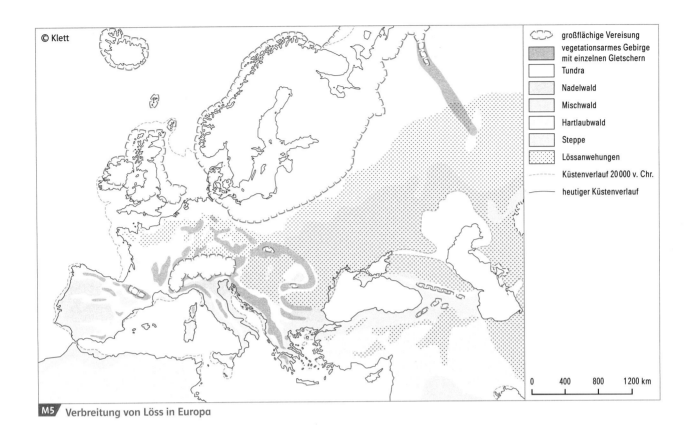

© Klett

Legende:
- großflächige Vereisung
- vegetationsarmes Gebirge mit einzelnen Gletschern
- Tundra
- Nadelwald
- Mischwald
- Hartlaubwald
- Steppe
- Lössanwehungen
- Küstenverlauf 20 000 v. Chr.
- heutiger Küstenverlauf

0   400   800   1200 km

M5 Verbreitung von Löss in Europa

M6

Schwarzerde – ein Geschenk der Natur

In den Lössgebieten hat sich ein sehr fruchtbarer Boden, die Schwarzerde, entwickelt. Der Name geht auf die obere, bis zu 150 cm tiefe, schwarze Bodenschicht zurück. Schwarzerde entstand dort, wo in trockenen Sommern Gräser und Kräuter verwelkten. Beim schnellen Absinken der Temperaturen im Herbst verzögerte sich die weitere Zersetzung der Pflanzendecke. Diese vertrockneten Pflanzenteile lieferten einen nährstoffreichen Humus, der sich im Verlauf mehrerer Jahrhunderte immer mehr anreichern konnte. Schwarzerdeböden sind sehr lockere Böden, gut durchlüftet, steinlos und leicht durchwurzelbar. Sie können wie ihr Ausgangsgestein Wasser gut speichern. Diese Eigenschaften der Schwarzerde sind hervorragende Voraussetzungen für den Anbau sehr anspruchsvoller Nutzpflanzen wie Weizen und vor allem Zuckerrüben.

20 cm

1 m

Humusschicht

Löss

M7 Bodenprofil einer Schwarzerde

→
In den Steppen
Seite 112/113

4

In den Alpen

Die Alpen sind das größte und höchste Gebirge Europas. Die faszinierende Welt der Berge und die vielen Freizeitmöglichkeiten im Sommer wie im Winter ziehen jedes Jahr Millionen von Touristen an.

Entdecke die Alpen und erfahre mehr darüber, wie die Menschen dieses Hochgebirge nutzen und bewahren wollen.

Das kannst du bald:
- dich in den Alpen orientieren
- die Veränderung von Klima und Vegetation mit der Höhe beschreiben
- die Auswirkungen des Tourismus in den Alpen erläutern
- erläutern, wie sich der Verkehr in den Alpen verändert hat
- ein Rollenspiel durchführen

4

TERRA
ORIENTIERUNG

M1

M2 Satellitenbild aus 900 km Höhe

Sich orientieren in den Alpen

Die Alpen sind ein riesiges Gebirge, an dem gleich sieben Staaten
Anteil haben. Wie kannst du dir einen so großen Raum vorstellen und
einen Überblick bekommen?

T1 **Wie kam die Muschel auf den Gipfel?**
Wer durch die Alpen wandert, entdeckt rätsel-
hafte Dinge: In den Gipfelfelsen kann man mit
etwas Glück versteinerte Reste von Muscheln
finden. Wie ist das möglich?
Im Raum der Alpen und der Adria gab es vor
mehr als 170 Millionen Jahren ein riesiges,
warmes Meer mit Muscheln und Korallen.
Die Überreste von Tieren und Pflanzen sowie

Sand und Ton lagerten sich auf dem Meeresboden ab. Im Laufe von Millionen Jahren wurden die Schichten immer dicker. Durch Hitze
und Druck wurden sie zu Gestein.
Vor etwa 110 Millionen Jahren schoben gewaltige Kräfte im Inneren der Erde die Schichten
zusammen, falteten und türmten sie zu einem
Gebirge auf. Kannst du nun das Rätsel um die
Muschel auf dem Berggipfel lösen?

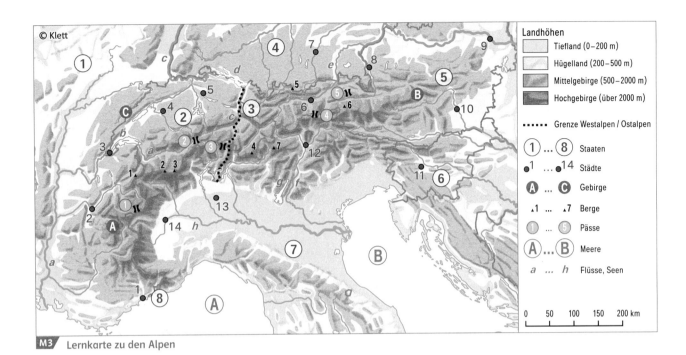

© Klett

Landhöhen

	Tiefland (0–200 m)
	Hügelland (200–500 m)
	Mittelgebirge (500–2000 m)
	Hochgebirge (über 2000 m)

•••••• Grenze Westalpen / Ostalpen

(1) ... (8)   Staaten

•1 ... •14   Städte

Ⓐ ... Ⓒ   Gebirge

▲1 ... ▲7   Berge

① ... ⑤   Pässe

Ⓐ ... Ⓑ   Meere

a ... *h*   Flüsse, Seen

0   50   100   150   200 km

M3 Lernkarte zu den Alpen

M4 Wiedemerkopf in den Allgäuer Alpen bei Oberstdorf (Deutschland)

M5 Versteinerte Muschel in den französischen Alpen

1 Arbeite zunächst allein, nutze einen Atlas:

a) Benenne in Lernkarte M 3
  – die Staaten **1–8**, die Anteil an den Alpen haben,
  – die Städte **1–14**,
  – die Gebirge **A–C**,
  – die bedeutenden Berge **1–7**,
  – die Pässe **1–5**,
  – die Meere **A** und **B** und
  – die Flüsse und Seen **a–h**.

b) Suche dir nun einen Lernpartner, der auch die Aufgabe a bearbeitet hat. Klärt Fragen. Testet gegenseitig euer Wissen zu den Alpen.

2 Beschreibe, wie Muscheln auf die Gipfel der Alpen gelangen konnten (T1, M 4, M 5).

M2 Blick auf die Rosengartengruppe (Dolomiten) in Südtirol

Im Hochgebirge

Schon von Weitem erkennst du die Alpen, die steil aus der Umgebung herausragen. Komm mit ins größte und höchste Gebirge Europas, in eine spannende Gebirgswelt.

←

Landschaften
Europas
Seite 10/11

←

Gletscher
Seite 50/51

T1 **Typisch Hochgebirge!**
Die Alpen sind eine Reise wert! Vieles gibt es nur hier, im **Hochgebirge**. Du siehst steil aufragende, riesige Felswände und kannst auf Gipfel mit über 2 000 m Höhe steigen. In einigen Regionen ist Wintersport sogar im Sommer möglich, weil der Schnee das ganze Jahr über liegen bleibt.
Typisch für Hochgebirge sind auch Gletscher. Diese Eiszungen bewegen sich ganz langsam aus der Höhe des Gebirges in Richtung Tal. Nur Eis, das sich bewegt, heißt Gletscher.

T2 **Noch eine Besonderheit: die Höhenstufen**
Ganz besonders spannend ist eine Fahrt mit der Seilbahn zu einem Gipfel. Große Höhenunterschiede auf kleinster Fläche erwarten dich. Aber nimm etwas Warmes zum Anziehen mit. Denn je höher du kommst, desto kälter wird es. Die Temperatur sinkt um 0,5 °C je 100 m. Gleichzeitig wird die Vegetationszeit der Pflanzen kürzer, das heißt: Je höher man kommt, desto weniger Zeit im Jahr haben die Pflanzen zum Wachsen. Deshalb müssen sie sich an die Kälte in der Höhe anpassen.
Schau aus deiner Gondel hinunter. Von oben sieht es aus, als ob sich die Pflanzenwelt in Stufen an den Hängen anordnet. Auch das ist typisch für Hochgebirge. Man spricht von **Höhenstufen** der Vegetation, also der Pflanzenwelt. Die Grenze zwischen zwei Stufen heißt Höhengrenze, z. B. die Schneegrenze oder die Nadelwaldgrenze.

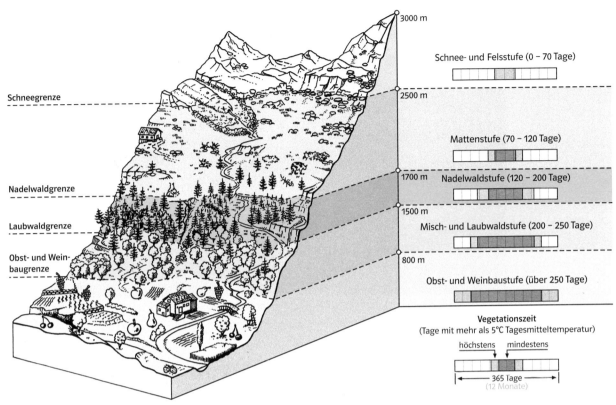

3000 m

Schnee- und Felsstufe (0 – 70 Tage)

Schneegrenze

2500 m

Mattenstufe (70 – 120 Tage)

Nadelwaldgrenze

1700 m
Nadelwaldstufe (120 – 200 Tage)

1500 m

Laubwaldgrenze

Misch- und Laubwaldstufe (200 – 250 Tage)

Obst- und Wein-
baugrenze

800 m

Obst- und Weinbaustufe (über 250 Tage)

Vegetationszeit
(Tage mit mehr als 5°C Tagesmitteltemperatur)

höchstens   mindestens

← 365 Tage →
(12 Monate)

M3 Modell der Höhenstufen und Höhengrenzen in den Alpen

Steinböcke sind gute Kletterer. Sie leben in der Schnee- und Felsstufe. Ein guter Geruchssinn hilft den Tieren, Nahrung zu finden. Vor 100 Jahren waren die Steinböcke in den Alpen fast ausgestorben. Sie wurden meist durch Wilderer erschossen. Heute hat sich ihr Bestand erholt.

M4

Die meisten Alpenpflanzen wie das **Edelweiß** wachsen niedrig in Polstern. So schützen sie sich vor Wind und Schnee. Eine dichte Behaarung schützt das Edelweiß vor dem Austrocknen. Das Edelweiß wächst in der Mattenstufe.

M5

1 Nenne fünf Merkmale von Hochgebirgen (T1, T2, M3).

2 Erstelle eine Tabelle zu den Höhenstufen, typischen Pflanzen und ihrer Vegetationszeit (M2 – M5).

Höhenstufe	Pflanzen	Vegetationszeit
Obst- und Rebenstufe	Obstbäume	…
…	…	…

3 Ordne den Buchstaben A und B in M2 je eine Höhenstufe aus M3 zu.

4 Die Vegetationszeit:
a) In welcher Höhenstufe ist die Vegetationszeit am längsten, in welcher am kürzesten (M3)?
b) Erkläre den Unterschied (T2).

5 Die Fahrt mit der Seilbahn beginnt in der Talstation in 800 m Höhe. Es sind 10 °C. Berechne die Temperatur auf einer Bergstation in 2400 m Höhe.

MK **6** Informiere dich z.B. im Internet über ein Alpentier oder eine Alpenpflanze und schreibe einen Steckbrief (M4, M5, Portfolio).

Alpenländer

M · W
Alpen
Wolkenstein
G · Ma
I

200 km

M1

M3 / Wolkenstein in den Dolomiten 1935 (italienische Alpen)

Vom Bergdorf zum Ferienzentrum

Früher lebten die Menschen von der Landwirtschaft und dem Handwerk, heute gibt es Hotels, Skilifte und Touristen. Der Wandel brachte Arbeitsplätze und Wohlstand nach Wolkenstein. Aber das hat auch Schattenseiten.

T1 Die Bergwelt der Dolomiten
Zwischen Brixen und Bozen führt eine kurvenreiche Straße vom Eisacktal in das Grödnertal. Hier liegt Wolkenstein in einer Höhe von 1 563 m. Schon die Anfahrt bietet atemberaubende Blicke auf die Bergwelt der Dolomiten.

Unmittelbar hinter Wolkenstein überragen die mehr als 3 000 m hohen Berge der Sellagruppe das Tal.

T2 Wolkenstein früher
Früher konnte man das Grödnertal nur schwer erreichen. Deshalb bewahrten die Menschen dort ihre eigene Sprache und Kultur. Bevor es die erste richtige Straße gab, lebten die meisten Bewohner von der Landwirtschaft.
Viele Menschen verdienten ihr Geld auch mit der Holzschnitzerei. Sie stellten aus Holz Kunstwerke her und verkauften sie in weit entfernte Gebiete.
Nach und nach kamen seit Beginn des 20. Jahrhunderts die ersten Touristen als Bergwanderer und Bergsteiger in das Tal. Seitdem zog es immer mehr Besucher dorthin. Der Sommer war die Hauptreisezeit, die **Hauptsaison**.

M2

M4 Wolkenstein heute

SP Sprachtipp

Eine Meinung vertreten

Ich bin der Meinung, dass …

Für … bringt es viele Nachteile/ Vorteile, wenn …

Ich bin dafür/ dagegen, dass …, weil …

Ich finde es gut/ schlecht, dass …

T3 **Der Tourismus verändert das Tal**

Seit den 1950er-Jahren stieg Wolkensteins Bedeutung für den Wintersport. Neue Hotels, Pensionen, Gaststätten und Zweitwohnungen entstanden. Seilbahnen und Freizeitanlagen kamen hinzu. Die Skipisten haben heute eine Gesamtlänge von etwa 500 km. Inzwischen ist die Wintersaison die Hauptreisezeit. Wolkenstein hat sich zu einem der beliebtesten Tourismusorte der Alpen entwickelt.

Doch der Ort zahlt einen hohen Preis dafür. Auf der Hauptstraße quält sich ganzjährig der dichte Autoverkehr. Überall fällt der Blick auf Werbeanzeigen. Aus dem ruhigen Bergdorf ist ein belebter Touristenort geworden.

	1930	1993	2018
Einwohner	1 020	2 395	2 629
Landwirte	470	112	110*
Gästebetten	760	7 739	8 671
Seilbahnen	0	38	49*

* 2013

M5 Entwicklungen in Wolkenstein

	Sommer	Winter
1950	53 000	19 000
1970	197 000	291 000
1990	414 000	468 000
2010	415 559	766 624
2018	529 410	613 497

M6 Übernachtungen in Wolkenstein

→
Tabellen lesen
Seite 153

1 Beschreibe die Lage Wolkensteins (M1, M3, T1).

2 Beschreibe, wie die Menschen früher in Wolkenstein lebten (T2).

SP **3** Vergleiche die Fotos M3 und M4.

4 Nenne Berufe, mit denen die Menschen heute ihr Geld verdienen (T3, M5).

MK **5** Erläutere die Entwicklung der Übernachtungen in Wolkenstein (M6).

6 Gruppenarbeit: Beurteilt die Folgen des Tourismus für Wolkenstein (T3, M2)
SP
NE a) für die Anwohner,
b) für die Urlaubsgäste,
c) für die Umwelt.

7 Führt als Abschluss ein Streitgespräch. Verteilt die Rollen: Anwohner,
SP Urlaubsgäste und Umweltschützer. Nutzt beim Streitgespräch die Ergebnisse von Aufgabe 6 und bei Bedarf die Sprachtipps.

M1 Wintertouristen in den bayerischen Alpen

M2 Parkplatz vor einem Skilift in Flehenkirch (Tirol)

Urlaub in den Alpen

Einige Touristen wollen Ruhe und Erholung in der Natur, andere sport-
lichen Kick und Spaß rund um die Uhr. Die Einheimischen möchten
das ganze Jahr über gut verdienen und ihre Gäste zufrieden sehen.
Da müssen die Touristenorte unterschiedliche Wege gehen ...

→
Massentourismus
auf Mallorca
Seite 90/91

T1 Touristen in Massen

Mehr als 120 Millionen Feriengäste besuchen
pro Jahr die Alpen. Sie sind eines der größten
Feriengebiete der Welt. In manche Orte kommen solche „Massen" von Touristen, dass man
von **Massentourismus** spricht.

T2 Vorteile des Tourismus

Für viele Einheimische ist der Tourismus die
wichtigste Einnahmequelle. Früher lebten die
meisten Menschen von der Landwirtschaft.
Junge Leute verließen oft ihre Heimatge-
meinde, um woanders besser zu verdienen.
Heute arbeiten die Menschen in Hotels, Restaurants, als Bergführer oder Skilehrer.

T3 Nachteile des Tourismus

Durch den Massentourismus hat der Verkehr
stark zugenommen, denn die meisten Urlauber reisen mit ihrem eigenen Auto an. Staus
und verschmutzte Luft sind die Folgen. Wenn
es im Winter nicht genug geschneit hat, ver-
sprühen Schneekanonen künstlichen Schnee
auf die Skipisten. Deshalb sterben zahlreiche
Pflanzen ab, Wildtiere finden nicht genug zu
fressen. Große Pistenraupen fahren nachts
über die Berghänge und bereiten sie für den
nächsten Tag vor. Sie schädigen die Berghänge. Den Lärm ihrer Motoren kann man
durch das ganze Tal hören. Viele Urlauber feiern nach dem Wintersport. Gaststätten und
Diskotheken sind deshalb voll und laut.

M3 Gleitschirmfliegen

M5 Wandern mit Schneeschuhen

T4 **So geht es auch: „Alpine Pearls"**

Einige Orte in den Alpen wollen umweltfreundlicher werden und dennoch viel Spaß und Erholung bieten. Deshalb haben sich 25 Tourismusorte aus sechs Alpenstaaten zu den „Alpine Pearls" zusammengeschlossen. Sie bieten Urlaub an, der das Klima und die Natur schont.

Die Erholung fängt schon bei der Anreise an. Alle Orte kann man mit Bahn oder Bus erreichen. Am Urlaubsort selbst braucht man kein Auto. In vielen „Alpine Pearls" können sich Urlauber umweltfreundliche Elektrofahrzeuge ausleihen. Die Gemeinden erzeugen den Strom vor Ort aus Sonnenenergie. Das ganze Jahr gibt es in den Orten kulturelle Angebote. Die Touristen können alte Traditionen der jeweiligen Alpenregion erleben und z. B. beim Schnitzen mit Holz zuschauen. In den Gaststätten gibt es traditionelle Gerichte mit Produkten aus der Umgebung. Manche „Perlen" verzichten sogar bewusst auf Skilifte. Auch im Sommer gibt es umweltschonende Aktivitäten. Wichtig ist es auch, unnötigen Müll zu vermeiden.

Solch einen Tourismus nennt man **sanften Tourismus.** Er versucht, Natur und Wirtschaft in Einklang zu bringen.

Alpine Pearls (englisch = Alpine Perlen) Diese Orte spannen sich wie eine Perlenkette über die gesamten Alpen.

M4 **Umweltschonende Aktivitäten in den Alpine Pearls**
- im Winter: Wandern mit Schneeschuhen, Langlaufen, Rodeln ...
- im Sommer: Fischen, mit einem Gleitschirm fliegen, Fahren auf Wildwasser, Wandern ...

→ Neue Wege im Tourismus am Mittelmeer Seite 92/93

→ Eine Mindmap erstellen Seite 114/115

1 Nenne Vorteile und Nachteile des Massentourismus in den Alpen (M1, M2, T1–T3).

2 Erläutere, wie die „Alpine Pearls" den Tourismus gestalten (T4, M3–M5).

3 Gruppenarbeit: Erfindet einen Ort in den Alpen, der euren Vorstellungen von sanftem Tourismus entspricht. Entwerft ein Plakat für diesen Ort. Nutzt alle Materialien dieser Seiten und findet weitere.

4 Nenne weitere umweltschonende Aktivitäten (M4, T4).

5 Gestalte eine Mindmap zum Thema Tourismus in den Alpen (Portfolio).

Gotthard-Straßentunnel

Fahrzeuge/Jahr	1981: 2,9 Mio.
	2017: 6,5 Mio.
Lkw/Jahr	1981: 0,2 Mio.
	2017: 0,8 Mio.

M1 Autobahn am Bergmassiv St. Gotthard

M2 Kehren am Gotthard im Jahr 1928

M3 Basistunnel im Bau

Über und durch die Alpen

**Die Überquerung der Alpen war früher ein großes Abenteuer.
Heute ist so eine Reise nichts Außergewöhnliches und klappt in weniger
als zwei Stunden. Schau selbst, wie das möglich ist.**

Lawinen
Massen von
Schnee, die sich
von steilen Berg-
hängen ablösen
und zum Tal hin-
abstürzen

→
Lawinen
Seite 82/83

T1 Über die Alpen

Bis vor 300 Jahren war es sehr anstrengend und gefährlich, die Alpen zu überqueren. Plötzliche Steinschläge oder **Lawinen** konnten Reisende verletzen. Eine Reise über die Alpen dauerte zu Fuß mehrere Tage. Ortskundige Führer und Lasttiere mussten dabei helfen, Waren über die engen Wege zu transportieren. Diese Wege über die Alpen nennt man **Alpenpässe**.

T2 Ausbau der alten Pfade

Ab 1830 wurden zahlreiche Alpenpässe zu Straßen für Pferdekutschen ausgebaut. Dann kamen Eisenbahn-Strecken hinzu, die durch lange Tunnel führten.
Für die Autos mussten die Straßen noch breiter werden. Aus einigen wurden Autobahnen. Aufwendige Brücken und weitere Tunnel wa-

ren nötig. Heute dauert die Fahrt durch den Berg von Airolo nach Göschenen nur noch knapp eine halbe Stunde.

T3 Zu starker Verkehr

Jährlich fahren immer mehr Touristen mit ihren Fahrzeugen über die Alpenstraßen. Sie fahren z.B. aus Deutschland nach Italien, um dort ihren Urlaub zu verbringen. Dazu kommen Millionen Lastkraftwagen. Ungefähr die Hälfte aller Lkw sind im Transitverkehr unterwegs. Transitverkehr bedeutet, dass Fahrzeuge ein Land nur durchqueren, um in ein anderes Land zu kommen (Durchgangsverkehr). Der meiste Verkehr verläuft über wenige Hauptstraßen durch die Täler. Für die Bewohner ist die Belastung durch Lärm und Abgase daher sehr hoch. Alle Alpenländer suchen nach Lösungen.

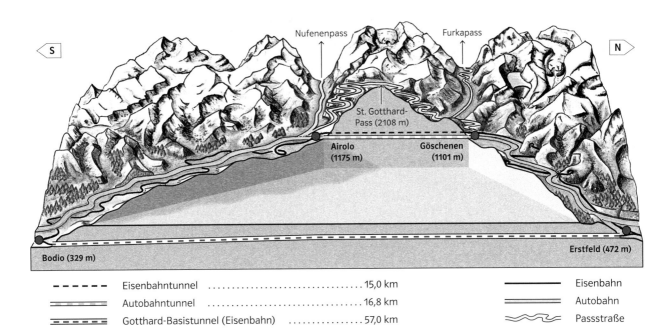

– – – – – Eisenbahntunnel	. . . . 15,0 km	─── Eisenbahn
═══ Autobahntunnel	. . . . 16,8 km	═══ Autobahn
▄▄▄ Gotthard-Basistunnel (Eisenbahn)	. . . . 57,0 km	∿∿∿ Passstraße

M4 Verkehrswege am St. Gotthard

T4 Mehr Güter auf die Schiene

Um die Belastung für die Bevölkerung zu verringern, sollen mehr Güter mit der Eisenbahn transportiert werden. Doch viele Eisenbahn-Strecken in den Alpen sind steil und kurvig. Züge können auf diesen Strecken nur langsam fahren. Deshalb sollen neue **Tunnel** möglichst flach und gerade durch die Alpen führen. Ein Beispiel dafür ist der St. Gotthard-Basistunnel, der tief unter dem Autobahn-Tunnel liegt. Es ist mit 57 km Länge der längste Eisenbahn-Tunnel der Welt. Güterzüge fahren hier mit einer Geschwindigkeit von 100 bis 160 km/h durch den Tunnel, Personenzüge sogar mit 200 km/h.

M5 Reisezeiten im Vergleich:
Basel – Gotthard – Chiasso
– um 1700: über 6 Tage (Fußweg)
– 1830: 3 ½ Tage (Fahrstraße)
– 1882: 10 ½ Stunden (erste Eisenbahn-Strecke)
– 1970: 4 ¼ Stunden (ausgebaute Eisenbahn-Strecke)
– 1980: 3 Stunden (Autobahn und Gotthard-Straßentunnel)
– ab 2020: Strecke Zürich – Mailand in 3 Stunden (Hochgeschwindigkeitsbahn und Gotthard-Basistunnel)

Kaum zu glauben 400 m lange Tunnel-Bohrmaschinen fraßen sich beim Bau des Gotthard-Basistunnels durch das Bergmassiv. Die Bohrköpfe der Maschinen hatten einen Durchmesser von 9,5 m.

1 Beschreibe, wie sich die Reisezeit durch die Alpen im Laufe der Zeit verändert hat (T1, T2, M5).

2 Über die Alpen:
a) Beschreibe die Fotos M1 und M2.
b) Beschreibe, welche Probleme sich durch den Verkehr in den Alpen ergeben (M1, T3).

3 Erläutere, welche Lösung gefunden wurde (M3, M4, T4).

4 Arbeite mit einem Lernpartner: Zählt Möglichkeiten auf, wie der Verkehr auf den Alpenstraßen geringer werden könnte.

5 Mit dem Auto in die Alpen: Welche Länder liegen zwischen Deutschland und Italien? Arbeite mit dem Atlas.

6 Miss im Atlas nach: Du fährst von deinem Schulort 57 km. Wo landest du?

TERRA
METHODE

M1

Ein Rollenspiel durchführen

Bei einem Rollenspiel schlüpft jeder wie ein Schauspieler in die Rolle
eines anderen Menschen. So kann er dessen Sichtweise und Handlungen
besonders gut nachempfinden. Durch das Spielen von Konfliktsituationen
werden uns Streitfälle des Alltags verständlicher.

T1 **Sollen sich die Skigebiete zusammen-
schließen?**

Der Wettbewerb zwischen Skiregionen ist
hart. Deshalb haben die Gemeinden Serfaus,
Fiss und Ladis ihre Skigebiete durch aufwendige Lift- und Seilbahnanlagen zusammenge-
legt. Im benachbarten Paznauntal liegt die
Gemeinde See. Ihr kleines Skigebiet gilt als
schön, aber abgelegen.

See will nun sein Skigebiet erweitern und
mit dem von Serfaus-Fiss-Ladis zusammen-
schließen. 2014 wurde bereits die neue Ver-
singbahn zur Ascher Hütte gebaut. Für den
Zusammenschluss wäre der Bau von weiteren Seilbahnanlagen und Skiliften nötig. Das
bisher fast unberührte hintere Urgtal um die
Ascher Hütte würde zum Skigebiet. Da die
Maßnahme in der Bevölkerung sehr umstrit-
ten ist, hat der Bürgermeister von See zu einer Bürgerversammlung eingeladen. Einziger
Tagesordnungspunkt: der Zusammenschluss
der Skigebiete von See und Serfaus-Fiss-Ladis.

1. Schritt: Situation erfassen

Macht euch mit der Situation vertraut. Worum
geht es? Wertet dazu alle vorhandenen Materialien aus.

2. Schritt: Rollen verteilen

Stellt Rollenkarten her, auf denen ihr kurz
die Person beschreibt und ihre Argumente
notiert. Bestimmt für jede Interessengruppe
einen Rollenspieler als Vertreter.

3. Schritt: Rollenspiel durchführen

Die Rollenspieler spielen nun die gegebene
Situation. Dabei solltet ihr beachten, dass ihr
nicht eure eigene Meinung vertretet, sondern
die der darzustellenden Interessengruppe.
Alle anderen Mitspieler haben die Aufgabe,
Gemeindemitglieder zu spielen. Sie beobachten alles ganz genau und können sich ebenfalls zu Wort melden. Am Ende stimmen alle
über den Streitfall ab.

Monika Schranz, Landwirtin, 28:

Ihr Jungvieh verbringt den Sommer auf den Hochweiden (Almen) im hinteren Urgtal. Das Gras auf Skipisten ist aber weniger wertvoll. Der Schnee wird nämlich durch Pistenraupen und Skifahrer zusammengepresst. Er vereist und bleibt länger liegen als normal. Durch Schneekanonen wird die Schneedecke unnatürlich erhöht. Manche Gräser haben nach der Schneeschmelze nicht mehr genügend Zeit zum Wachsen.

Andy Winkler, Schüler, 16:

Nach dem Schulabschluss will er eine Ausbildung als Mechaniker machen. Wenn er in See keine Ausbildungsstelle findet, wird er in eine größere Stadt abwandern. Sein Großvater war noch Bergbauer. Sein Vater aber betreibt die Landwirtschaft nur noch im Nebenerwerb. Eigentlich lohnt sich für ihn die Landwirtschaft überhaupt nicht mehr. Der Zusammenschluss käme ihm recht.

Tanja Stumpf, Angestellte der Seilbahngesellschaft, 35:

Die Seilbahngesellschaft steckt in großen finanziellen Schwierigkeiten. Deshalb stehen ihr Arbeitsplatz und noch weitere in ganz See auf dem Spiel. Nach dem Zusammenschluss wäre das Skigebiet von See der attraktivste und der größte Skizirkus im Umkreis. Ihrer Meinung nach wollen die meisten Touristen spektakuläre Skigebiete. Ski und Fun sind immer mehr gefragt, am Tag auf der Piste und abends in der Disko.

Lara Ederer, Postbotin, 45:

Sie ist noch unentschlossen. Mehr Touristen bedeuten mehr Hotels, mehr Autos, mehr Lärm, mehr Müll. Das Ortsbild hat sich so verändert, dass sie sich gelegentlich nicht mehr wohl-

Katharina Hess, Rentnerin, 64:

Sie ist engagiertes Mitglied im österreichischen Alpenverein. Naturschutz ist ihr ein wichtiges Anliegen. Für sie hat das hintere Urgtal eine wilde Ursprünglichkeit mit Bachmäandern und Seen, Murmeltieren, Gämsen und Alpenschneehühnern sowie seltenen Pflanzen. Immer häufiger werden Wildtiere von Skifahrern aufgeschreckt.

Hans Höllhuber, Gastwirt, 55:

Er hat treue Stammkunden, die nach See kommen, weil sie hier abseits des großen Trubels Urlaub machen können. Seiner Meinung nach sollten lieber die jetzigen Stärken besser verkauft werden: die Möglichkeit Skitouren in abgelegene, einsame Gebiete zu unternehmen und ohne Rummel zu wandern.

fühlt. Ihre Nachbarin führt ein großes Hotel, eine andere Freundin ein Andenkengeschäft. Sie weiß um deren Sorgen, wenn zu wenig Gäste kommen und sie dann schließen müssten.

M2 Material für das Rollenspiel „Zusammenschluss der Skigebiete?"

4. Schritt: Rollenspiel auswerten

Diskutiert das Verhalten und die Argumente der Rollenspieler. Haben sie die Situation so dargestellt, wie ihr sie selbst erfasst habt? Was hat euch besonders überzeugt? Wie habt ihr euch in euren Rollen gefühlt? Was habt ihr dabei gelernt?

SP **NE** **1** Führt ein Rollenspiel zum Thema „Zusammenschluss der Skigebiete?" durch. Orientiert euch an den Schritten.

2 Führe ein Rollenspiel an einem anderen Beispiel durch (z. B. S. 90/91).

TERRA TRAINING

Wichtige Begriffe	Höhenstufen	sanfter Tourismus
Alpenpässe	Lawinen	Tunnel
Hauptsaison	Massentourismus	
Hochgebirge		

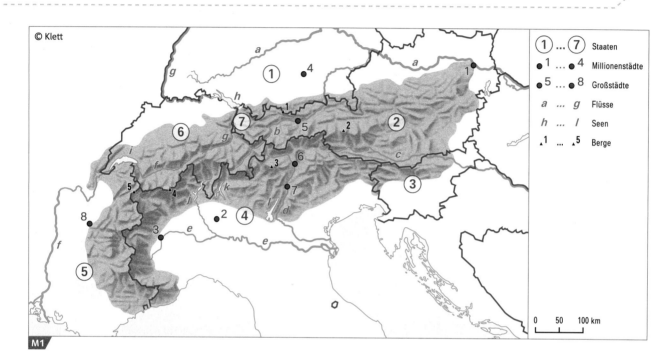

© Klett

(1) ... (7)	Staaten
● 1 ... ● 4	Millionenstädte
● 5 ... ● 8	Großstädte
a ... g	Flüsse
h ... l	Seen
▲1 ... ▲5	Berge

0   50   100 km

M1

Sich orientieren

1 Wer kennt sich aus?

Arbeite mit Karte M1 und dem Atlas.
Benenne
a) die Alpenstaaten **1–7**,
b) die Städte **1–8**,
c) die Berge **1–5**,
d) die Flüsse und die Seen **a–l**.

2 Flaggenkenner gesucht

Zu welchen beiden Alpenstaaten
gehören die Flaggen und Angaben
(M 2)?

Fläche:
41 000 km²
Einwohner:
8,6 Mio.

Fläche:
84 000 km²
Einwohner:
8,9 Mio.

M2

Kennen und verstehen

3 Richtig oder falsch?

Verbessere die falschen Aussagen
und schreibe sie richtig auf.
a) Die Alpen sind das höchste
   Gebirge der Welt.
b) Je höher man auf einen Berg hin-
   aufsteigt, desto wärmer wird es.
c) Der Brenner verbindet die Schweiz
   mit Österreich.
d) Massentourismus ist eine Bezeichnung für besonders schwere
   Touristen.
e) Der Tourismus verändert die Alpen
   sehr stark.
f) Alpenpässe sind Ausweise, die
   man zeigen muss, wenn man
   Alpenstraßen benutzen möchte.
g) Die „Alpine Pearls" sind ein Beitrag für umweltfreundlichen
   Tourismus.

4 Bilderrätsel

Notiere die gesuchten Begriffe und
erkläre sie.

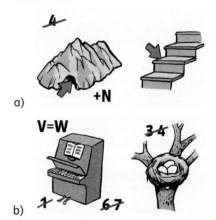

a)

b)

5 Alpen im Wandel

Beschreibe anhand der Grafiken M 4,
wie sich die Alpen verändert haben.
Gehe dabei auf die Vegetation, die
Landwirtschaft, die Besiedlung und
das Verkehrsnetz ein.

Arbeitsblatt: Selbsteinschätzung
b88t9z

Üben interaktiv
b88t9z

Lösungen
b88t9z

M3

6 Höhenstufen gesucht?

a) Ordne die Fotos A bis D den Höhenstufen zu.

b) Entscheide dich für eine Angabe: Sinkt die Temperatur in den Alpen um 0,5 °C je 100 m oder um 2 °C je 100 m?

Beurteilen und bewerten

7 Wie stehst du dazu?

Pascal fährt gerne Ski. Er sagt: „Skifahren ist ein toller gesunder Sport. Das machen sehr viele, aber das ist kein Problem. Man muss halt genügend Pisten, Lifte und Hotels anlegen. Es gibt ja genug Platz in den Alpen."

a) Setze dich mit Pascals Aussage auseinander: Was spricht für Massentourismus, was dagegen?

b) Welche Meinung hast du dazu?

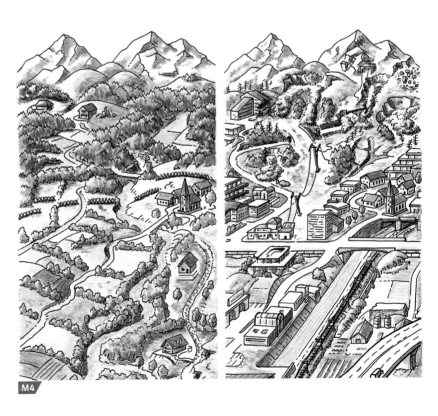

M4

TERRA
EXTRA

Gefahr in den Alpen?!

Immer wieder bringen sich Menschen im Hochgebirge in Gefahr oder werden von der Natur überrascht. Damit niemand in eine Notlage gerät, sollte man sich vor jedem Aufenthalt in den Bergen gut informieren. Auf welche Gefahren muss man sich einstellen?

1 Worauf muss man achten, wenn man im Hochgebirge unterwegs ist (M 7)?

2 Erkläre die Begriffe „Lawine" und „Mure" (M 3, M 5).

3 Begründe, warum Wintersportler oft Opfer von Lawinen werden (M 3).

4 Erläutere, wie Siedlungen und Verkehrswege geschützt werden (M 6, M 8, M 9).

5 Warum steht ein Fragezeichen und ein Ausrufezeichen hinter der Überschrift? Tausche dich mit deinem Lernpartner aus.

○1 ◗2, 3, 4, 5   ⚲ Lösungshilfen ab S. 167

M1 Eine Lawine kann bis zu 250 km/h erreichen.

M2 Lawinenabgang in den Alpen

M3 **Wenn der Schnee rutscht**

Jeden Winter werden durch Lawinen Straßen und Ortschaften verschüttet und Menschen getötet. Als **Lawine** wird eine Rutschung am Berg bezeichnet, bei der sich große Mengen Schnee ins Tal bewegen.

Besonders hohe Lawinengefahr besteht, wenn sich viel Neuschnee an steilen und unbewaldeten Berghängen ansammelt. Aus diesem Grund sollten Wanderungen und Skifahrten abseits der Wege und Skipisten nur unter fachkundiger Leitung durchgeführt werden.

M4 Von einer Mure zerstörte Häuser

M5 **Wenn der Boden rutscht**

Auch im Sommer drohen Gefahren, zum Bei-spiel durch **Muren**. Nach langem Regen hat sich der Boden wie ein Schwamm mit Wasser vollgesaugt. Plötzlich können Hunderte Ton-nen von Schlamm und Geröll in Bewegung geraten und zu Tal rutschen.

Eine Mure kann hohe Felsblöcke und Baum-stämme mitreißen. Trifft eine Mure auf Straßen, Eisenbahnlinien oder Brücken, so werden diese oft meterhoch von den Schlammmassen verschüttet.

M6 **Schutzmaßnahmen**

Einen natürlichen Schutz vor Lawinen bieten gesunde Bergwälder. Die Bäume halten den Schnee fest, sodass er nicht abrutschen kann. Wo kein Bergwald mehr vorhanden ist, müs-sen Verkehrswege und Siedlungen durch teure Maßnahmen geschützt werden. Schutz-zäune am Berg verhindern das Abgleiten von Lawinen.

Straßen und Eisenbahnlinien werden von Galerien überdacht, sodass Lawinen über sie hinwegfließen können.

M7 **Noch einmal gutgegangen!**

Österreich: Vierköpfige Familie auf Bergtour von Unwetter über-rascht. Rettung in letzter Sekunde! Die Familie befand sich an einem schönen Septembertag auf einer Wanderung im Hoch-gebirge, als ihr am zuvor noch klaren Himmel erste dunkle Wolken und eine merkliche Abkühlung der Lufttemperatur auf-fielen. Wenige Minuten später prasselten Hagelkörner, groß wie Tischtennisbälle, nieder. Die Familie musste in eine Hütte flüch-ten, um nicht verletzt zu werden. Wetterexperten sprechen in solchen Fällen von einem schnellen Wetterumschwung, mit dem man im Hochgebirge rechnen muss.

M8 Lawinenschutzbauweise von Gebäuden

M9 Lawinenschutzzäune

TERRA
EXTRA

M2 Eselwanderung in den Alpen

M3 Gipfelkreuz am Großen Speikkogel

Mit dem Esel durch die Alpen

Eine Form des sanften Tourismus ist eine Tour durch die Alpen.
Eine solche Wanderung ist sehr aufregend und erlebnisreich. Aber wie toll
wäre es, wenn du diese Reise mit einem Esel machen könntest?

←

Sanfter Tourismus
Seite 74/75

Lisa packt ihren Rucksack. „Na toll", denkt sie, „jetzt sind Sommerferien und wir fahren nicht an den Strand, sondern in die Berge. Außerdem wollen meine Eltern mit mir sechs Tage
5 durch die Alpen wandern, durch die Steiermark in Österreich. Ich kann mir wirklich Schöneres vorstellen." Lisa ahnt nicht, dass ihre Eltern eine Wanderung durch die Alpen mit einem Esel gebucht haben.
10 Die Autofahrt von Chemnitz ins Naturreservat Koralpe erscheint ihr endlos lange. Nach acht Stunden erreichen Lisa und ihre Familie endlich ihr Ziel. Lisa steigt aus dem Auto und staunt. So hohe Berge hat sie zuvor noch nie
15 gesehen. Sie wusste gar nicht, wie schön es in den Alpen ist.
Ihre Eltern verraten ihr nun auch, dass sie die Wanderung nicht alleine, sondern mit einem Esel bestreiten werden. Er wird ihr Gepäck
20 tragen und sie darf sich um ihn kümmern. Sie übernachten im Eselhof in Oberhaag. Lisa kann vor Aufregung kaum schlafen.

1. Tag: Heute geht es los. Lisa und ihrer Familie wird ihr Esel zugeteilt. Nepomuk heißt er
25 und hat eine weiße Blesse auf der Stirn. Nach einer Einweisung in den Umgang mit dem Esel geht es schon los.
Die Wanderung startet in Soboth. Ein Auto bringt die Familie samt Esel dorthin. Das heu-
30 tige Tagesziel ist die Steinbergerhütte auf 1 600 m. Eine fünfstündige Wanderung von 11 km und 500 Höhenmetern liegen vor Lisa und ihrer Familie.
An der Strecke liegen Weiden und Wälder. Der
35 Esel ist zwar manchmal störrisch und bleibt stehen, um zu grasen, aber Lisa hat schnell den Dreh raus und schafft es, dass er weitergeht. Die erste Etappe des Tages endet an der Dreieckhütte. Hier wird eine Brotzeit ein-
40 gelegt. Nach der Stärkung geht es über den Dreieckkogel zur Steinbergerhütte. Dort haben sie ihr Ziel erreicht. Heute Nacht wird Lisa zum ersten Mal in einer Berghütte schlafen. Wie aufregend!

45 2. Tag: Nach einem reichhaltigen Frühstück bricht die Familie zeitig auf. Es geht auf den Großen Speikkogel. Die Wanderung wird heute sechs Stunden dauern und die Familie wird eine Strecke von 10 km und 600 Höhen-
50 metern zurücklegen. Endlich erreicht Lisa das Gipfelkreuz des Großen Speikkogels. Der Ausblick ist atemberaubend. Sie kann weit und über so viele Gipfel blicken. Auch Nepomuk scheint glücklich darüber zu sein, den Gipfel
55 erreicht zu haben. Nach einer Pause geht es bergab zum Ziel des heutigen Tages, dem Koralpenhaus. Lisa hat schon Muskelkater von den langen Wanderungen. Nachdem der Esel versorgt ist, fällt sie erschöpft ins Bett.

60 3. Tag: Nach dem Frühstück wird der Esel Nepomuk bepackt. Dann geht es weiter. Der Weg führt die Familie heute vorbei am Pomswasserfall zur Grünangerhütte. Nepomuk erschreckt sich, so laut donnern die herab-
65 fallenden Wassermassen. Lisa und ihr Vater können ihn aber beruhigen und er läuft weiter. Die Wanderung ist mit 8 km und vier Stunden Gehzeit deutlich kürzer als an den Tagen zuvor. Zudem ging es heute 500 Höhenmeter
70 bergab.

4. Tag: Lisa freut sich sehr auf diesen Tag, denn heute führt der Weg an Gebirgsbächen wie dem Spießenbach und dem Suchabach vorbei. Das Plätschern der Bäche ist sehr be-
75 ruhigend. Die fünfstündige Wanderung mit ihren 12 km vergeht wie im Flug. 400 Höhenmeter ist Lisa heute hinuntergelaufen. Ihr Ziel ist die Suchaalm.

5. Tag: Heute bricht der letzte Tag der Esel-
80 wanderung an. Ziel wird heute der Eselhof sein. Lisa ist traurig, muss sie doch schon bald ihrem liebgewonnenen Nepomuk auf Wiedersehen sagen. In fünf Stunden und auf 12,5 km geht es 300 Höhenmeter bergab entlang des
85 Seebachs und durch das Garanaser Hochmoor schließlich zum Endpunkt der Wanderung. Von dort werden sie mit dem Auto zurück zum Eselhof gebracht.

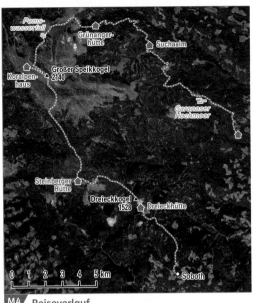

M4 Reiseverlauf

6. Tag: Heute ist der letzte Tag der Ferienreise.
90 Lisa und ihre Familie müssen sich von Nepomuk verabschieden. Lisa muss sich ein paar Tränen verdrücken. Nach dem Abschied tritt die Familie die Heimreise an. Nach gut acht Stunden Autofahrt erreicht sie Chemnitz.

Vor dem Lesen

1 Betrachte das Bild M 2 und lies die Überschrift. Beschreibe, um was es deiner Meinung nach in dem Text gehen könnte.

Während des Lesens

2 Verfolge Lisas Reise in M 4.

Nach dem Lesen

3 Die Eselwanderung
a) Wie viele Höhenmeter ist Lisa bergauf und wie viele Höhenmeter ist sie bergab gelaufen?
b) Addiere die Kilometer. Wie viele Kilometer ist Lisa mit dem Esel gelaufen?

SP **4** Nimm Stellung. Wäre solch ein Urlaub auch etwas für dich?

5 Stelle dir vor, du würdest eine Eselwanderung unternehmen. Schreibe eine Postkarte an deine beste Freundin oder deinen besten Freund und berichte davon.

5

Im Süden Europas

M1 Neapel mit Vesuv (Italien)

M2 Kolosseum in Rom (Italien)

M3 Algarve (Portugal)

Ihr wollt Urlaub machen? Dann seid ihr in Südeuropa genau richtig. Entspannen am Mittelmeer an traumhaften Stränden bei strahlend blauem Himmel ist angesagt.

Spannende Naturräume mit qualmenden Vulkanen könnt ihr im Inneren der Länder erkunden. Lernt einzigartige Kulturschätze der Geschichte kennen und genießt die landestypischen Speisen.

Das kannst du bald:
- dich in Südeuropa orientieren
- Tourismus im Mittelmeerraum beschreiben und neue Formen des Tourismus beurteilen
- Zusammenhänge zwischen Klima und Landwirtschaft in der Subtropischen Zone erklären
- Vulkanismus und Erdbeben sowie deren Auswirkungen auf das Leben der Menschen erklären

5

TERRA
ORIENTIERUNG

M2 Schiefer Turm von Pisa

M5 Park Güell in Barcelona

M3 Die Akropolis in Athen

M6 Formel-1-Stadtkurs in Monaco

Südeuropa
M1

Sich orientieren in Südeuropa

Die meisten südeuropäischen Staaten liegen auf Halbinseln des
Kontinents: auf der Iberischen Halbinsel, der Apenninen-Halbinsel
und der Balkanhalbinsel. Nicht nur wegen des Klimas, sondern auch
wegen ihrer Sehenswürdigkeiten sind sie beliebte Urlaubsziele.

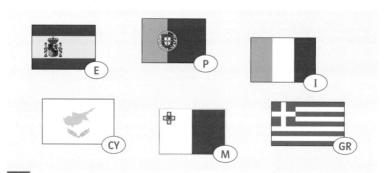
M4 Flaggen von Staaten Südeuropas

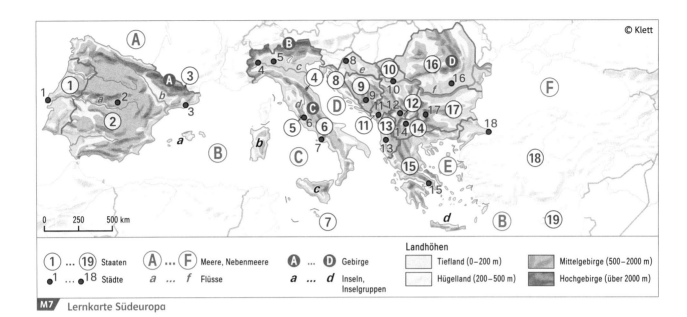

M7 Lernkarte Südeuropa

Ich bin die größte Mittelmeerinsel und habe eine dreieckige Form. Auf mir liegt der größte Vulkan Europas.

A

Ich liege weit im Westen des Mittelmeeres und bin die größte Insel der Balearen.

C

Ich bin die am südlichsten gelegene große Insel im Mittelmeer und sehr gebirgig.

E

Ich bin die drittgrößte Mittelmeerinsel und liege weit im Osten vor der asiatischen Küste.

B

Ich bin die zweitgrößte Mittelmeerinsel. 12 km nördlich von mir liegt eine weitere große Insel.

D

Ich bestehe zum großen Teil aus Hochgebirge und liege westlich vom italienischen Festland.

F

M8 Insel-Beschreibungen

1 Topografisches Grundwissen: Arbeite mit der Karte M7 und dem Atlas oder dem Kartenanhang. Benenne
a) die Staaten **1–19** und die zugehörigen Städte **1–18**,
b) die Gebirge **A–D**,
c) die Inseln und Inselgruppen **a–d**,
d) die Flüsse **a–f**,
e) die Ozeane und Meere **A–F**.

2 Fotos zuordnen:
a) Ordne den Fotos M2, M3, M5 und M6 jeweils das entsprechende südeuropäische Land zu.
SP b) Formuliere für diese vier Länder je eine Lagebeziehung, zum Beispiel: „… liegt südlich von …".

3 Inseln gesucht:
a) Nenne die Inseln, die sich hinter den Beschreibungen M8 verbergen.
b) Ordne diesen Inseln jeweils das passende Land zu.

4 Flaggen-Experte gesucht: Zu welchen Staaten gehören die Flaggen (M4)?

5

M1 Touristeninsel Mallorca

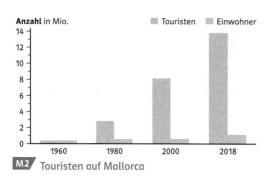

M2 Touristen auf Mallorca

M3 Inselwelt Griechenlands

Lust auf Sonne

Mit dem Frühling beginnt der Traum vom Sommer. Und wo könnte der angenehmer sein als am Mittelmeer? Der Duft der Pinienwälder, weiße Strände, türkisblaues Meer und zahlreiche Schätze der Antike warten auf dich.

←
Massentourismus in den Alpen
Seite 74/75

T1 Urlaub auf Mallorca

Mallorca ist seit Jahrzehnten eine beliebte Ferieninsel im Mittelmeer. Jährlich kommen etwa 14 Millionen Menschen auf die Insel, davon mehr als die Hälfte in den Sommermonaten Juni, Juli und August. Entlang der Küste in Strandnähe wurden viele Hotels, Ferienwohnungen und Freizeitanlagen gebaut. Restaurants und Bars öffneten. Souvenirläden und Einkaufscenter laden zum Bummeln ein. Die Küstenorte wuchsen sehr schnell. Niedrige Preise lockten immer mehr Touristen auf die Insel. Mallorca leidet vor allem im Sommer an überfüllten Stränden, Restaurants und Straßen. Das ist Massentourismus.

T2 Griechenland – Meer und mehr erleben

Auch in Griechenland gibt es Massentourismus. Kreta und Rhodos sind beliebte Inseln. Aber es gibt auch viele Inseln mit menschenleeren Stränden. Griechenland hat etwa 100 bewohnte Inseln. Viele davon sind klein und besitzen keinen internationalen Flughafen. Sie sind meist nur mit dem Schiff zu erreichen. In den kleinen Fischerdörfern scheint die Zeit stehen geblieben zu sein. In den alten Lagerhäusern der Hafenstädte gibt es heute kleine Geschäfte und Fischrestaurants. Im Inneren der Inseln findet man unberührte Natur, landestypisches Leben in kleinen Dörfern und traditionelle Kultur.

Alicia Alvarez, Tourismusbeauftragte:

Der Tourismus ist für die Menschen auf der Insel die wichtigste Einnahmequelle. Er brachte viele Arbeitsplätze im Baugewerbe, im Handel, in Hotels und anderen Dienstleistungsbetrieben. Die Landwirtschaft und die Fischerei spielen nur noch eine geringe Rolle. Daher müssen wir den Tourismus weiter ausbauen.

Celesti Martínez, Gastwirt:

In unserem kleinen Dorf lebten früher 2 000 Menschen, heute sind wir nur noch 70. Die Jungen sind in die Städte an der Küste gezogen. Das Leben hier ist für sie nicht mehr attraktiv und das Einkommen reicht nicht für den Lebensunterhalt. Wir Alten sind geblieben. Im Dorf pflegen wir bis heute unsere mallorquinischen Sitten und Bräuche. Doch wie lange noch?

Pablo Hector, Bürgermeister:

Touristen bringen Geld, aber sie verursachen auch Kosten. Neue Straßen, der Ausbau der Häfen und Flughäfen, der Bau von Kläranlagen und die Müllentsorgung verschlingen viel Geld. Der Tourismus verändert die Landschaft und besonders schlimm ist der Flächenverbrauch.

Juan Sanchez, Koch:

Vor fünf Jahren habe ich eine Anstellung als Koch in einem großen Strandhotel gefunden. Mit meinem Verdienst bin ich zufrieden. Im Sommer arbeiten auf Mallorca Tausende Köche und Bedienstete im Service als Saisonarbeiter. Wir sind auf die Touristen aus Deutschland und den anderen Ländern Europas angewiesen.

Anna-Marie Matas, Landwirtin:

Unser größtes Problem ist das Wasser. Für den Anbau von Gemüse müssen wir im Sommer aufgrund der geringen Niederschläge die Felder bewässern. Aber die Hotels, Swimmingpools und Golfplätze verbrauchen große Wassermengen. Dafür reichen das Grundwasser und das Wasser aus den Stauseen meist nicht aus.

Blanca Xamena, Hotelbesitzerin:

Der Tourismus der Zukunft muss sich verändern. Natürlich wird der Badeurlaub bei uns weiterhin am wichtigsten sein. Aber das Bild von „Malle" mit Dauerpartys und Alkohol wird uns auf Dauer mehr schaden als nützen. Außerdem sind manche Küstenabschnitte schon jetzt komplett verbaut. Wir müssen umdenken, sonst bleiben irgendwann die Touristen weg!

SP Sprachtipp

Folgen beschreiben
Ein Vorteil/Nachteil für… ist, dass …

Für die Touristen / die Umwelt / die Einheimischen bedeutet das, dass …

Eine Meinung äußern
Ich bin für/gegen …, weil …

Ich sehe … kritisch, weil …

Ich bin der Meinung, dass …

Meiner Meinung nach …

Ich bin überzeugt/ finde/denke, dass …

←
Ein Rollenspiel durchführen
Seite 78/79

M4 Massentourismus – Segen oder Fluch für Mallorca?

1 Massentourismus:
a) Definiere den Begriff Massentourismus (T1).
b) Auf welches der Fotos (M1, M3) trifft der Begriff zu? Begründe.

MK 2 Beschreibe die Entwicklung des Tourismus auf Mallorca (T1, M2).

3 Tourismus auf Mallorca:
SP a) Werte die Aussagen der Einwohner (M4) aus. Nutze die Sprachtipps.
NE b) Stelle Vorteile und Nachteile des Tourismus für Mallorca in einer Tabelle zusammen.
c) Verwendet die Meinungen der Einwohner Mallorcas (M4) als
SP Rollenkärtchen und führt ein Rollenspiel zum Thema durch. Nutzt die Sprachtipps bei Bedarf.

MK 4 Partnerarbeit: Erstellt zu zweit eine Reiseempfehlung für eine Urlaubsreise auf eine kleine griechische Insel (T2). Informiert euch auch im Reisebüro, in Büchern und im Internet.

SPANIEN

Balearen · Menorca

Palma

Mallorca

Ibiza · Mittelmeer

50 km

M1

M2 Fischerdorf im Nordosten Mallorcas

Neue Wege im Tourismus am Mittelmeer

**Immer mehr Touristen kommen – so kann es nicht weitergehen!
Der Massentourismus hat zahlreiche Schattenseiten. Daher suchen viele
Menschen nach Alternativen. Auch auf Mallorca geht man im Tourismus
neue Wege.**

T1 **Auf der Suche nach neuen Möglichkeiten**
Mit Mallorca verbinden viele nur überfüllte
Strände, große Hotels und Party, aber auch
Lärm und Müll. Vom negativen Ruf wollen
die Einwohner Mallorcas wegkommen. Die
Bausünden der Vergangenheit möchten sie
beheben. Große Hotels werden deshalb ab-
gerissen und neue Hotels im typischen Aussehen der Insel gebaut. Grünanlagen entstehen,
Fahrradwege werden neu gebaut und das
öffentliche Nahverkehrsnetz wird ausgebaut.
Umweltschonende Freizeitaktivitäten liegen
im Trend. Bergwandern und Radfahren gehören dazu. Zahlreiche Sportveranstaltungen
finden regelmäßig statt, z. B. Yoga-Events oder
Golfturniere. Eine Alternative zum Hotel ist der
Urlaub auf dem Bauernhof oder in einer Finca.

T2 **Neue Wege im Tourismus**
Touristen wünschen sich eine unberührte Natur und Kultur des Landes, in das sie reisen.

Deshalb kommt es darauf an, negative Auswirkungen des Tourismus auf Natur, Kultur
und Bevölkerung zu verringern. Das nennt
man **nachhaltigen Tourismus**. Maßnahmen
hierfür sind:
- weniger Flächenverbrauch für Hotels und
  Freizeiteinrichtungen,
- Förderung des öffentlichen Nahverkehrs
  und Ausbau des Radwegenetzes,
- Anpassung der Bauweise an die Landschaft und Beseitigung von Bauwerken, die
  das Landschaftsbild zerstören,
- Einrichtung von Naturschutzgebieten,
- Reduzierung von Trinkwasser- und Strom-
  verbrauch sowie umweltgerechte Müll-
  und Abwasserentsorgung,
- größeres Angebot an regionalen und saiso-
  nalen Speisen,
- Beteiligung der einheimischen Bevölkerung bei touristischen Entscheidungen,
- Erhalt und Pflege von Kulturgütern.

Bausünden
Bauwerke, die
nicht in das Orts-
bild oder Land-
schaftsbild passen

←
**Sanfter Tourismus
in den Alpen**
Seite 74/75

←
Nachhaltigkeit
Seite 58/59

M3 Blaue Umwelt-flagge

Jedes Jahr werden Strände und Häfen auf der meistbesuchten Insel Europas mit dem europäischen Qualitätssiegel der „Blauen Flagge" ausgezeichnet.

Um die Auszeichnung zu erhalten, müssen Strände und Häfen bei der Wasserqualität, den sanitären Einrichtungen (Toiletten, Duschen), der Umweltinformation und dem Umweltmanagement (Abfall- und Abwasserentsorgung) besondere Qualitäten aufweisen. Außerdem müssen sie Rettungsschwimmer beschäftigen und auf Sauberkeit achten. Auch rollstuhlgerechte Zugänge müssen an den Stränden und Häfen vorhanden sein.

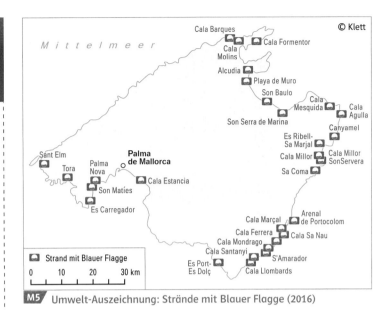

M5 Umwelt-Auszeichnung: Strände mit Blauer Flagge (2016)

M4 Umweltfreundliche Fincas

Mehr und mehr Fincavermieter bemühen sich um Nachhaltigkeit:
- Mülltrennung, Fotovoltaikanlagen und Windgeneratoren sorgen für eine umweltfreundliche Ver- und Entsorgung;
- Urlauber können kostenlos Fahrräder nutzen und manche „E-Fincas" stellen sogar ein Elektroauto mit umweltfreundlich erzeugtem Ladestrom zur Verfügung.

Elektroauto

M6 Naturschutzgebiete

Viele Gebiete auf Mallorca stehen inzwischen unter Naturschutz, um die landschaftliche Schönheit zu erhalten und seltene Tiere und Pflanzen zu schützen. Touristen können diese Gebiete zu Fuß oder mit dem Fahrrad erkunden. Es gelten strenge Verhaltensregeln, damit die Natur möglichst unberührt bleibt. In den Naturschutzgebieten bieten Besucherzentren weitere Informationsmöglichkeiten über die bedrohte Tier- und Pflanzenwelt.

Flamingos im Naturpark S'Albufera

Finca
spanische Bezeichnung für ein Grundstück mit einem Landhaus

---

1 Nachhaltiger Tourismus:

NE **a)** Definiere den Begriff nachhaltiger Tourismus (T2).

NE **b)** Wähle zwei Maßnahmen des nachhaltigen Tourismus aus, die du für besonders wichtig erachtest. Begründe deine Auswahl (T2).

NE **2** Beschreibe die Ziele der drei Projekte aus M3 – M6.

NE **3** Nimm Stellung zu der Aussage:
SP „Unsere Urlaubsplanung hat Auswirkungen auf die Umwelt."

NE **4** Recherchiere Beispiele zum nach-
MK haltigen Tourismus in Deutschland.

SPANIEN

Murcia **Subtropische Zone**

M1

M3 Orangenplantage mit Tröpfchenbewässerung bei Murcia (Südspanien)

M5 Gewächshäuser an der Küste Südspaniens

Obst und Gemüse aus Südeuropa

Ab November liegen sie in den Obsttheken von ganz Europa aus. Mit fester Schale und innen fruchtig süß – so kennen wir die Apfelsine, die wegen ihrer Farbe auch Orange genannt wird. Bis sie bei uns ankommt, ist jedoch viel Zeit, Arbeit und vor allem Wasser notwendig.

M2 María Fernández

Apfelsine
bedeutet so viel wie „Apfel aus China".

dosieren
genau bemessen

M4

Orangen aus Murcia

„Mein Name ist María Fernández und ich weiß alles über Apfelsinen. Mein Vater ist der Besitzer eines Gartens mit mehr als tausend Apfelsinenbäumen. Hier in Murcia nennen wir diese Gärten Huertas.

Für das Wachstum der Apfelsinen sind bei uns die besten Bedingungen gegeben. Abgeschirmt von einem großen Gebirge sind wir im Winter vor den kalten Winden geschützt, sodass das Thermometer nie unter 6 °C fällt. Im Sommer hingegen, wenn die Apfelsinen viel Sonne benötigen, um zu reifen, klettert die Temperatur auf bis zu 38 °C. In der Huerta ist es dann heiß, trocken und staubig.

Ursprünglich kommt der Apfelsinenbaum aus Südchina, wo es nicht nur warm ist, sondern auch das ganze Jahr über regelmäßig regnet.

Bei uns am Mittelmeer regnet es im Sommer hingegen viele Monate überhaupt nicht, daher muss die Huerta im **Bewässerungsfeldbau** betrieben werden. Das heißt, dass spätestens dann, wenn sich die Blätter der Bäume zusammenrollen, mein Vater die Apfelsinenbäume gut bewässern muss. Früher hat mein Vater die Huerta einfach mit Wasser geflutet. Heute ist das Wasser knapp, sodass es dosiert über schwarze Schläuche direkt an die Wurzeln der Bäume geführt wird.

Wenn sich die grünen Früchte orange färben, beginnt die Erntezeit. Sind die Apfelsinen gepflückt, werden sie gewaschen und anschließend mit einer Wachsschicht überzogen, um sie zu schützen. Anschließend werden sie auf große Lkw verladen und in die Supermärkte Europas gebracht."

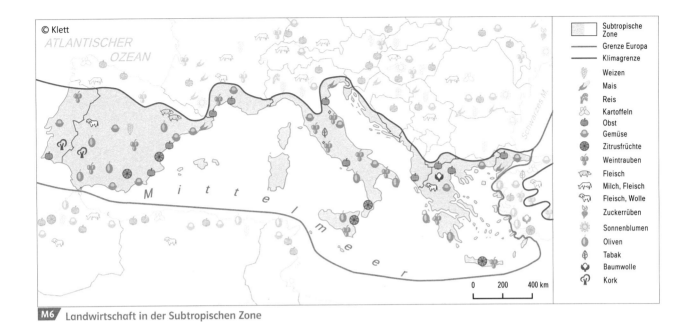

	Subtropische Zone
	Grenze Europa
	Klimagrenze
	Weizen
	Mais
	Reis
	Kartoffeln
	Obst
	Gemüse
	Zitrusfrüchte
	Weintrauben
	Fleisch
	Milch, Fleisch
	Fleisch, Wolle
	Zuckerrüben
	Sonnenblumen
	Oliven
	Tabak
	Baumwolle
	Kork

ATLANTISCHER OZEAN

0   200   400 km

M6 Landwirtschaft in der Subtropischen Zone

T1 Der Gemüsegarten Europas braucht Wasser

Der Boden in der Subtropischen Zone ist fruchtbar und die Temperaturen sind das ganze Jahr günstig. In den heißen Sommermonaten reicht aber der Niederschlag nicht aus. Da die Flüsse dann kaum Wasser führen, werden sie zu Stauseen aufgestaut. Über Kanäle gelangt das Wasser in weit entfernte Gebiete. Aber ein Teil des Wassers versickert ungenutzt im Boden oder verdunstet. Außerdem werden Brunnen gebohrt. Die gewaltige Wasserentnahme senkt den Grundwasserspiegel. Landschaften drohen zu vertrocknen. Bei der modernen **Tröpfchenbewässerung** wird dagegen durch Löcher in den Schläuchen eine genaue Wassermenge direkt an die Pflanze geleitet.

Der Wasserverbrauch ist enorm hoch. Die Aufbereitung und Wiederverwendung von Wasser ist in der Landwirtschaft mühevoll und teuer. Die Entsalzung von Meerwasser und die Aufbereitung von Abwasser sind zwei umweltfreundlichen Methoden. Sie sollen zukünftig den Bauern Wasser zur Verfügung stellen.

← Die Klimazonen Europas Seite 32/33

← Viel Sonne, wenig Regen Seite 38/39

T2 Plastik, soweit das Auge reicht

Große Flächen sind heute mit Gewächshäusern und Folientunneln bebaut. Unter den Planen werden z.B. Tomaten, Artischocken, Paprika, Melonen oder Erdbeeren angebaut. So können diese Sonderkulturen in Nord- und Mitteleuropa verkauft werden, wenn dort noch Schnee liegt. Dieser Vorteil hat aber auch seinen Preis: Der Plastikbedarf ist hoch.

1 Zähle die Bedingungen für den Anbau von Apfelsinen auf (M4).

2 Bewässerungsfeldbau (M4)
a) Erkläre den Begriff Bewässerungsfeldbau.
NE **b)** Welche Vorteile und welche Nachteile hat die Anbaumethode (T1)?

3 Arbeite mit dem Atlas.
a) Beschreibe den Weg der Apfelsinen von Murcia bis nach Leipzig.
b) Notiere Länder und bestimme Entfernungen.

4 Obst zu jeder Jahreszeit.
Erkunde in einem Supermarkt, welche Obst- und Gemüsesorten aus südeuropäischen Ländern angeboten werden.

ITALIEN

Marken
Amatrice
Adria
Rom

Mittelmeer

|—— 200 km

M1

**Das Erdbeben in
Mittelitalien am
24. August 2016**
Dauer: 2 Minuten
Stärke: 6,2
Tote: 300

M2 Amatrice (Italien) im August 2016

Wenn die Erde im Mittelmeerraum bebt

Auf einmal wackelt die Erde unter den Füßen. Erdbeben kommen meist
überraschend und mit ungeheurer Zerstörungskraft. Die Gefahr durch
Erdbeben ist in Italien und Griechenland sehr hoch. Doch was ist dafür
verantwortlich und wie kann man sich schützen?

Erdplatten
Die Erdkruste be-
steht aus sieben
großen und zahl-
reichen kleineren
Erdplatten. Diese
Erdplatten sind
wie eine Art Puzzle
zusammengesetzt
und ständig in
Bewegung.

T1 Die Erde bebt

Erdbeben sind den Menschen seit jeher un-
heimlich. Man spürt die Erschütterungen für
Sekunden oder auch Minuten. Manche sind so
stark, dass dabei viel zerstört wird. Risse klaf-
fen im Erdboden, Bäume schwanken und Häuser stürzen ein. Es können ganze Stadtteile in
sich zusammenfallen. Oft gibt es Todesopfer
und Verletzte.

Gemessen werden Erdbeben mithilfe von
Seismografen. Das sind Instrumente, die Bewegungen des Bodens aufzeichnen. Die Aufzeichnung der Erschütterungen auf Papier,
Film oder im Computer heißt Seismogramm.

T2 Wie Erdbeben entstehen

Erdbeben sind in Südeuropa keine Seltenheit.
Sie sind ein Hinweis auf die enormen Kräfte,
die im Inneren unserer Erde herrschen. Dadurch angetrieben bewegen sich die Erdplatten. Das geschieht sehr langsam, nur etwa
2–3 cm pro Jahr. Dort, wo die Platten anein-
andergrenzen, entstehen gewaltige Spannungen. Werden diese größer, entladen sie sich
im Inneren der Erde mit einem plötzlich auf-
tretenden, gewaltigen Ruck, einem Erdbeben.
Die Kraft breitet sich wellenförmig aus und erreicht in Sekundenschnelle den Meeres- oder
Erdboden.

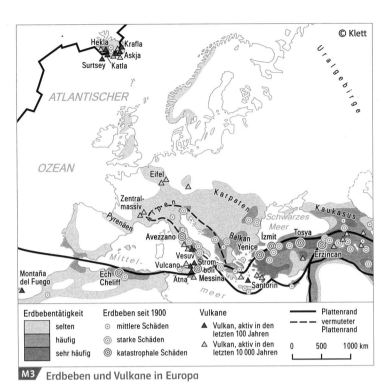

M3 Erdbeben und Vulkane in Europa

Die wahre Ursache von Erdbeben!

M5

T3 Schutzmaßnahmen

Einen vollständigen Schutz vor Erdbeben gibt es nicht, aber man kann vorsorgen. Als wichtiger Schutz dient die Erdbebenvorhersage. Dafür werden immer bessere Seismografen eingesetzt. In erdbebengefährdeten Gebieten versucht man, sich durch geeignete Baumaßnahmen zu schützen. So werden zum Bau großer Gebäude elastische Materialien verwendet oder die Gebäude werden auf biegsamen Pfeilern gebaut. In vielen erdbebengefährdeten Regionen werden in den Schulen und in Betrieben regelmäßig Übungen abgehalten, bei denen das richtige Verhalten während und nach einem Erdbeben geprobt wird.

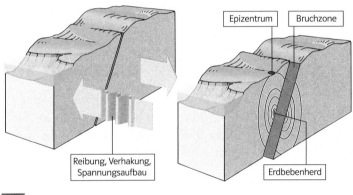

M4 Wie Erdbeben entstehen

1 Beschreibe die Lage der Erdbebengebiete in Europa (M3).

2 Erdbeben:
a) Erkläre die Entstehung von Erdbeben (T2, M4).
b) Beschreibe, wie die Menschen Erdbeben erleben (T1).

3 Nenne die Folgen eines Erdbebens (T1, M2).

4 Nenne Maßnahmen, um Schäden infolge eines Erdbebens zu verhindern (T3).

5 Partnerarbeit: Findet weitere Maßnahmen zum Schutz vor den Folgen eines Erdbebens.

6 Erdbeben weltweit
a) Ermittle weitere Erdbebengebiete auf der Erde (Atlas).
b) Informiere dich über Erdbeben und deren Folgen seit 2016 auf der Erde (Internet).

7 Finde heraus, wie sich die Menschen früher Erdbeben erklärt haben (TERRA-Code).

Rom

Sardinien

Palermo

△ 3340 m
Ätna

Sizilien

200 km

M1

M2 Ausbruch des Ätnas 2018

Die Feuerspucker in Südeuropa

Es dampft und brodelt, qualmt und zischt. Kaum eine Naturgewalt ist so
beeindruckend wie ein Vulkanausbruch. Im Mittelmeerraum gibt es aktive
Vulkane. Erfahrt, wie die Feuerspucker entstehen, wie sie ausbrechen und
womit sie uns bedrohen.

→

TERRA Extra:
Unter der Asche
begraben
Seite 104/105

T1 Ein Vulkan bricht aus

Ganz weit unter der Erde ist es so heiß,
dass das Gestein flüssig ist. Diese Gesteinsschmelze, das **Magma**, kann eine Temperatur bis zu 3 000 °C haben. Unter den **Vulkanen**
sammelt sich das Magma in einer Magmakammer. Hier baut sich vor dem Ausbruch gewaltiger Druck auf. Wenn der Druck zu groß
wird, werden Asche und Gesteinsbrocken ex-
plosionsartig mehrere Hundert Meter weit
in die Luft geschleudert. Häufig geht dichter
Ascheregen in der Umgebung nieder und er-
stickt jegliches Leben. Aus dem Krater, der

trichterförmigen Öffnung des Schlotes, tritt
Magma aus. Wenn Magma an die Erdoberfläche gelangt, nennt man es **Lava**. Lava fließt
auch aus Spalten und Öffnungen an den Seiten heraus und talabwärts. Dickflüssige Lava
tritt im Wechsel mit Asche aus und setzt sich
in Schichten am Vulkanhang ab. Solche Vulkane heißen **Schichtvulkane**. Wenn der Ausbruch vorbei ist, versiegt der Lavastrom und
der Ascheregen hört auf. Nur noch vereinzelt
steigen übelriechende Gase in kleinen weißen
Wolken in die Luft. Der Vulkan verfällt wieder
in eine trügerische Ruhe.

M3 Nach dem Ausbruch des Ätnas

M5 Blick auf Catania und den Ätna

T2 Vulkan als Gefahr

Der aktivste Vulkan Europas ist der Ätna auf Sizilien. Er versetzt die Menschen in seiner Umgebung alle paar Jahre in Angst und Schrecken.

Gefährlich sind die aus dem Krater geschleuderten glutflüssigen Gesteinsbrocken, die vulkanischen Bomben. Sie können bis zu 2 m groß sein. Mit großer Wucht durchschlagen sie Dächer oder treffen Menschen und Tiere. Ascheregen und giftige Gase kosteten schon Hunderttausende Menschen und viele Tiere das Leben. In neuerer Zeit stellen Vulkanausbrüche eine ernst zu nehmende Gefahr für den modernen Flugverkehr dar.

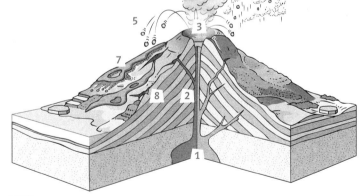

M4 Aufbau eines Schichtvulkans

1 Ordne den Ziffern im Blockbild M4 die richtigen Begriffe zu: Lavastrom, Ascheregen, Magmakammer, Schlot, Aschewolke, Gesteinsbrocken, Krater, Ascheschicht.

2 Beschreibe den Vorgang eines Vulkanausbruchs (T1).

3 Beschreibe das Aussehen des Ätnas (M5).

4 Erkläre den Begriff Schichtvulkan. (T1, M4)

5 Erkläre deinem Lernpartner, welche Gefahren von einem Vulkan ausgehen (T2).

6 Fertige ein Modell eines Schichtvulkans an. Nutze den TERRA-Code.

M1 Anbau von Zitronen am Ätna

Leben mit dem Vulkan

**Trotz der bekannten Gefahren, die Vulkanausbrüche für die Menschen
haben können, leben viele Menschen in unmittelbarer Nähe von Vulkanen.
Sie nehmen das Risiko der zerstörerischen Ausbrüche in Kauf.
Kannst du dir vorstellen warum?**

 Sprachtipp

**Vor- und Nachteile
diskutieren**
→ Aufgabe 3

Meiner Meinung
nach …

Ich finde es
sinnvoll / nicht
sinnvoll / falsch,
weil …

Besonders wichtig
aber erscheint …

Dafür / Dagegen
spricht, dass …

Ich vertrete den
Standpunkt,
dass …

T1 Das Leben der Menschen am Ätna

Unmittelbar nach einem Vulkanausbruch
scheint alles Leben auf dem lavabedeckten
Boden verschwunden zu sein. Dennoch siedeln Tausende Menschen an den Hängen des
Ätnas. Dafür gibt es mehrere Gründe.

Vulkane stoßen bei ihren Ausbrüchen vor allem Mineralien aus, die als natürlicher Dün-
ger für die Böden wirken. Mit der Zeit bildet
sich eine dünne Bodenschicht. Diese ist locker,
wasserdurchlässig und enthält viele Nährstoffe. Auch das Klima ist an den Hängen des
Ätnas günstig. Die Pflanzen haben dort also
ideale Wachstumsbedingungen. In den unteren Zonen bis etwa 1 500 m wachsen Oran-
gen-, Zitronen-, Oliven-, Feigen- und Pistazien-
bäume. Auch Getreidefelder und Weinberge
gibt es dort. Bis etwa 2 500 m wachsen Wachol-
der- und Sanddornsträucher.

Die Lava, die aus einem Vulkan austritt, wird
zu festem Gestein. Viele vulkanische Gesteine
sind Rohstoffe. Sie können als Bau- und In-
dustriestoffe verwendet werden. So werden
in der Nähe von Vulkanen ganze Städte aus
Vulkangestein gebaut. Das lockere Gestein
findet sogar als Zusatzstoff für Zahnpasta Verwendung. Die Erdwärme wird auch zur Energiegewinnung genutzt.

Tourismus am Ätna

T2 Der Ätna als Touristenmagnet

Der Ätna ist das südlichste Skigebiet Europas. Im Winter geht es mit der Seilbahn bis auf 2 500 m Höhe. Von dort aus kann man auf zwei Pisten Snowboarden und Skifahren.

Von März bis Oktober können Touristen Fahrten mit dem Geländebus buchen oder einen Aufstieg zu Fuß unternehmen. Bei geringer Gefahr dürfen Wanderer bis auf 2 500 m Höhe aufsteigen. Darüber müssen sie in Begleitung eines Bergführers sein. Bei großer Gefahr wird der Vulkan gesperrt. Die Wanderung endet dann bereits bei den letzten Dörfern an den Aufstiegswegen.

Wer keine Lust zum Wandern hat, kann den Ätna auch per Eisenbahn umrunden.

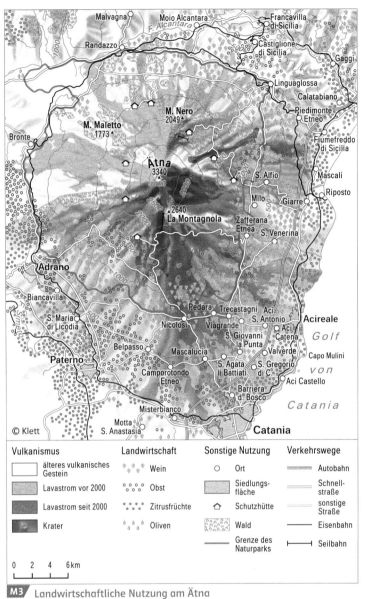

Vulkanismus	Landwirtschaft	Sonstige Nutzung	Verkehrswege
älteres vulkanisches Gestein	Wein	Ort	Autobahn
Lavastrom vor 2000	Obst	Siedlungsfläche	Schnellstraße
Lavastrom seit 2000	Zitrusfrüchte	Schutzhütte	sonstige Straße
Krater	Oliven	Wald	Eisenbahn
		Grenze des Naturparks	Seilbahn

0 2 4 6 km

© Klett

M3 Landwirtschaftliche Nutzung am Ätna

Rund um den Ätna wurde ein Nationalpark eingerichtet, um die einzigartige Flora und Fauna der Landschaft rund um den Vulkan vor unkontrollierter wirtschaftlicher und touristischer Erschließung zu bewahren.

1 Nenne fünf weitere aktive Vulkane. Nutze M 3 auf S. 97.

2 Viele Sizilianer siedeln trotz der bekannten Gefahren am Fuße des Ätnas.

a) Begründe diese Aussage (T1).

MK b) Bis zu welcher Höhe wird der Ätna landwirtschaftlich genutzt (T1, M 3)?

c) Nenne landwirtschaftliche Produkte (T1, M 3).

3 Diskutiere Vor- und Nachteile zum Leben der Menschen am Ätna. Nutze die Sprachtipps.

4 Erstelle einen Werbeflyer mit touristischen Angaben.

5

TERRA TRAINING

Wichtige Begriffe
Bewässerungsfeldbau
Erdbeben
nachhaltiger Tourismus

Lava
Magma
Schichtvulkan

Seismograf
Tröpfchenbewässerung
Vulkan

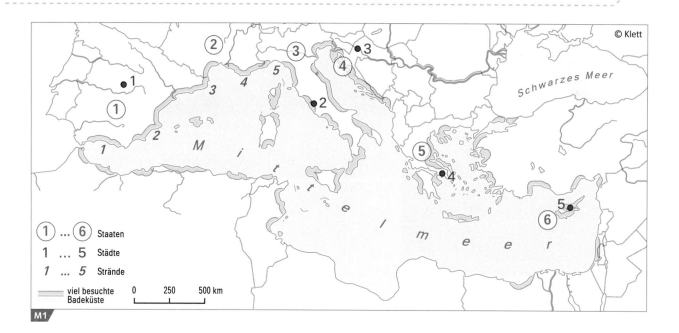

M1

Sich orientieren

1 Am Mittelmeer

Arbeite mit Karte M1 und dem Atlas.
Benenne:
a) die Staaten 1 – 6 und die
   Städte 1 – 5,
b) die Badestrände 1 – 5.
c) Finde heraus, welches südeuropäische Land keine Badeküste am
   Mittelmeer hat.
d) Schreibe fünf unvollständige Sätze
   zu den Staaten 1 – 6 und den Städten 1 – 5 auf. Lasse sie von deinem
   Lernpartner vervollständigen. Beispiel: Spanien liegt im Westen
   von ...

2 Inseln im Mittelmeer

a) Zu welchen Staaten gehören die
   Inseln Kreta, Korsika, Mallorca,
   Sardinien, Rhodos und Sizilien?
b) Welche Mittelmeerinseln bilden
   einen eigenen Staat?

3 Ein Vulkanrätsel

SUV – BO – STROM – ÄT – VE – SAN –
LI – TO – RIN – NA – CA – VUL – NO.
a) Nenne die fünf Vulkane.
b) Zu welchen Ländern gehören sie?

Kennen und verstehen

4 Begriffe finden

a) ergießt sich als geschmolzenes
   Gestein über die Erdoberfläche
b) ruckartige Bewegung von
   Gesteinsschichten
c) Form des Tourismus, bei dem sich
   viele Menschen an einem Urlaubsort befinden
d) Versorgung von Pflanzen mit
   Wasser, um fehlenden Regen zu
   ersetzen

5 Bilderrätsel

Erkläre die gesuchten Begriffe

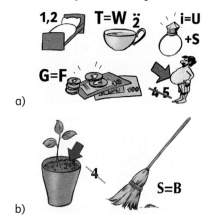

a)

b)

6 Tourismusexperte gesucht

Nachhaltiger Tourismus oder Massentourismus? Lege eine Tabelle an und
ordne richtig zu.
a) nimmt Rücksicht auf die Tier- und
   Pflanzenwelt

Arbeitsblatt: Selbsteinschätzung
g4k9ci

Üben interaktiv
g4k9ci

Lösungen
g4k9ci

M2 In der Provinz Almería im Süden Spaniens

M4 Strand auf Mallorca

b) möchte, dass möglichst alle Einrichtungen mit dem Auto erreichbar sind

c) beachtet die Bedürfnisse der einheimischen Bevölkerung

d) betrachtet vor allem den wirtschaftlichen Nutzen des Tourismus

e) baut in einheimischer Architektur

f) stellt Übernachtungsmöglichkeiten in großer Zahl zur Verfügung

g) bietet in Gaststätten Speisen an, die in der Region erzeugt wurden

h) fördert umweltverträgliche Transportmöglichkeiten

Methoden anwenden

7 Klimadiagramm auswerten

a) Werte das Klimadiagramm M 5 aus.

b) Begründe, in welchen Monaten man am besten Urlaub auf Mallorca machen sollte.

Beurteilen und bewerten

8 Folgen des Massentourismus

a) Beschreibe das Foto M 4.

b) Welchen Titel könnte das Bild haben?

c) Handelt es sich bei dem Foto um Tourismuskritik oder Tourismus-

werbung? Begründe deine Entscheidung.

9 Bewerte Massentourismus

– aus Sicht der Hotelbesitzer,

– aus Sicht der Naturschützer.

10 Meer aus Plastik

a) Welche Früchte aus Spanien kannst du im Oktober bei uns im Supermarkt kaufen (M 3)?

b) Erdbeeren im März – muss das sein? Diskutiere (M 2).

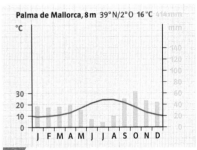

Palma de Mallorca, 8 m 39° N/2° O 16 °C 414 mm

M5 Klimadiagramm

	J	F	M	A	M	J	J	A	S	O	N	D
Erdbeere			x	x	x							
Aprikose						x	x					
Kirsche						x	x					
Pfirsich						x	x					
Weintrauben								x	x	x		
Granatapfel									x	x		
Mango										x	x	
Kaki										x	x	
Cherimoya	x									x	x	x
Orange	x	x	x	x	x					x	x	x
Avocado	x	x	x							x	x	x
Mandarine	x											x

M3 Früchte aus Spanien

TERRA
EXTRA

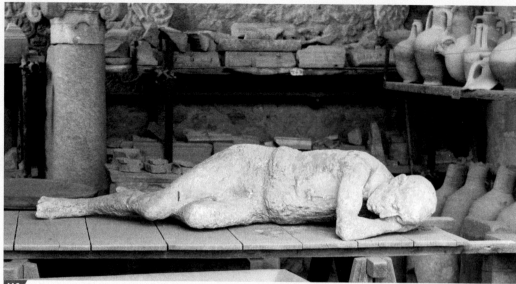

M2 Abdruck eines Menschen, der während des Vulkanausbruchs 79 n. Chr. in Pompeji umgekommen ist, und Ausgrabungen

Unter der Asche begraben

Wenn du glaubst, dass eine Zeitreise nicht möglich ist, dann warst du noch nie in Pompeji. Diese Siedlung liegt nur etwa 8 km vom Fuß des Vesuvs entfernt und wurde beim Ausbruch des Vesuvs im Jahr 79 n. Chr. verschüttet. Doch lies selbst, was passiert ist …

M1

←
Vulkane
Seite 98/99

Am 24. August des Jahres 79 war schönes Wetter. Etwa gegen 10:00 Uhr erschütterten Erdstöße die Stadt, Dächer stürzten ein, dann explodierte mit einem erschütternden Knall der Gipfel des Vesuvs und eine riesige schwarze Wolke schoss aus dem Trichter. Sofort prasselte ein Ascheregen auf die Stadt und Lava ergoss sich talwärts. Doch die meisten Menschen starben in Pompeji an den tödlichen Phosphordämpfen. Viele Bewohner hatten sich in ihre Häuser geflüchtet, doch vergebens verbargen sie ihre Gesichter in Mänteln und Kleidern. Wer sich im Freien aufhielt, wurde sogleich von der Menge der herumfliegenden Lavabrocken und Bimssteine erschlagen. Erst zwei Tage später beruhigte sich der Vesuv. Pompeji war völlig zerstört und lag unter einer sechs bis sieben Meter dicken Ascheschicht begraben.

Die Briefe Plinius des Jüngeren über den Vesuv-Ausbruch im Jahre 79 n. Chr., C. Plinius grüßt seinen Tacitus

„… Es war bereits um die erste Stunde, und
5 der Tag kam zögernd, sozusagen schläfrig herauf. Die umliegenden Gebäude waren schon stark in Mitleidenschaft gezogen, und obwohl wir uns auf freiem, allerdings beengtem Raum befanden, hatten wir eine starke und begrün-
10 dete Furcht, dass sie einstürzen könnten. Jetzt schien es uns ratsam, die Stadt zu verlassen. Eine verstörte Menschenmenge schließt sich uns an, lässt sich – was bei einer Panik beinahe wie Klugheit aussieht – lieber von fremder statt von der eigenen Einsicht leiten und
15 stößt und drängt uns in endlosem Zuge mit sich fort. Als wir die Häuser hinter uns hatten, blieben wir stehen. Da sahen wir allerlei Sonderbares, Beklemmendes geschehen.

M3 Das Freilichtmuseum in Pompeji, im Hintergrund der Vesuv

20 Die Wagen, die wir hatten herausbringen lassen, rollten hin und her, obwohl sie auf ganz ebenem Terrain standen, und blieben nicht einmal auf demselben Fleck, wenn wir Steine unterlegten. Außerdem sahen wir, wie 25 das Meer sich in sich selbst zurückzog und durch die Erdstöße gleichsam zurückgedrängt wurde. Jedenfalls war der Strand vorgerückt und hielt zahllose Seetiere auf dem trockenen Sande fest. Auf der anderen Seite eine schau- 30 rige, schwarze Wolke, kreuz und quer von feurigen Schlangenlinien durchzuckt, die sich in lange Flammengarben spalteten, Blitzen ähnlich, nur größer …

Schon regnete es Asche, doch zunächst nur 35 dünn. Ich schaute zurück:

Im Rücken drohte dichter Qualm, der uns, sich über den Erdboden ausbreitend, wie ein Gießbach folgte. ‚Lass uns vom Wege abgehen‘, rief ich, ‚so lange wir noch sehen können, 40 sonst kommen wir auf der Straße unter die Füße und werden im Dunkeln von der mitziehenden Masse zertreten.‘ Kaum hatten wir uns gesetzt, da wurde es Nacht, aber nicht wie bei mondlosem, wolkenverhangenem 45 Himmel, sondern wie in einem geschlossenen Raum, wenn man das Licht gelöscht hat. Man hörte Weiber heulen, Kinder jammern, Männer schreien; die einen riefen nach ihren Eltern, die anderen nach ihren Kindern, wie- 50 der andere nach ihren Männern oder Frauen und suchten sie an den Stimmen zu erkennen; die einen beklagten ihr Unglück, andere das der Ihren, manche flehten aus Angst vor dem Tode um den Tod, viele beteten zu den 55 Göttern, andere wieder erklärten, es gebe nirgends noch Götter, die letzte, ewige Nacht sei über die Welt hereingebrochen …"

Vor dem Lesen

1 Beschreibe die Lage von Pompeji.

2 Betrachte die Bilder und lies die Überschrift. Stelle eine Vermutung auf, worum es im Text geht.

Während des Lesens

SP 3 Lies den Brief von Plinius. Gliedere den Brief und formuliere geeignete Zwischenüberschriften.

Nach dem Lesen

4 Beschreibe den Ausbruch des Vesuvs und dessen Folgen aus Sicht der Menschen in Pompeji.

5 „Pompeji muss man gesehen haben." Plane gemeinsam mit deinen Mitschülern einen **MK** Rundgang durch die Ausgrabungen von Pompeji (Internet).

6

Europa zwischen Atlantik und Ural

M1 A: Cabo da Roca, westlichster Punkt auf dem europäischen Festland; B: Madrid (Spanien); C: das Uralgebirge, östliche Grenze Europas; D: ehemalige Textilfabrik in Lodz (Polen)

Zwischen Atlantik und Ural gibt es nicht nur schöne Naturlandschaften. Hier liegen die wirtschaftlichen Zentren und die größten Metropolen Europas. Früher prägten Bergbau und Stahlindustrie das Bild. In den letzten Jahrzehnten hat sich viel verändert. Aber nicht alle Menschen und Regionen hatten Vorteile durch diese Veränderungen. Große Herausforderungen gilt es noch zu meistern.

C

D

Das kannst du bald:	– Landschaften in Europa beschreiben – den Unterschied zwischen Seeklima und Landklima erläutern	– Klima, Vegetation und Nutzung der Steppen beschreiben – eine Mindmap erstellen – Merkmale von Metropolen darstellen	– die Entwicklung eines altindustriellen Raumes beschreiben – ein Satellitenbild auswerten – ein Projekt des Küstenschutzes beschreiben

M1 Der Jostedalsbreen

M2 In der Hohen Tatra

Rekordverdächtige Landschaften

Das größte Tiefland, das kleinste Hochgebirge, der größte See – all dies findet man in Europa zwischen Atlantik und Ural. Auch der größte Gletscher und der längste Fluss liegen in diesem Raum.

←
Gletscher
Seite 50/51

T1 Jostedalsbreen

Der Jostedalsbreen in Norwegen ist der größte Gletscher auf dem europäischen Festland. Der Hauptgletscher bedeckt eine Fläche von 415 km² und ist eine der meistbesuchten Naturattraktionen in der Provinz Sogn og Fjordane. Spektakuläre Gletscherwanderungen, Eisklettern, Kajaktouren auf den Gletscherseen und zwei Nationalparks locken Tausende von Touristen an.

←
Landschaften
Europas
Seite 10/11

T2 In den Karpaten

Die Karpaten durchziehen als ein lang gestrecktes Gebirgssystem in einem großen Bogen viele Länder im östlichen Teil Europas. Aber anders als in den Alpen besitzen die meisten Gebirgsabschnitte der Karpaten ein Relief mit Mittelgebirgscharakter.

Aufgrund der Länge des Gebirges wird es in unterschiedliche Abschnitte gegliedert. Im nördlichen Teil befinden sich die Westkarpaten. Mit der sich anschließenden Hohen Tatra weisen die Karpaten eine Besonderheit auf: Es ist das kleinste Hochgebirge der Welt. In einer Tageswanderung lässt es sich von Nord nach Süd durchwandern. Die sich anschließenden Waldkarpaten ziehen sich durch die Ukraine und Rumänien. Dort, wo das Gebirge einen Knick nach Westen macht, beginnen die Südkarpaten, die sich wieder bis an die Donau hinziehen. Hier wirkt das Gebirge wieder wie ein Hochgebirge.

T3 Der Ladogasee

Der Ladogasee ist der größte See Europas. Er liegt in Russland, nahe der Grenze zu Finnland. Zusammen mit seinen 500 Inseln ist er fast genauso groß wie Sachsen.

Der See erstreckt sich in Nord-Süd-Richtung über knapp 220 km und misst an seiner breitesten Stelle in West-Ost-Richtung 120 km. Im Minimum ist er etwa 80 km breit. Die maximale Tiefe des Ladogasees beträgt 225 m, die durchschnittliche Seetiefe liegt bei etwa 52 m.

M3 Am Ladogasee

M4 In der Pripjetniederung

T4 Die Pripjetniederung

Im Süden Weißrusslands befindet sich auf über 1000 km² am Fluss Pripjet die sogenannte Pripjetniederung. Sie ist von vielen Seen durchsetzt und das größte zusammenhängende Sumpf- und Moorgebiet Europas. Nur wenige Sanderinseln unterbrechen das Gebiet und eignen sich für Siedlungen. Nach der Schneeschmelze werden große Teile überschwemmt, sodass die Siedlungen nur noch mit Booten erreichbar sind.

Aufgrund ihrer Urtümlichkeit zählt die Pripjetniederung heute zu den größten Naturschutzgebieten Europas.

T5 Die Wolga

Die Wolga ist mit 3530 km Länge der längste und wasserreichste Fluss Europas und einer der längsten Flüsse der Erde (Platz 17).

Der Fluss ist von der Mündung ins Kaspische Meer bis zum Oberlauf schiffbar. Er stellt das Kernstück des Wasserweges zwischen dem Schwarzen und dem Kaspischen Meer im Sü-

den sowie der Ostsee und dem Weißen Meer im Norden dar. Mit der Ostsee ist die Wolga Richtung Westen über den Wolga-Ostsee-Kanal verbunden. Von diesem Kanal zweigt nach Norden der Weißmeer-Ostsee-Kanal ab und verbindet sie mit dem Weißen Meer und damit auch mit dem Nordpolarmeer. Über den Wolga-Don-Kanal und den westlich fließenden Don ist sie mit dem Schwarzen Meer und dem Mittelmeer verbunden.

←
Sander
Seite 56/57

SP Sprachtipp

Die Lage beschreiben
→ Aufgabe 1a

… liegt nördlich / im Norden von …

… grenzt im Westen an …

… verläuft durch / entlang …

… liegt in den Ländern …

Die längsten Flüsse Europas	
Wolga	3531 km
Donau	2858 km
Ural	2428 km
Dnipro	2201 km

Zum Vergleich:	
Rhein	1230 km
Elbe	1165 km

M5

1 Arbeite mit dem Atlas:

SP **a)** Beschreibe die Lage der vorgestellten Landschaften. Nutze bei Bedarf den Sprachtipp.

b) Notiere alle Länder, die Anteil an den Karpaten haben.

c) Partnerarbeit:

SP Beschreibt euch gegenseitig den Verlauf der längsten Flüsse Europas, z. B.: Die Quelle der Wolga liegt in … Der Fluss fließt durch … und mündet in …

2 Finde weitere Rekorde in Europa und informiere deine Mitschüler MK darüber.

3 Erstelle einen Flyer für eine Europareise zu rekordverdächtigen Landschaften.

TERRA
ORIENTIERUNG

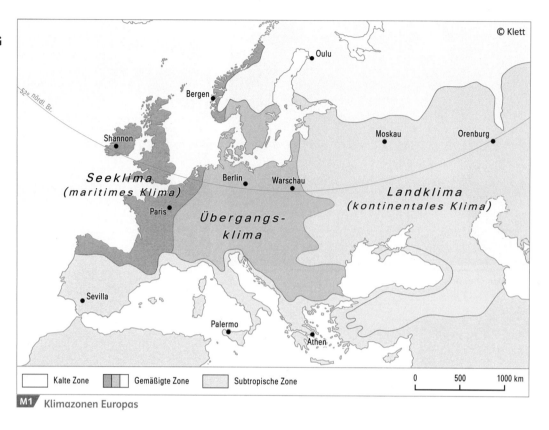

M1 Klimazonen Europas

Gemäßigt ist nicht gleich gemäßigt!

Eine dicke Pelzjacke und Handschuhe braucht man im Norden Europas
häufiger als im Süden. Doch hat es auch Auswirkungen auf den Kleider-
schrank, ob man im Westen oder Osten des Kontinents wohnt?

←
Die Klimazonen
Europas
Seite 32/33

T1 Nicht überall gleich

In Shannon an der irischen Westküste liegen die Durchschnittstemperaturen auch im
Winter selten unter 5 °C, die Niederschlagsmengen sind das ganze Jahr über hoch. In
Berlin liegen die Durchschnittstemperaturen
das ganze Jahr über 0 °C. Weiter östlich, im russischen Orenburg, gibt es auch im März noch
Minusgrade. Noch weiter östlich ist es noch
kälter und es fällt so wenig Niederschlag, dass
es dort sogar Wüsten gibt!
Temperaturen und Niederschlagsmengen bestimmen die Vegetationszeit der Pflanzen. Je
nach Länge der Vegetationszeit hat sich in der
Gemäßigten Zone eine unterschiedliche Vegetation ausgebildet.

T2 Ozeane beeinflussen das Klima

Die Entfernung vom Meer hat einen Einfluss
darauf, wie viel Niederschlag fällt und wie sich
die Temperaturen im Jahresverlauf entwickeln.
Wasser erwärmt sich deutlich langsamer als
die Landoberfläche. Gleichzeitig speichert
Wasser einmal aufgenommene Wärme aber
besser als das Festland, welches ohne Wärme-
zufuhr schnell abkühlt. Große Wassermengen
wirken folglich klimatisch ausgleichend auf
benachbarte Gebiete.

M2 Bei Shannon

M4 Landschaft westlich von Berlin

M5 In der Steppe bei Orenburg

Shannon, 2 m   53°N/9°W   10 °C   929 mm

Berlin, 49 m   52°N/13°O   9 °C   587 mm

Orenburg, 109 m   51°N/55°O   5 °C   372 mm

M3 Klimatypen in der Gemäßigten Klimazone

T3 Seeklima

In Küstennähe spricht man daher von **Seeklima** oder ozeanischem Klima. Dieses Klima zeichnet sich durch geringe Temperaturunterschiede im Jahresverlauf aus, was sich in kühlen Sommern und milden Wintern zeigt. Durch die ständige Verdunstung von Wasser über dem Meer ist es häufig bewölkt und es gibt hohe Niederschläge, die sich gleichmäßig über das Jahr verteilen.

T4 Landklima

Im Inneren der Kontinente herrscht **Landklima**, auch kontinentales Klima genannt. Dort fehlt die ausgleichende Wirkung des Meeres. Landflächen erwärmen sich bei Sonneneinstrahlung schnell, kühlen aber rasch wieder aus, sobald die Sonneneinstrahlung nachlässt. Wegen der großen Entfernung zum Meer fällt weniger Niederschlag. Typisch für das Landklima sind daher große Temperaturunterschiede zwischen Sommer und Winter und geringe Niederschläge.

←
Ein Klimadiagramm auswerten
Seite 30/31

1 Ordne die Fotos M2, M4 und M5 den Klimazonen zu (M1).

2 Lege die folgende Tabelle in deinem Hefter an und vervollständige sie mithilfe der Klimadiagramme M3:

Station		
Klimatyp		
Januartemperatur in °C		
Julitemperatur in °C		

Jahresniederschlag in mm		

3 Vergleicht eure Ergebnisse aus Aufgabe 2 miteinander und ergänzt folgende Sätze:
a) Von West nach Ost nehmen die Temperaturen im Januar …
b) Von West nach Ost nehmen die Temperaturen im Juli …
c) Der Niederschlag nimmt von West …

4 Erklärt die Unterschiede zwischen Landklima und Seeklima (T3, T4). Stellt die wesentlichen Merkmale in einer Tabelle gegenüber.

5 Sucht mithilfe des Atlas weitere Orte in Europa mit Landklima und Seeklima. Stellt sie vor.
MK

Steppe

M2 In der ukrainischen Steppe

M3 Getreideernte in der Ukraine

In den Steppen

Kein Baum, kein Strauch weit und breit, dafür endlose Graslandschaften –
so stellt sich die Steppe dar. Und doch findet man dort gerade dort die
fruchtbarsten Ackerböden der Erde.

Steppe
heißt in Nord-
amerika Prärie,
in Südamerika
Pampa.

←

Landklima
Seite 110/111

T1 Unterwegs in der Steppe

Auf einer langen Fahrt durch Europa vom
Atlantik Richtung Osten werden die Veränderungen der Landschaften deutlich: Immer
weniger Wälder und Bäume sind zu sehen.
Schließlich sind nur noch Graslandschaften,
unterbrochen von Strauchgruppen, anzutreffen. Die **Steppe** ist erreicht. Der Begriff ist von
dem russischen Wort „stepj" abgeleitet und
bedeutet ebenes Grasland.

Für die Veränderung der Vegetation sind vor
allem die fehlenden Niederschläge verantwortlich. Nur an das Klima angepasste Pflanzen können hier überleben. Dies sind in erster
Linie Gräser und Kräuter.

Seit Jahrhunderten wird dieses Grasland von
Nomaden genutzt. Das sind Menschen, die
mit ihren Viehherden durch das Land ziehen.

Der Sommer beginnt bereits im Mai. Schnell
trocknet die Hitze den Boden aus. Dichtes
Blattwerk hilft, die Feuchtigkeit des Frühjahrs
zu speichern, bis es in der Hitze des Sommers
abstirbt. Grau und gelblich erscheint jetzt
die Landschaft. Aber die Pflanzen leben wei-

ter. Schon im nächsten Frühjahr beginnt der
Kreislauf von vorn.

T2 „Brotkorb" Steppe

Die Steppen sind die weltweit bedeutendsten
Getreideanbaugebiete. Das hat mehrere Ursachen: Die riesigen ebenen Flächen eignen sich
für den Einsatz großer Maschinen. Das Klima
ist für den Getreideanbau nahezu ideal, auch
wenn die Vegetationszeit im Winter durch
die Kälte und im Sommer durch die Trockenheit unterbrochen wird. Die für die Steppen
typischen und nach ihrer Farbe benannten

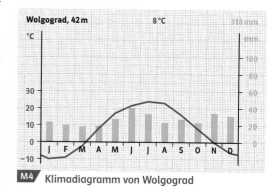

M4 Klimadiagramm von Wolgograd

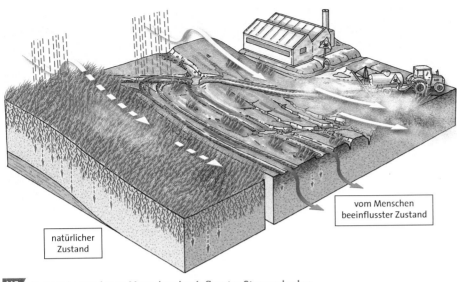

natürlicher
Zustand

vom Menschen
beeinflusster Zustand

M5 Natürlicher und vom Menschen beeinflusster Steppenboden

M7 Erosionsgraben

Schwarzerden zählen zu den fruchtbarsten Böden der Welt.

Rund 60 Millionen Tonnen Getreide werden in der Ukraine jährlich produziert, hauptsächlich Weizen, Mais und Gerste. Mehr als die Hälfte davon geht ins Ausland. Als Exporteur von Getreide steht die Ukraine im weltweiten Vergleich an dritter Stelle, gleich hinter den USA und der EU.

T3 Wie lange bleibt der Boden fruchtbar?

Im vergangenen Jahrhundert wurden riesige Flächen der natürlichen Steppe in Ackerland umgepflügt, um vorwiegend Getreide anzubauen. So wurden die tiefgründigen Schwarzerden der Ukraine zu stark für die Landwirtschaft genutzt. Manche Bauern ließen dem Boden nicht die nötige Zeit, um sich zu erholen und neue Nährstoffe für die kommenden Jahre aufzubauen. Mittlerweile sind große Flächen nicht mehr so fruchtbar wie früher.

Große Teile der Steppenlandschaft sind zudem von **Bodenerosion** betroffen. Deshalb versucht man, die Steppen im Sinne der Nachhaltigkeit besser zu schützen.

M6 Maßnahmen zum Schutz des Bodens

Bewirtschaftung quer zum Hang

– Anpflanzen von Büschen und Hecken an den Feldrändern
– Vermeidung von sogenannter Schwarzbrache, d. h., keine vegetationslosen Felder zulassen
– kein Pflügen der Felder nach der Ernte, sondern nur behutsames Eggen, um Pflanzenreste im Boden zu lassen
– Vermeidung von Bodenverdichtung durch schwere Traktoren
– Bepflanzen von Erosionsgräben

← Schwarzerde
Seite 64/65

Bodenerosion
Darunter versteht man die Abtragung von Bodenteilchen durch Wind oder durch Wassereinwirkung.

← Nachhaltigkeit
Seite 58/59

1 Beschreibe die Steppenlandschaft (M2, M3, T1)

2 Nenne Merkmale des Landklimas (M4).

3 Erkläre, warum die Steppe auch „Brotkorb" genannt wird (T2).

NE 4 Bodenerosion:
a) Beschreibe die Ursachen der Bodenerosion (T3, M5).

b) Erläutere Maßnahmen, um die Bodenerosion aufzuhalten (M6).

5 Suche im Atlas weitere Steppengebiete außerhalb von Europa.

6

**TERRA
METHODE**

M1 Metropole London

Eine Mindmap erstellen

Du hast dir viele Informationen zu einem geographischen Thema oder zu einem Raum beschafft. Wie bringst du Ordnung in diese Informationen? Um deine Gedanken zu ordnen und übersichtlich darzustellen, kannst du eine Mindmap erstellen.

T1 **Merkmale einer Metropole**

Paris, London, Moskau – drei Hauptstädte Europas. Sie unterscheiden sich in vielen Dingen, aber eines ist ihnen gemeinsam: **Metropole** zu sein.

→

Metropole London
Seite 116/117

→

Metropole Paris
Seite 118/119

→

**Metropole
Moskau**
Seite 120/121

Wissenschaftszentrum
- hohe Anzahl von Universitäten und Hochschulen
- viele Forschungseinrichtungen

Wirtschaftszentrum
- hohe Anzahl an ansässigen Unternehmen
- viele Arbeitsplätze
- hohe Wirtschaftskraft

Verkehrszentrum
- Kreuzung bedeutender Eisenbahn- und Autobahnlinien mit regionaler und internationaler Bedeutung
- ein oder mehrere internationale Flughäfen

Hohe Bevölkerungszahl
- mindestens 1 Mio. Einwohner
- großer Anteil an der Gesamtbevölkerung des Landes

Politisches Zentrum
- Sitz der Regierung und des Parlaments
- Sitz vieler Organisationen und politischer Parteien

Kulturelles Zentrum
- viele bedeutende Museen
- Standort von Opernhäusern und Theatern
- Möglichkeit für kulturelle Großveranstaltungen (Stadien)

M2 Merkmale einer Metropole

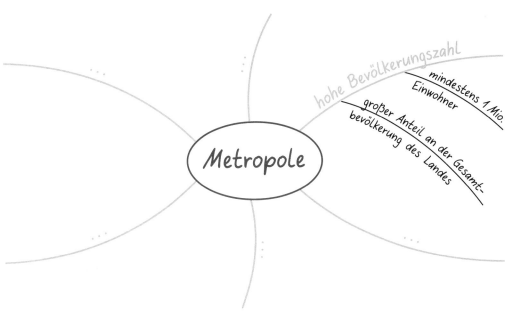

M3 Teilweise ausgefüllte Mindmap

1. Schritt: Informationen sammeln

Notiere dir zu deinem Thema alles, was dir einfällt bzw. was du recherchiert hast. Beschränke dich auf Stichworte oder kurze Wortgruppen.

2. Schritt: Begriffe ordnen

Nun beginnst du, die aufgeschriebenen Begriffe zu ordnen. Suche Oberbegriffe, denen du deine Gedanken zuordnen kannst. Dabei hilft es dir, wenn du eine Tabelle anlegst.

Oberbegriff	Zuordnung
hohe Bevölkerungszahl	mindestens 1 Mio. Einwohner
	…
Wirtschaftszentrum	…
	…
	…
…	…

3. Schritt: Mindmap erstellen

Schreibe den zentralen Begriff in die Mitte.
Oberbegriffe als Äste: Zeichne mit einer neuen Farbe nun von der Mitte nach außen die Äste. Schreibe die Oberbegriffe so auf die Äste, dass man die Begriffe gut lesen kann.
Unterbegriffe als Zweige: Zeichne mit einer dritten Farbe an die Äste dünnere Zweige. Beschrifte auch diese mit den Begriffen, die zu den Oberbegriffen gehören. Du kannst die Anschaulichkeit erhöhen durch Symbole, Bilder, Farben …

1 Vervollständige die Mindmap M3 in deinem Heft. Gehe dabei schrittweise vor. Nutze die Hinweise in M2.

VEREINIGTES KÖNIGREICH

Nordsee

VEREINIGTES KÖNIGREICH

Themse
London

100 km

M1

M2 London Eye an der Themse

M3 Downing Street 10: Sitz des Premierministers

Metropole London

London Eye, Doppeldeckerbusse, Musicals – Millionen Menschen zieht es jedes Jahr nach London. Die englische Hauptstadt gehört zu den beliebtesten Reisezielen weltweit. Was macht London zu einer Metropole?

Einwohnerzahlen der drei größten Städte sowie des Landes
Großraum London: 14,7 Mio.
Birmingham: 1,2 Mio.
Glasgow: 0,6 Mio.
Großbritannien: 66,4 Mio.

T1 Bevölkerung

Mit fast 9 Millionen Einwohnern in der Kernstadt ist London die größte Stadt Großbritanniens. In Europa liegt London hinter Moskau und Istanbul auf Platz 3. Die ersten Spuren Londons finden sich bereits im 1. Jahrhundert. Seitdem ist London immer schneller gewachsen. Menschen aus aller Welt kamen nach London und machen London bunt. So leben zum Beispiel allein 400 000 Menschen aus der ehemaligen Kolonie Indien in London. London wirkt auch als Magnet für ganz Großbritannien. Jeder achte Brite lebt in der Hauptstadt – und jedes Jahr ziehen Tausende Menschen neu dorthin. So kommt es, dass die Mieten steigen und das Leben in London für viele Einwohner zu teuer wird.

T2 Wirtschaftszentrum London

Mehr als ein Fünftel der Wirtschaftsleistung des Landes wird in London erbracht. In der „City of London", dem historischen Finanzviertel, thronen über den Überresten mittelalterlicher Gassen glitzernde Hochhäuser. Firmen aus aller Welt, Verlage, Banken, Versicherungen und andere Dienstleistungsunternehmen haben dort ihren Standort. 100 der 500 größten Unternehmen in Europa haben ihren Hauptsitz in London. Wo tagsüber fast 260 000 Menschen arbeiten, wohnen aber nur 8 700 Menschen.

London ist einer der wichtigsten Handels- und Finanzplätze der Welt. An der „London Stock Exchange", der Börse, werden rund um die Uhr Aktien gehandelt. Einige der bedeutendsten Banken des Landes haben ihren Sitz in

M4 City of London: das Finanzviertel Londons

M5 Verkehrsknoten London

der Hauptstadt. Auch viele ausländische Banken sind in London zu finden. Derzeit ist London der größte Finanzplatz Europas.

T3 Kulturelles Zentrum

28 Millionen Touristen besuchen London jedes Jahr. Sie sind ein bedeutender Wirtschaftsfaktor für die Stadt und kommen wegen der weltbekannten Bauten und Denkmäler wie dem Tower of London, St. Paul's Cathedral und dem London Eye. Oder sie wollen die Wachablösung am Buckingham Palace, dem Sitz der Königin, miterleben. Viele Menschen besuchen auch eines der weltbekannten Musicals, Theater oder Museen und kommen, um zu shoppen. In Sachen Mode und Musik setzt London weltweite Trends.

T4 Politisches Zentrum

London ist die Hauptstadt Englands und des Vereinigten Königreichs (United Kingdom). Die Regierung und das Parlament haben hier ihren Sitz. Aber auch das Staatsoberhaupt, Queen Elizabeth II., residiert in London. Neben der Regierung haben alle politischen Parteien und Organisationen ihren Hauptsitz in der Stadt.

T5 Verkehrsknotenpunkt

London ist ein Verkehrszentrum von internationaler Bedeutung. Straßen- und Schienenverbindungen des ganzen Landes treffen sich hier. Mehrere Flughäfen machen die Stadt zu einem wichtigen Knotenpunkt im internationalen Flugverkehr, darunter London Heathrow, der größte Flughafen Europas. Ungefähr 140 Millionen Fluggäste nutzen jährlich einen der Londoner Flughäfen (zum Vergleich: Frankfurt/Main: 69 Millionen Passagiere).

T6 Wissenschaftszentrum

London hat über 40 Universitäten und höhere Schulen, in denen rund 400 000 Studenten lernen. Allein an der University of London studieren 135 000 Studenten. London ist auch das Zentrum der künstlerischen Ausbildung des Landes.

Ausgewählte Sehenswürdigkeiten in London
- Tower Bridge
- Trafalgar Square
- Piccadilly Circus
- Buckingham Palace
- Houses of Parliament, Big Ben
- Saint Paul's Cathedral
- Speakers' Corner

1 Erstellt eine Mindmap zu London. Folgt den Schritten 1 bis 3 auf S. 114/115. Nutzt die Materialien auf dieser Doppelseite und das Internet. Ihr könnt auch Bilder in die Mindmap aufnehmen. Arbeitet dazu mindestens auf einem DIN-A3-Blatt.

FRANKREICH

Paris • Seine

250 km

Einwohnerzahlen
der drei größten
Städte sowie des
Landes
Großraum Paris:
11,4 Mio.
Marseille:
0,8 Mio.
Lyon: 0,5 Mio.
Frankreich:
65,1 Mio.

M2 Eiffelturm

M3 Blick über die Champs-Élysées zur Bürostadt La Défense

Metropole Paris

**Eiffelturm, Baguette, Disneyland – Millionen Menschen zieht es
jedes Jahr nach Paris. Die französische Hauptstadt gehört zu
den beliebtesten Reisezielen weltweit. Was macht Paris zu einer
Metropole?**

Ausgewählte
Sehenswürdig-
keiten in Paris
– Disneyland Paris
– Eiffelturm
– Louvre
– Notre Dame
– Sacré-Cœur
– Château de
  Versailles
– Centre Georges
  Pompidou
– Musée d'Orsay
– Champs-Élysées

T1 Bevölkerung

Mit mehr als 2,2 Millionen Einwohnern in der
Kernstadt ist Paris die mit Abstand größte
Stadt Frankreichs. Fast jeder fünfte Franzose
lebt im Großraum Paris. Dabei nimmt Paris
nur eine Fläche ein, die nicht einmal halb so
groß ist wie Leipzig. Damit ist Paris die am
dichtesten besiedelte Großstadt Europas. Im
Großraum Paris leben über 11 Millionen Menschen auf einer Fläche, die fast so groß wie
Sachsen ist.
Bis 1960 wuchs Paris ungebremst. Der enorme
Bedarf an Wohnungen führte zu einer Ausdehnung der Stadtgrenzen ins Umland. Im
Umkreis von Paris wurden deshalb fünf eigenständige Städte errichtet.

T2 Wirtschaftsraum Paris

Paris ist das bedeutendste Wirtschaftszentrum Frankreichs. Hier befindet sich etwa ein
Viertel der Betriebe des Landes. Sie produzie-
ren vor allem chemische Produkte, Elektro-
geräte, Kraftfahrzeuge und Maschinen.
Fast alle großen Dienstleistungsunternehmen
haben ihren Sitz in Paris, insbesondere Banken und Versicherungen.
Am Rande der Stadt entstanden neue Büro-
und Dienstleistungszentren, z.B. La Défense.

T3 Kulturelles Zentrum

Große wirtschaftliche Bedeutung kommt auch
dem Tourismus zu. Mehr als 34 Millionen Besucher kamen allein im Jahre 2017. Sie wollen

M4 Bibliothèque nationale

M5 Disneyland Paris

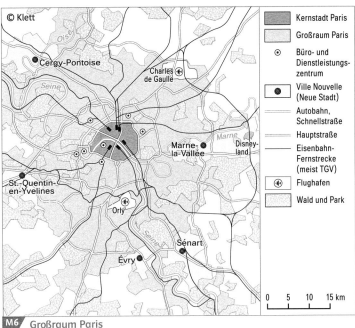
© Klett

Cergy-Pontoise

Charles de Gaulle

Oise

Seine

Marne

Marne-la-Vallée

Disney-land

St.-Quentin-en-Yvelines

Orly

Seine

Sénart

Évry

	Kernstadt Paris
	Großraum Paris
⊙	Büro- und Dienstleistungs-zentrum
●	Ville Nouvelle (Neue Stadt)
	Autobahn, Schnellstraße
	Hauptstraße
	Eisenbahn-Fernstrecke (meist TGV)
⊕	Flughafen
	Wald und Park

0   5   10   15 km

M6 Großraum Paris

eines der weltberühmten Museen besuchen, die tolle französische Küche genießen, sich im Disneyland die Zeit vertreiben oder shoppen: Paris gilt auch als die Hauptstadt der Mode und des Schmucks.

T4 Politisches Zentrum

Paris ist die Hauptstadt Frankreichs. Anders als in Deutschland gibt es in Frankreich keine Bundesländer mit Landeshauptstädten. Frankreich wird von Paris aus zentral regiert. Daher werden alle bedeutenden Entscheidungen in Paris getroffen. Die Nationalversammlung, das ist das Parlament sowie der Staatspräsident, haben ihren Amtssitz in Paris. Gleichzeitig ist Paris auch Sitz der UNESCO, der OECD, der ESA und weiterer wichtiger internationaler und nationaler Organisationen.

T5 Verkehrsknotenpunkt

Wie in kaum einem anderen Land Westeuropas ist das Leben in Frankreich auf die Hauptstadt ausgerichtet. Paris ist außerdem ein wichtiger Eisenbahnknoten und besitzt den zweitgrößten Binnenhafen Europas. Ein

Netz von Autobahnen und Schnellstraßen verbindet Paris mit allen Regionen Frankreichs. Paris hat das dichteste U-Bahn-Netz der Welt. Kein Haus ist weiter als 500 m von einer Haltestelle entfernt.

T6 Wissenschaftszentrum

Die berühmtesten Bildungsstätten Frankreichs befinden sich in Paris, darunter auch die 1257 eröffnete Sorbonne. Das ist die älteste Universität Frankreichs. Mit 16 Hochschulen unter den weltweiten Top 500 übertrifft Paris alle anderen Städte der Welt.

In der größten Bibliothek Frankreichs lagern 30 Millionen Medien. Die vier Türme der Bibliothèque nationale sind jeweils 100 m hoch.

UNESCO
Organisation der Vereinten Nationen (UN) für Bildung, Wissenschaft und Kultur

OECD
Organisation für wirtschaftliche Zusammenarbeit und Entwicklung

ESA
Europäische Weltraumorganisation

1 Erstellt eine Mindmap zu Paris. Folgt den Schritten 1 bis 3 auf S. 114/115. Nutzt die Materialien auf dieser Doppelseite und das Internet. Ihr könnt auch Bilder in die Mindmap aufnehmen. Arbeitet dazu mindestens auf einem DIN-A3-Blatt.

M2 Roter Platz und Basilius-Kathedrale

M3 Moscow City

Metropole Moskau

Kreml, Bolschoi-Theater, Kaufhaus GUM – Millionen Menschen zieht es jedes Jahr nach Moskau. Die russische Hauptstadt gehört zu den beliebtesten Reisezielen weltweit. Was macht Moskau zu einer Metropole?

Einwohnerzahlen der drei größten Städte sowie des Landes
Großraum Moskau: 17,2 Mio.
St. Petersburg: 5,4 Mio.
Nowosibirsk: 1,6 Mio.
Russland: 145,9 Mio.

T1 Bevölkerung

Russland ist flächenmäßig das größte Land der Erde und die Hauptstadt Moskau ist mit 12,4 Millionen Einwohnern in der Kernstadt die größte Stadt Europas. Die Geschichte der Stadt am Fluss Moskwa ist fast 900 Jahre alt. Durch einen Regierungsbeschluss wurde die Stadtfläche 2012 mehr als verdoppelt, da man die umliegenden Gemeinden zum Stadtgebiet hinzugefügt hat. So hofft man, mit dem hohen Bevölkerungswachstum der Stadt zurechtzukommen. Schon heute ist Moskau einer der größten Ballungsräume der Welt.

T2 Wirtschaftsraum Moskau

Der Anteil der Stadt Moskau an der gesamten Wirtschaftskraft des Landes beträgt 25 Prozent. In der Stadt befinden sich Tausende Industrie- und Handelsbetriebe. Etwa ein Viertel der Industrieproduktion entfällt auf den Maschinenbau. In der Stadt gibt es etwa 1 200 Banken, über 60 Versicherungsgesellschaften und mehrere Dutzend Börsen. Und die Wirtschaft wächst in Moskau mehr als doppelt so schnell wie im Rest Russlands. Das durchschnittliche Pro-Kopf-Einkommen ist fast dreimal so hoch wie der russische Durchschnitt. Im neuen Stadtteil Moscow City findet man moderne Geschäfts- und Bürogebäude und Wolkenkratzer, die auch in den USA stehen könnten. Die teuersten Wohnungen Moskaus liegen in diesen Gebäuden.

T3 Kulturelles Zentrum

Auch der Tourismus spielt eine wichtige Rolle für die Wirtschaftskraft Moskaus. Mehr als 23 Millionen Menschen besuchen die Stadt jährlich. Sie kommen, um Sehenswürdigkeiten in der Altstadt wie den Roten Platz, den Kreml oder eines der zahlreichen Museen zu besich-

M4 Station der Moskauer Metro

tigen. Zu den Sehenswürdigkeiten in Moskau zählen auch die Metrostationen. Sie sind mit Kronleuchtern und Steinskulpturen verziert.

T4 Politisches Zentrum

Die Regierung und das Parlament sind im Kreml angesiedelt, einer Burganlage mit vielen Palästen und Kirchen im ältesten Teil der Stadt.

Russland wird von Moskau aus zentral regiert. Alle bedeutenden Entscheidungen werden in Moskau getroffen. Deshalb haben die Duma, das russische Parlament, sowie der Staatspräsident ihren Amtssitz in Moskau. Moskau ist auch Sitz wichtiger internationaler und nationaler Organisationen.

T5 Verkehrsknotenpunkt

Mit acht Fernbahnhöfen, drei internationalen Flughäfen und drei Binnenhäfen ist die Stadt wichtigster Verkehrsknoten Russlands. Alle Verkehrsverbindungen verlaufen sternförmig vom Kreml ausgehend nach Europa, Zentralasien und zum Kaukasus. Ein Kanalsystem verbindet die Stadt mit fünf Meeren. Die Moskauer Untergrundbahn, die Metro, hat 262 Bahnhöfe und befördert täglich mehr Fahrgäste als die Untergrundbahnen von Paris und London zusammen.

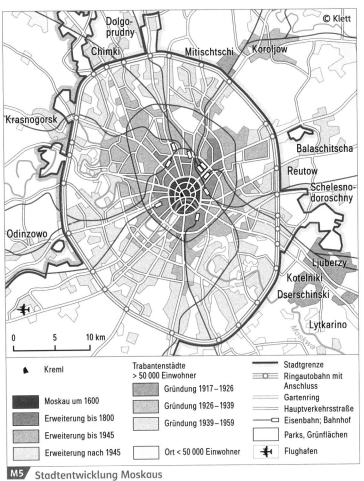

M5 Stadtentwicklung Moskaus

T6 Wissenschaftszentrum

80 Hochschulen mit etwa 250 000 Studenten und über 1 000 Forschungsinstituten und Konstruktionsbüros machen Moskau zum überragenden Zentrum des wissenschaftlichen Lebens. In der Stadt befinden sich etwa 4 000 Bibliotheken mit ca. 400 Millionen Medien.

Zu den 80 Hochschulen der Stadt gehören neben der berühmten staatlichen Lomonossow-Universität auch noch weitere Schulen und Akademien mit über 250 000 Studenten.

Ausgewählte Sehenswürdigkeiten in Moskau
– Kreml
– Roter Platz
– Basilius-Kathedrale
– Lenins Mausoleum
– Gorki-Park
– Kaufhaus GUM
– Ostankino-Turm

1 Erstellt eine Mindmap zu Moskau. Folgt den Schritten 1 bis 3 auf S. 114/115. Nutzt die Materialien auf dieser Doppelseite und das Internet. Ihr könnt auch Bilder in die Mindmap aufnehmen. Arbeitet dazu mindestens auf einem DIN-A3-Blatt.

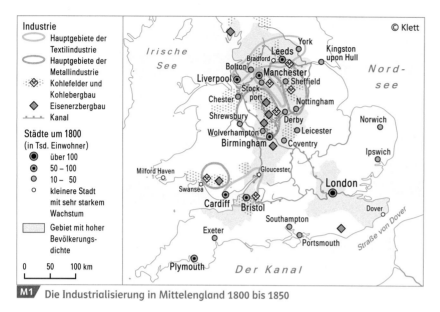

M1 Die Industrialisierung in Mittelengland 1800 bis 1850

M2 Liverpool (1964) war ein wichtiger Standort für Handel, Industrie und Seefahrt.

Ein Wirtschaftsraum im Wandel – das Beispiel Mittelengland

Vor 250 Jahren gab es in England bahnbrechende Erfindungen. Was vorher mühevolle Handarbeit war, fertigten nun Maschinen schneller und besser. Fabriken entstanden, das Zeitalter der Industrialisierung begann. Diese Entwicklung veränderte die ganze Welt.

Erfindungen in England

1769 mechanische Spinnmaschine
1775 Dampfmaschine
1787 dampfgetriebener Webstuhl
1829 Dampflokomotive „Rocket"
1830 Liverpool-Manchester-Eisenbahn
1838 Atlantik-Dampfschiff

T1 Eine Region im Aufschwung

Durch mehrere Erfindungen wandelte sich die Textilherstellung in der zweiten Hälfte des 18. Jahrhunderts. Nun trieben Dampfmaschinen die Webstühle an. Zum Heizen der Dampfmaschinen benötigte man Kohle, weshalb Unternehmer ihre neuen Textilfabriken in der Nähe von Kohlebergwerken errichteten. Immer mehr Maschinen ersetzten die Arbeitskraft der Menschen. Das Zeitalter der **Industrialisierung** begann. Um die Maschinen bauen und betreiben zu können, wurden mehr Steinkohle und Eisenerz benötigt. Wo beides zusammen vorkam, errichtete man Hüttenwerke.

Mit der Erfindung der Dampflokomotive entwickelte sich die Eisenbahn zum wichtigsten Transportmittel für Rohstoffe und fertige Güter.

Eisenbahnen und Fabriken zu bauen, kostete viel Geld. Banken gaben Kredite für Betriebsgründungen und beteiligten sich an den Projekten der Industrie, um daran zu verdienen. Das Bankwesen blühte auf. Die neuen Fabriken waren für viele Menschen, die auf dem Land keine Arbeit fanden, ein Ausweg. Sie zogen in die Städte. Hier arbeiteten sie hart, wurden aber nur schlecht bezahlt.

T2 Liverpool: Industrie in der Krise

Liverpool entwickelte sich zu einer blühenden Hafenstadt. Von hier aus verbanden Kanäle das Meer mit den industriellen Standorten in Mittelengland. Doch seit Mitte des 20. Jahrhunderts verfiel Liverpool zusehends: Hafenanlagen und Werften wurden nicht mehr gebraucht. Was war geschehen?

	1800	1850	1900	1950	1990	2018
Manches-ter	90	303	645	703	447	548
Liverpool	78	376	685	790	463	495
Birming-ham	74	233	523	1113	993	1141
zum Vergleich: Leipzig	32	64	456	618	511	597

M3 Das Hafengebiet von Liverpool, seit 2004 UNESCO Welterbe. Heute befinden sich hier viele Restaurants, Geschäfte und Kunstgalerien.

M4 Einwohnerzahlen englischer Industriestädte (in 1 000)

Der ehemals bedeutende Rohstoff Steinkohle verlor gegenüber Erdöl und Erdgas an Bedeutung. Eisenerz wurde in anderen Regionen der Welt billiger gewonnen. Die Stahl- und Textilindustrie Liverpools konnte im internationalen Vergleich nicht mehr mithalten. Kein Verkauf von Waren bedeutet keine Einnahmen – keine Einnahmen bedeuten Fabrikschließungen, Massenarbeitslosigkeit und Armut für die Menschen. Zurück blieben trostlose Arbeitersiedlungen und verfallende Industrieanlagen.

Die Wirtschaft in und um Liverpool basierte ursprünglich einseitig auf Rohstoffen und konnte so nicht weitergeführt werden. Sie sollte in eine Mischstruktur aus verschiedenen Wirtschaftssektoren umgewandelt werden, um der Stadt wieder eine Zukunft zu geben. Diesen Vorgang nennt man **Strukturwandel**.

T3 Kultur bringt Zukunft

Liverpool war schon immer eine Stadt voller Kultur. Galerien, Museen, aber auch die legendären Beatles haben hier ihre Heimat. Diese Stärken in der Kultur sollen der Stadt zu neuer Blüte verhelfen. So entstanden und entstehen moderne Geschäftszentren, Wohnungen, Kultureinrichtungen und Sportstätten dort, wo jahrzehntelang Schiffe gebaut oder Waren umgeschlagen wurden. Ganze Stadtteile werden erneuert.

Kultur als **Standortfaktor** zieht Wirtschaft an. Diese schafft wiederum die dringend benötigten Arbeitsplätze. Dass dieser Weg erfolgreich ist, zeigt die Tatsache, dass Liverpool in den letzten Jahren zum Zentrum der britischen Filmindustrie geworden ist.

M5 **Die Beatles**
Mit ihrem neuen Stil der Rockmusik schrieb die Band aus Liverpool in den 1960er-Jahren Musikgeschichte.

Standortfaktor Gründe und Bedingungen, die die Wahl eines Betriebes beeinflussen

1 Nenne Voraussetzungen der Industrialisierung (T1, Randspalte).

MK **2** Arbeite mit Karte M1 und T1: Begründe, warum Rohstoffabbau und Industriegebiete auf engstem Raum angesiedelt waren.

3 Einwohnerzahlen englischer Städte (M4):

a) Beschreibe die Entwicklung.
b) Erläutere mithilfe von T1–T3.

4 Industrie in der Krise (T2):
a) Erläutere die Ursachen für die Krise im mittelenglischen Steinkohlenrevier.
b) Beschreibe die Folgen für die Menschen.

5 Beschreibe, wie Liverpool den Strukturwandel bewältigt (T3, M3).

MK **6** Recherchiere: Mit welchen Erfindungen haben diese Personen zur Industrialisierung beigetragen: James Watt, Henry Bessemer, Richard Arkwright, George Stephenson?

6

Europa zwischen Atlantik und Ural

Die Entwicklung einer Region
unter veränderten gesellschaftli-
chen Bedingungen beschreiben

POLEN

GOP

M1

GOP
polnisch:
Górnośląski Okręg
Przemysłowy;
das Oberschle-
sische Industrie-
gebiet

M2 Katowice 1989

Im Oberschlesischen Industriegebiet

**Über 150 Jahre bestimmte die Schwerindustrie das Leben der Menschen
im Oberschlesischen Industrierevier. Es gab buchstäblich „dicke Luft".
Wie hat sich die Region seitdem verändert?**

←
Ein Wirtschafts-
raum im Wandel –
das Beispiel
Mittelengland
Seite 122/123

T1 Industrialisierung

Steinkohle und Erze bildeten die Grundlage für
die Industrialisierung im sogenannten Oberschlesischen Industriegebiet, welches heute
in der Region Slaskie im südlichen Polen liegt.
Ähnlich wie im Ruhrgebiet und im mittelleng-
lischen Industriegebiet entstand ein Zentrum
der Steinkohleförderung, der Eisen- und Stahlindustrie sowie der chemischen Industrie.

T2 Nach 1950

Während im westlichen Europa die auf Kohle
und Stahl aufgebauten Industriegebiete wirtschaftliche Probleme bekamen, beschloss 1950
die damalige sozialistische Regierung Polens,
die Schwerindustrie auszubauen. Neue Zechen
wurden eröffnet, die Produktionsmenge an

M3 **Zeitleiste**
– seit dem 12. Jahrhundert: Bergbau (Blei-,
  Silber- und Zinkerz)
– Ende 18. Jahrhundert: Schlesien gehört zu
  Preußen; erste Dampfmaschine und Hoch-
  öfen auf dem Kontinent
– 1921/22: Teilung Oberschlesiens in
  deutschen und polnischen Teil
– 1945: Oberschlesien gehört vollständig zu
  Polen
– nach 1950: weiterer Ausbau der Schwerindustrie
– 1989: Beginn eines Strukturwandels

Eisen und Stahl erhöht. Das Oberschlesische
Industriegebiet wuchs zu einem riesigen Bal-
lungsgebiet.

M4 Seit 1991 werden in Gliwice Autos produziert

M5 Auf der Weltklimakonferenz 2018 in Katowice

Dieser gewaltigen Produktionssteigerung stand die völlige Vernachlässigung der Umwelt gegenüber. Viele Menschen litten aufgrund der Luftbelastungen an schweren Atemwegserkrankungen.

T3 Nach 1989

Mit der Öffnung zum Weltmarkt ab 1989 änderte sich die Situation grundlegend. Die teure Produktion war nicht mehr wettbewerbsfähig. Sinkende Nachfrage nach Steinkohle und Stahl führte zu großen wirtschaftlichen Problemen.

Im Oberschlesischen Industriegebiet setzte nun ein großes „Zechensterben" ein, das zur Stilllegung vieler Industrieanlagen führte. Die Arbeitslosigkeit stieg auf über 20 Prozent. Viele Menschen sahen hier keine Zukunft mehr und wanderten nach Großbritannien und Irland ab, um dort Arbeit zu finden.

T4 EU-Beitritt 2007

Seit dem Beitritt zur Europäischen Union hat die polnische Wirtschaft einen starken Aufschwung genommen. Möglich war dies, da Polen allein zwischen 2007 und 2014 fast 60 Milliarden Euro an Fördergeldern der EU erhielt. Mit diesem Geld konnte die polnische Regierung unter anderem die Ansiedlung ausländischer Firmen im Oberschlesischen Industriegebiet

fördern. Auch wurden Zechenbetriebe modernisiert.

Um attraktiv für Investitionen ausländischer Firmen zu werden, richtete die polnische Regierung Sonderwirtschaftszonen ein. Dort müssen die Firmen weniger Steuern und Abgaben zahlen. Im Vergleich zu anderen Ländern Europas waren auch die Löhne niedrig. Das ist ein wichtiger Standortfaktor für viele Firmen. So entstanden neben alten Industrieanlagen und Backsteingebäuden hochmoderne Produktionsanlagen, Dienstleistungsbetriebe und kulturelle Einrichtungen. Heute erbringt das Oberschlesische Industriegebiet ein Siebtel der polnischen Wirtschaftsleistung. Neben diesen Erfolgen gibt es aber auch Probleme. Zum Beispiel gibt es viele ältere Menschen, die früher im Bergbau und in der Stahlindustrie gearbeitet haben und kaum Arbeit finden.

T5 Die Region entwickelt sich weiter

Die Weltklimakonferenz 2018 fand in einem umgestalteten Bergwerk im Oberschlesischen Industrierevier statt. Das ist kein Zufall. Denn eines der Anliegen des Gastgeberlandes Polen war, darüber nachzudenken, wie die Wirtschaft nachhaltig gestaltet werden könnte. Die „dicke Luft" soll nämlich endgültig der Vergangenheit angehören.

SP Sprachtipp

Die Entwicklung einer Region erläutern
→ Aufgabe 1

Der wichtigste Wirtschaftszweig in der Region war …

Dann sank/stieg die Nachfrage nach …

Deshalb/Infolgedessen/Daher …

←
Die Europäische Union
Seite 14/15

SP **1** Erläutere die Entwicklung des Oberschlesischen Industriegebiets
a) bis 1989 (T1–T2, M3),

b) zwischen 1989 und 2007 (T3, M2, M4),
c) ab 2007 (T4–T5),

2 Vergleicht die Entwicklung von Katowice mit der von Mittelengland (S. 122/123).

6

TERRA
METHODE

Ein Satellitenbild auswerten

Ob GPS, Landkarte, Fußballübertragung oder Wetterbericht – aus vielen alltäglichen Anwendungen ist die Nutzung von Satelliten nicht mehr wegzudenken. Wie man Satellitenbilder auswerten kann, lernst du hier.

SP Sprachtipp

Was sehe ich?
Im Zentrum des Bildes befindet sich …

Im Norden/
Süden/Osten/
Westen sieht
man …

Westlich/Östlich/
Nördlich/Südlich
davon erkennt
man …

T1 Satelliten beobachten die Erde
Die beiden deutschen Beobachtungssatelliten TanDEM-X und TerraSAR-X umkreisen die Erde in rund 500 km Höhe. Deutlich ist zu erkennen, wie der Mensch in die Natur eingegriffen hat. Man erkennt gerade Linien und rechtwinklige Flächen, die es in der Natur niemals gäbe. Mithilfe von Satellitenbildern lassen sich neue Landkarten erstellen und Fragestellungen für die zukünftige Entwicklung von Räumen gut beantworten, z.B.: Wie soll eine Eisenbahnstrecke verlaufen? Wo soll ein weiterer Industriebetrieb entstehen? In welche Richtung kann ein Flughafen erweitert werden? Auch lassen sich so Gebiete leichter verorten, die besonders geschützt werden sollten.

1. Schritt: Die Lage beschreiben
Ermittle mithilfe des Atlas die Lage des Gebietes. Lege die Nordrichtung des Bildausschnittes fest.

In dem Satellitenbild sind Amsterdam und der westliche Teil des IJsselmeeres dargestellt. Das Bild ist eingenordet.

2. Schritt: Das Satellitenbild beschreiben
Suche auf dem Satellitenbild Merkmale, die du im Atlas wiederfindest: Flüsse, Straßen, Eis- und Schneeflächen, Städte, Küstenlinien, Eisenbahnlinien, landwirtschaftlich genutzte Flächen, Inseln und andere leicht erkennbare Nutzungen. Gliedere das Bild nach verschiedenen Kriterien. Unterscheide dabei z.B. Land- und Wasserflächen, bebaute Flächen gegenüber Feld-, Wald- und Wasserflächen.

Im Zentrum des Bildes befindet sich eine große Siedlung, die von einem Wasserweg durchschnitten wird. Dieser mündet in ein großes Gewässer, das Meer. Im Südosten der Siedlung …
Südlich und nördlich der Siedlung … Im Süden befindet sich …

3. Schritt: Den Bildinhalt deuten
Stelle Beziehungen zwischen den einzelnen Bildelementen her und suche nach Zusammenhängen, z.B. zwischen Verkehrswegen und einzelnen Nutzungen. Ermittle mithilfe anderer Informationsquellen Ursachen für die in Schritt 2 beschriebene Verteilung.

Die Wasserwege dienen dem Transport von Gütern in die Stadt bzw. auf das offene Meer …
Der Flughafen liegt verkehrsgünstig vor den Toren der Stadt …

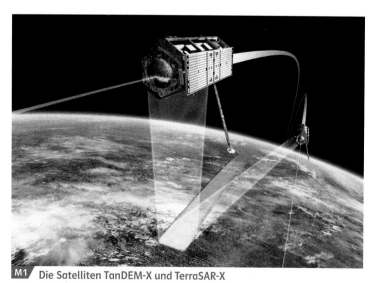

M1 Die Satelliten TanDEM-X und TerraSAR-X

M2 Satellitenbild von Amsterdam und dem westlichen Teil des IJsselmeers

4. Schritt: Informationen zuordnen

Erstelle einen Text oder einen Vortrag zum Satellitenbild, in dem du das Foto ausführlich erläuterst. Dazu kannst du dir auch eine Skizze anlegen. Lege dazu eine Folie auf das Satellitenbild und zeichne mit dem Folienstift deutlich erkennbare Umrisse nach. Unterscheide Gebiete mit ähnlichen Strukturen. Lege Grenzen zwischen den Räumen fest und trage diese als dünne Linien auf der Folie ein. Lege eine Farblegende an. Trage einige wichtige Orientierungshilfen in die Skizze ein.

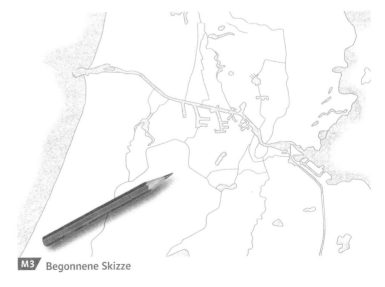

M3 Begonnene Skizze

SP **1** Werte das Satellitenbild M2 mithilfe der Schritte 1–4 aus. Nutze die Sprachtipps bei Bedarf.

MK **2** Orientiere dich im Atlas: Welche wirtschaftliche Bedeutung hat Amsterdam für die Niederlande?

NIEDERLANDE

Nordsee

IJsselmeer

Amsterdam

Rotterdam

BELGIEN

50 km

M1

M2   Satellitenbild des IJsselmeeres

IJsselmeer
sprich: Äißlmeer
von niederländisch
„meer" = Binnensee

Zuidersee
sprich: Seudersee
von niederländisch
„zee" = Meer, See

Gezähmte Nordsee

Vom Flugzeug aus erkennt man sofort die ehemalige Schwachstelle der Niederlande: Immer wieder kam es an der Küste zu schrecklichen Sturmfluten und Überschwemmungen. Es musste etwas geschehen.

Das Zuiderseeprojekt
Deichlänge: 30 km
Höhe: 7,80 m über NN
Breite: 90 m
Bauzeit: 5 Jahre
Arbeitskräfte: 5 850
Baumaterial (Auswahl):
– 23 Mio. m³ Sand (entspricht 575 000 Eisenbahnwaggons)
– 1,5 Mio. Natursteine
– 18 Mio. Weidenbündel

T1 Das IJsselmeer
Schon seit Jahrhunderten versuchten die Menschen am Meer, ihre Küsten mit Deichen vor Überflutungen zu schützen. Als es 1916 wieder eine Sturmflut mit vielen Deichbrüchen und überschwemmten Gebieten gab, fassten die Menschen den Entschluss zum Zuderseeprojekt. Dabei verfolgten sie zwei Ziele: Sie wollten den **Küstenschutz** erhöhen und Land für den Ackerbau gewinnen.
Zwischen 1927 und 1932 wurde in einem ersten Schritt der 30 km lange Abschlussdeich gebaut. Er trennte die Meeresbucht Zuidersee von der Nordsee. Ein Binnensee, das IJsselmeer, war geschaffen. Nun ging es daran, Teilflächen einzudeichen und durch Abpumpen des Wassers trockenzulegen. So entstanden Neulandflächen, die **Polder**. Zwischen 1927 und 1968 wurden vier Polder mit über 1 600 km² Neuland gewonnen, die neben Siedlungen auch für Ackerbau und Forst genutzt werden. Ein weiterer Polder, das heutige Markermeer, wurde nicht mehr geschaffen.

T2 Auswirkungen auf den Menschen
Mit dem Bau des Deiches wurde ein wichtiger Beitrag zum Hochwasserschutz geleistet. Von ehemals 300 km Deichen müssen nur noch 45 km Deich instand gehalten werden. Auch hat sich die Straßenverbindung zwischen dem Norden und dem Westen der Niederlande deutlich verkürzt. Auf dem 90 m breiten Deich verlaufen die Autobahn 7 und ein beliebter Fahrradweg.

M3 Der 32 km lange Abschlussdeich

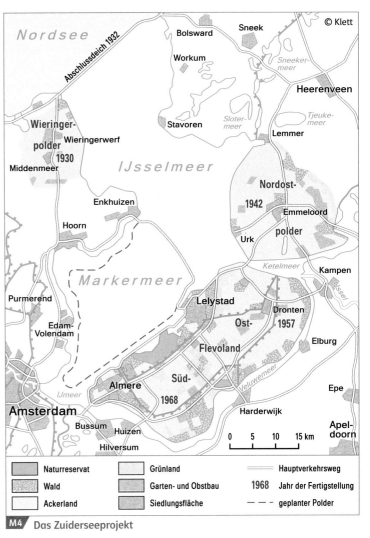

M4 Das Zuiderseeprojekt

Die Kaufleute und Fischer aber haben unter der Abgrenzung der ehemaligen Zuidersee gelitten. Die früheren Nordsee-Hafenstädte, einst Zentren des Handels mit den Ländern Afrikas und Asiens, verarmten. Vor der Errichtung des Abschlussdeichs war die Zuidersee eine wichtige Einkommensquelle für Fischer. Sie konnten mit dem Fang von Heringen und Sardellen auf dem offenen Meer gutes Geld machen. Danach verschwanden die Fische, viele Zuidersee-Fischer gaben auf.

Dagegen hat das IJsselmeer die Entwicklung von Angeboten für den Wassersport befördert. Dies hat wiederum viele Arbeitsplätze in der Tourismusbranche geschaffen. Auf den Poldern fanden über 400 000 Menschen aus allen Teilen der Niederlande ein neues Zuhause.

T3 Folgen für die Natur

Das durch den Deichbau neu entstandene IJsselmeer ist jetzt praktisch gezeitenfrei. Mit dem Deich veränderte sich auch das Wasser, es wurde weniger salzig. Die meisten Fischbestände verschwanden. Nur Aale, Hechte, Barsche und Rochen konnten sich an die neuen Verhältnisse anpassen.

T4 Folgen durch den Klimawandel

Die weltweite Klimaerwärmung lässt den Meeresspiegel ansteigen. Das macht es schwieriger, das fließende Meerwasser abzuhalten und überschüssiges Wasser aus dem IJsselmeer abpumpen zu lassen. Dies gefährdet die Sicherheit der Küstenbewohner.

1 Zuiderseeprojekt:
a) Beschreibe das Projekt (T1, M2 – M4).
b) Erläutere die Gründe für das Zuiderseeprojekt (T1, M2).
NE c) Erläutere die Folgen des Projektes für den Menschen und für die Natur (T2, T3, M4).

SP d) Diskutiere Vor- und Nachteile (T1 – T4, M1 – M4).

2 Werte das Satellitenbild M2 aus. Gehe dabei nach den Schritten von S. 126/127 vor. Nutze auch M4.

3 Küstenschutz:
MK a) Informiere dich über ein weiteres Küstenschutzprojekt, den Deltaplan.
NE b) Wie bereiten sich die Niederländer auf den Klimawandel vor? Recherchiere dazu.

6

Wichtige Begriffe
Bodenerosion
Industrialisierung
Küstenschutz

Landklima
Metropole
Polder
Seeklima

Strukturwandel
Standortfaktor
Steppe

M1 Satellitenbild Europa bei Nacht

Sich orientieren

1 Metropolen in Europa

a) Bestimme mithilfe des Satelliten-bildes die Städte 1–10.

b) Suche im Atlas nach den Namen anderer Städte und Regionen, die durch ihre helle Beleuchtung auf-fallen, und beschreibe ihre Lage.

c) Vergleiche das Satellitenbild mit einer Karte zur Bevölkerungs-dichte und mit einer Karte zur Wirtschaft aus dem Atlas.

Kennen und verstehen

2 Finde die Begriffe

a) Neuland, welches durch künstliche Deiche geschaffen wird

b) Gründe und Bedingungen, die die Standortwahl eines Betriebes beeinflussen

c) Großstadt, die politischer, wirt-schaftlicher und gesellschaftlicher Mittelpunkt eines Landes ist und alle anderen Städte an Größe und Bedeutung überragt

d) Abtragung von Boden durch Wind oder Wasser

e) ebenes Grasland, Heimat der Nomaden

f) vom Meer beeinflusstes Klima

g) Möglichkeit, Gedanken übersichtlich und geordnet darzustellen

3 Gemäßigte Zone

Arbeite mit einer Karte zu Klima- und Landschaftszonen der Erde: Beschreibe, wie sich die Gemäßigte Zone auf der Erdoberfläche verteilt.

4 Außenseiter gesucht

Ein Begriff passt nicht zu den ande-ren. Finde ihn jeweils und begründe.

a) Steppe – Nadelwald – Tundra – Weizenfeld

⊕ **Arbeitsblatt:** Selbsteinschätzung
46m2ws

⊕ **Üben interaktiv**
46m2ws

⊕ **Lösungen**
46m2ws

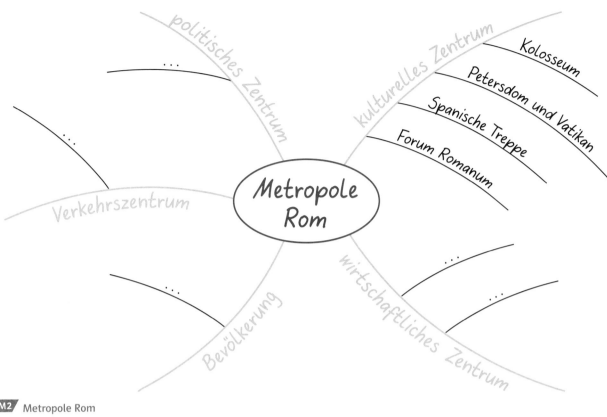

M2 Metropole Rom

b) Paris – Moskau – London – Leipzig
c) Seeklima – Landklima – Übergangsklima – Höhenklima
d) Buckingham Palace – Tower Bridge – London Eye – Eiffelturm

Methoden anwenden

5 Mindmap
Übertrage die begonnene Mindmap M 2 in deinen Geohefter. Recherchiere und ergänze anschließend.

Beurteilen und bewerten

6 Klimazonen
Beurteile die Aussage von M 3 und M 4.

7 Leben in Metropolen
a) Erstelle eine Liste mit Vorzügen und Problemen, die beim Leben in Metropolen auftreten können.

M3 London im Winter ... und im Sommer

b) Führt zu viert ein kurzes Rollenspiel durch. Bewertet die Auswirkungen des Lebens in London aus der Sicht folgender Personen:
– Kioskbetreiber am London Eye,
– Studentin, die eine günstige Wohnung im Stadtzentrum sucht,

M4 Frühling in der Ukraine

– Bürgermeister,
– Chef einer erfolgreichen Firma, die in der City of London nicht mehr genug Platz hat,
– Krankenschwester, die in einem Vorort von London wohnt.

6

TERRA
EXTRA

Das Besondere bewahren

Damit wir Menschen und zukünftige Generationen besondere Gebäude
und Orte besser schützen, können sie Welterbestätte werden. In Europa
gibt es eine ganze Menge davon ...

NE **1** Erkläre den Begriff
„Welterbe" (M 2).

2 Verorte die Kulturerbestätten M1, M3 – M5 auf einer
Europakarte.

3 Kulturerbe in Europa:
MK **a)** Recherchiere zu weiteren
Welterbestätten in Europa
(M 6).

b) Erstellt einen Flyer:
Welterbestätten in Europa.

○2 ●1, 3   ♈ Lösungshilfen ab S. 167

←
**Naturerbestätten
in Europa**
Seite 24/25

M1 Montanlandschaft Freiberg (Montanregion Erzgebirge/Krušnohoří)

UNESCO
Organisation der
Vereinten Natio-
nen für Bildung,
Wissenschaft und
Kultur

M2 **Das Welterbe**

1 121 besondere Gebäude und Orte in 167 Ländern der Erde stehen auf einer ganz besonde-
ren Liste. Zusammen bilden diese Natur- und
Kulturstätten das **„Welterbe"**. Die Liste stammt
von der UNESCO, einer Organisation der Vereinten Nationen, und wird jedes Jahr überprüft
und erweitert. Um auf die Liste zu gelangen,
kann jeder Staat kann pro Jahr bis zu zwei Na-
tur- oder Kulturerbestätten zur Ernennung als
Welterbe einreichen. Eine Expertengruppe der
UNESCO überprüft dann, ob die Merkmale für
eine Einstufung als Welterbe erfüllt werden.
Zuletzt wurde die Montanregion Erzgebirge/
Krušnohoří in Sachsen und Böhmen als Welterbestätte anerkannt. Die Städte und Länder,
in denen sich das Welterbe befindet, sind sehr
stolz, wenn sie auf der Liste stehen. Die Liste
sorgt dafür, dass in der ganzen Welt bekannt
wird, was das Welterbe ist. Ansonsten kann das
Erbe nicht gut geschützt werden. Die Liste ist
also ein Zeichen an die Welt, dabei mitzuhel-
fen, es zu bewahren.

M3 Weinregion Alto Douro

Die Weinregion Alto Douro ist die älteste Weinbauregion der Welt. Sie liegt im Norden Portugals und gehört seit 2001 zum UNESCO-Welterbe. Der Portwein ist bis heute der bekannteste Wein der Region und wird in die ganze Welt exportiert.

M5 Die Akropolis

Die Akropolis ist das bekannteste Bauwerk des antiken Griechenlands und eine der berühmtesten Stadtfestungen der Welt. Sie liegt auf einem 156 m hohen Hügel im Athener Zentrum und wurde gebaut, um Athen vor Feinden zu schützen und um die Göttin Athene zu ehren.

M4 Altstadt von Tallinn

Vanalinn (estnisch für „Altstadt") ist ein Bezirk der estnischen Hauptstadt Tallinn. Er liegt im Stadtteil Kesklinn („Innenstadt"). Als Altstadt von Tallinn wurde er 1997 von der UNESCO zum Welterbe ernannt.

M6 Weitere Kulturstätten des UNESCO-Welterbes in Europa (Auswahl):

– Der Große Platz (Grande Place) in Brüssel, Belgien
– Nationalpark Pirin, Bulgarien
– Schloss Kronborg bei Helsingør, Dänemark
– Aachener Dom, Deutschland
– Zeche Zollverein, Deutschland
– Tal der Loire, Frankreich
– Festungsanlagen von Vauban, Frankreich
– Höhlenwohnungen Sassi di Martera, Italien
– Äolische Inseln, Italien
– Altstadt von Dubrovnik, Kroatien
– Amsterdamer Grachtengürtel, Niederlande

Wirtschaften in Europa

M1 / A: Produktionshalle des Airbus in Toulouse (Frankreich); B: Altstadt von Warschau (Polen);
C: Hafen von Rotterdam (Niederlande); D: Prag (Tschechien)

Erfahre mehr über Europa und informiere dich auf den nächsten Seiten über Sachsens Nachbarn. Lerne auch ein länderübergreifendes Projekt kennen und besuche einen für Europa wichtigen Hafen.

Die Buchseiten können dir aber nicht immer alle Informationen für bestimmte Aufgaben liefern. Deshalb musst du selbst auf die Suche gehen. Wie du dafür das Internet nutzt, erfährst du ebenfalls in diesem Kapitel.

Das kannst du bald:
- eine Internetrecherche durchführen
- Zusammenarbeit in Europa am Beispiel Airbus erläutern
- einen Nachbarstaat Sachsens vorstellen
- die Bedeutung von Rotterdam als Europas größtem Hafen erläutern

TERRA
METHODE

M1 Informationsflut im Internet

Sich im Internet informieren

Das Internet bietet eine unvorstellbar große Menge an Informationen.
Wie soll man da das Passende für ein bestimmtes Thema auswählen?
Lerne hier, was du beachten kannst, damit du den Überblick nicht
verlierst.

T1 Wie erstelle ich einen Länder-Steckbrief?
Du möchtest dir einen Überblick über ein bestimmtes Land verschaffen und einen Steckbrief erstellen. Wie heißt das Land genau?
Wo liegt es? Wie viele Einwohner leben dort?
Wie groß ist es? Wie sieht die Flagge aus? Wie
heißt die Landeshauptstadt? Antworten auf
solche und weitere Fragen findest du schnell
im Internet.

1. Schritt: Suchmaschine aufrufen
Es gibt viele Suchmaschinen. Beispiele
dafür sind Startpage, Google, Bing oder
DuckDuckGo. Rufe im Internetbrowser eine
Suchmaschine auf. Achte darauf, dass du vor

der Suche den Suchbereich eingrenzt, zum
Beispiel auf „deutschsprachige Seiten" oder
„Seiten aus Deutschland". Du kannst auch
gezielt nach Bildern, Karten, Satellitenbildern
oder Videos suchen.

2. Schritt: Geeignete Suchbegriffe eingeben
Überlege dir zu deinem Thema einen oder
mehrere Suchbegriffe. Gib den Begriff in die
Suchmaschine ein.

*Du willst wissen, ob es für unser Land
einen amtlichen Namen gibt. Gib also z.B.
die Begriffe „Deutschland" und „amtlicher
Name" in die Suchmaschine ein.*

3. Schritt: Ergebnisse prüfen

Dieser Schritt ist der wichtigste und gleichzeitig der schwierigste. Du musst selbst feststellen, ob die Treffer auf dem Bildschirm weiterhelfen. So befinden sich am Beginn oft Werbeanzeigen, die zu den Stichworten passen. Da du dich erst einmal neutral informieren möchtest, solltest du weiter nach unten scrollen bis zu den Seiten ohne Werbeanzeigen.

4. Schritt: Ergebnisse bewerten

Welche Ergebnisse sind für die Beantwortung deiner Frage hilfreich? Reichen die Ergebnisse aus? Lies die Informationen auf deiner Ergebnisseite und prüfe, welche Informationen gut zu deiner Suche passen. Möglicherweise kannst du hier schon einige Seiten ausschließen.

Betrachte nicht nur die erste Ergebnisseite, sondern schau dir auch die nächste und die übernächste Seite an. Gute Ergebnisse stehen nicht unbedingt am Anfang.

Achte auf die Web-Adressen. Wenn man sich eher neutral über etwas informieren möchte oder möglichst aktuelle Informationen braucht, bieten sich Lexika, Statistik-Seiten oder offizielle Seiten an, z.B. Wikipedia, oder die Seiten des Statistischen Bundesamtes oder von Ministerien oder Ämtern.

5. Schritt: Gezielt Seiten besuchen und speichern

Gehe nun zu den ausgewählten Seiten und mache dir Notizen, die zu deiner Suche passen. Wenn die Seite sehr gut passt und du sie noch einmal besuchen möchtest, speichere sie im Browser als Lesezeichen.

M2 Ausschnitt aus dem Ergebnis der Suchanfrage „Deutschland amtlicher Name"

M3 Beispiele für Internetsuchmaschinen

MK 1 Wende die fünf Schritte an. Nutze auch den TERRA-Code.
a) Ermittle die amtlichen Namen der Länder Polen und Österreich.
b) Ermittle die aktuelle Bevölkerungszahl und die Flächengröße von Deutschland.
c) Ermittle die Bevölkerungszahlen des Kontinents Europa und die der Europäischen Union.

2 Sprecht über die Abbildung M1.

MK 3 Erstelle mithilfe eines Textverarbeitungsprogramms einen Ländersteckbrief für ein Land deiner Wahl und fülle ihn mithilfe einer Internetrecherche aus. Tipp: Vorlagen für Ländersteckbriefe findest du auch im Internet.

MK 4 Informiere dich über die Vor- und Nachteile verschiedener Suchmaschinen.

Zusammenarbeit in Europa – Airbus

Ein Airbus-Flugzeug besteht aus Millionen von großen und kleinen Einzelteilen, die in verschiedenen Ländern hergestellt werden. Damit daraus ein fertiges Flugzeug gebaut werden kann, müssen die Teile über weite Strecken transportiert werden.

Wahl-
bereich 1

→
Wahlbereich 2
Nachbarstaaten
von Sachsen:
Polen
Seite 140/141
Tschechien
Seite 142/143

1 Verschaffe dir einen Überblick über das Thema, indem du die Materialien dieser Seite betrachtest. Lies auch die Aufgaben.

2 Arbeite mit einem Lernpartner: Löst die folgenden Aufgaben mithilfe der Materialien dieser Seite und mit einer Internetrecherche da, wo ihr weitere Angaben braucht.
a) Wie begann die Airbus-Geschichte?

b) Stellt wichtige Daten zur Unternehmensgeschichte und den Zukunftsplanungen von Airbus zusammen.
c) Welche Länder sind beteiligt?
d) Gebt für jedes Land ein Beispiel für Flugzeugteile, die von dort kommen.
e) In welchen Städten finden in Europa Endmontagen statt?

f) Sucht im Internet
1. ein Foto eines Airbus-Flugzeugtyps,
2. ein Foto aus einem deutschen Produktionsstandort,
3. ein Foto vom Transport eines Flugzeugteils.

3 Wählt eine Präsentationsform (Plakat, Vortrag, PC-Präsentation, Infoblatt) und informiert eure Klasse.

○1 ●2, 3   ♀ Lösungshilfen ab S.164

→
Wahlbereich 3
Rotterdam – Europas „Tor zur Welt"
Seite 144/145

Airbus-Beluga
- größtes Transportflugzeug der Welt
- gebaut für den Transport von Airbus-Bauteilen zwischen den Produktionsstandorten in Europa
- Form erinnert an den Kopf eines Belugawals
- Nutzlast: 47 t
- Nutzraumvolumen: 1 400 m³
- Reichweite: 1 700 km
- Geschwindigkeit: 750 km/h

M1 Airbus-Transportflugzeug Beluga

T1 Zusammenarbeit ist notwendig

Fluggesellschaften brauchen verschiedene Flugzeugtypen. Allein die Entwicklung eines neuen Flugzeugtyps kostet Milliarden Euro. Weil die Flugzeuge immer sparsamer, leiser und sicherer werden sollen, müssen ständig neue Techniken erprobt werden. Das verschlingt viel Geld. Ein einzelnes europäisches Flugzeugbauunternehmen könnte diese Vielfalt an Flugzeugen niemals anbieten. Lange Zeit waren daher die US-amerikanischen Unternehmen Boeing und McDonnell Douglas die führenden Flugzeughersteller der Welt. Doch 1965 bildeten mehrere kleine deutsche Flugzeugfirmen die „Arbeitsgemeinschaft Airbus" mit dem Ziel, konkurrenzfähige Flugzeuge für den Weltmarkt zu bauen.

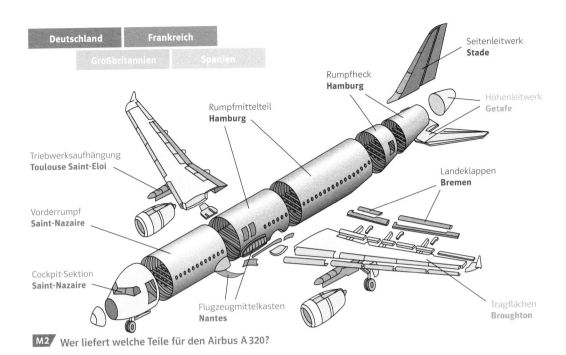

Deutschland   Frankreich
Großbritannien   Spanien

Seitenleitwerk
Stade

Rumpfheck
Hamburg

Höhenleitwerk
Getafe

Rumpfmittelteil
Hamburg

Triebwerksaufhängung
Toulouse Saint-Eloi

Landeklappen
Bremen

Vorderrumpf
Saint-Nazaire

Cockpit-Sektion
Saint-Nazaire

Flugzeugmittelkasten
Nantes

Tragflächen
Broughton

M2 Wer liefert welche Teile für den Airbus A 320?

T2 Von der Arbeitsgemeinschaft Airbus zur Airbus Group

Um erfolgreich Flugzeuge zu bauen zu können, suchte sich die Arbeitsgemeinschaft Airbus Partner im europäischen Ausland. 1970 gründete sie schließlich zusammen mit einem französischen Flugzeughersteller die „Airbus Industrie". Dieser traten ein Jahr später spanische und 1979 britische Flugzeugbauunternehmen bei. Airbus Industrie war damit ein europäischer Flugzeughersteller geworden. Der Firmensitz ist seit 2001 in der südfranzösischen Stadt Toulouse. Der größte Standort in Deutschland ist Hamburg. 2014 wurde das Unternehmen in „Airbus Group" umbenannt.

M3 Montage des Airbus A 320 in Hamburg

T3 Ein europäisches Flugzeug

Die einzelnen Bauteile eines Airbus-Flugzeugs wie Rumpf, Tragflächen und Kabinenausstattung werden arbeitsteilig an verschiedenen Produktionsstätten in den Partnerländern hergestellt. Diese Standorte haben sich auf bestimmte Teile spezialisiert.

Schiffe, große Spezial-Lkw und riesige Transportflugzeuge bringen die einzelnen Airbusteile je nach Flugzeugtyp zur Endmontage nach Toulouse oder Hamburg. Ab 2015 hat die Airbus Group auch in China und den USA Werke für die Endmontage ihrer Flugzeuge errichtet. Die Bauteile dazu stammen aber weiterhin aus Europa.

Airbus ist inzwischen der größte europäische Hersteller von Passagierflugzeugen. Weltweit liegt Airbus auf Platz 2 hinter Boeing.

Kaum zu glauben
Airbus hat in 50 Jahren Firmengeschichte nicht weniger als 21 verschiedene Flugzeugtypen produziert.

7

Unser Nachbarstaat Polen

Polen war bis in die 1980er-Jahre als typisches Agrarland von der
Landwirtschaft bestimmt. Seitdem entwickelte es sich immer mehr zu
einem Industrieland. 2004 trat Polen der Europäischen Union bei und das
Land erlebt seit dieser Zeit wirtschaftlich einen starken Aufschwung.

**Wahl-
bereich 2**

←

Wahlbereich 1
Zusammenarbeit
in Europa: Airbus
Seite 138/139

→

Wahlbereich 3
Rotterdam – Euro-
pas „Tor zur Welt"
Seite 144/145

1 Verschaffe dir einen Überblick über das Thema, indem
du die Materialien dieser
Seite betrachtest. Lies auch
die Aufgaben.

2 Arbeite mit einem Lernpartner: Löst die folgenden
Aufgaben mithilfe der Ma-
terialien dieser Seite und
mit einer Internetrecherche
da, wo ihr weitere Angaben
braucht.

a) Beschreibt den Umbruch
in Polen seit dem EU-Beitritt
2004 in Stichworten (T1–T3).
b) Ergänzt den kleinen Steckbrief von Polen (M6) durch
weitere Angaben und Zahlen,
besonders zu Bevölkerung
und Wirtschaft (Internet).
c) Beschreibt die landschaftliche Gliederung Polens (M2).
d) Zählt alle Nachbarstaaten
Polens auf.

e) Nennt die wichtigsten
Handelspartner Polens.
f) Sucht zu sechs Sehenswürdigkeiten Polens in Karte
M2 je ein Foto für die Tourismuswerbung. Schreibt einen
kurzen Werbetext dazu.

3 Wählt eine Präsentationsform (Plakat, Vortrag, PC-
Präsentation, Infoblatt) und
informiert eure Klasse.

○1 ●2, 3 ☼ Lösungshilfen ab S.164

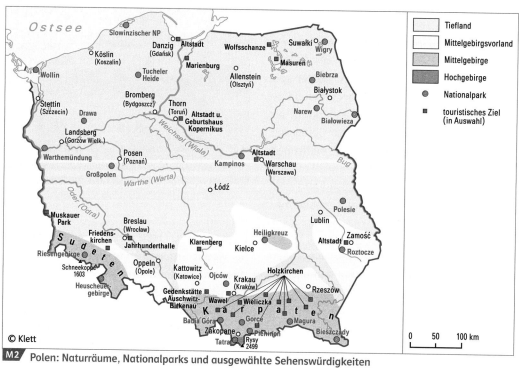

M2 Polen: Naturräume, Nationalparks und ausgewählte Sehenswürdigkeiten

M3 Polnische Ostseeküste in Kolberg

M4 A: VW-Werk in Poznań, B: VW-Caddy und C: VW-Transporter aus Polen

T1 Wandel in der Landwirtschaft

Jahrhundertelang galt Polen als große Landwirtschaftsregion. Noch heute spielt die Landwirtschaft eine wichtige Rolle. So waren noch 2013 fast zwei Millionen Menschen in der Landwirtschaft beschäftigt – die meisten in Kleinbetrieben, denn über 75 Prozent der bäuerlichen Betriebe bewirtschaften unter 10 ha Fläche. Wegen der starken Konkurrenz der großen Agrarbetriebe der EU haben sich viele polnische Kleinlandwirte inzwischen auf Bioprodukte spezialisiert. Hier ist die polnische Landwirtschaft in der EU führend geworden.

T2 Strukturwandel in der Industrie

Oberschlesien ist das wichtigste Industriegebiet Polens. Es entstand durch den Bergbau in den hier vorhandenen großen Steinkohle- und Metallerzlagerstätten wie Kupfer und Silber. Dort und in den anderen alten Industriegebieten Polens mussten in den 1990er-Jahren jedoch zahlreiche große Industriebetriebe schließen, weil sie auf dem Weltmarkt nicht mehr konkurrenzfähig waren. Die Arbeitslosigkeit stieg auf Rekordwerte. Viele polnische Arbeitskräfte wanderten ins Ausland ab. Der Beitritt zur Europäischen Union ermöglichte ihnen die freie Arbeitsplatzwahl in der EU.

M5 **VW in Polen**

(...) Seit mehr als 15 Jahren werden in Poznań der VW Caddy und der VW Transporter produziert. Von dort aus gelangen diese Fahrzeuge auf die Märkte der ganzen Welt. Volkswagen Poznań
5 ist derzeit (...) einer der größten (Arbeitgeber) in Polen. Das Unternehmen beschäftigt über 11 000 Mitarbeiter. Im Oktober 2016 wurde ein neues Crafter-Werk (...) bei Września eröffnet. (...) Im vergangenen Jahr produzierten die Mitarbeiter des Unternehmens fast 240 000 Autos.

T3 Ein Land im Umbruch

Der Beitritt zur EU brachte aber auch die Wende in der Wirtschaft Polens. Durch den freien Personen-, Waren- und Kapitalverkehr in der EU erlebt die polnische Wirtschaft seit 2004 einen starken Aufschwung. Unternehmen in der EU wird es erleichtert, ihre Produktionsstätten in andere Länder zu verlagern. Viele ausländische Firmen haben inzwischen Zweigwerke in Polen gegründet. Dabei spielen wichtige Standortfaktoren wie niedrige Lohnkosten, geringere Steuern und EU-Förderprogramme eine wichtige Rolle. Heute konkurrieren die Industriebetriebe Polens erfolgreich auf dem Weltmarkt. Dienstleistungsunternehmen und der Tourismus blühen.

Kurzer Länder-Steckbrief Polen
– Name: Republik Polen
– Fläche: 312 700 km²
– Einwohner: 38,5 Mio. (2018)
– Einwohnerdichte: 123 Einw./km²
– Hauptstadt: Warschau (1,8 Mio. Einw.)

 M6

Unser Nachbarstaat Tschechien

Die Tschechische Republik ist einer der jüngsten Staaten Europas.
Es gibt sie erst seit 1993. In diesem Jahr teilte sich das Land friedlich
in Tschechien und die Slowakei auf.

Wahl-
bereich 2

Wahlbereich 1
Zusammenarbeit
in Europa: Airbus
Seite 138/139

Wahlbereich 3
Rotterdam – Euro-
pas „Tor zur Welt"
Seite 144/145

1 Verschaffe dir einen Überblick über das Thema, indem
du die Materialien dieser
Seite betrachtest. Lies auch
die Aufgaben.

2 Arbeite mit einem Lern-
partner: Löst die folgenden
Aufgaben mithilfe der
Materialien dieser Seite und
mit einer Internetrecherche
da, wo ihr weitere Angaben
braucht.

a) Beschreibt die Entwicklung in Tschechien seit der
Staatsgründung 1993 (T1–T3).
b) Ergänzt den kleinen Steckbrief von Tschechien (M1)
durch weitere Angaben und
Zahlen, besonders zu Bevölkerung und Wirtschaft (Internet).
c) Beschreibt die landschaftliche Gliederung Tschechiens
(M2). Sucht zu jeder der drei
Großlandschaften ein Foto im
Internet.

d) Zählt die Nachbarstaaten
Tschechiens auf.
e) Nennt die wichtigsten
Handelspartner Tschechiens.
f) Sucht zu sechs Sehens-
würdigkeiten Tschechiens in
Karte M2 je ein Foto für die
Tourismuswerbung. Schreibt
einen kurzen Werbetext dazu.

3 Wählt eine Präsentationsform (Plakat, Vortrag, PC-
Präsentation, Infoblatt) und
informiert eure Klasse.

○ 1   ● 2, 3   ☼ Lösungshilfen ab S. 164

Kurzer Länder-
Steckbrief
Tschechien
– Name:
Tschechische
Republik
– Fläche:
78 900 km²
– Einwohner:
10,6 Mio.
(2018)
– Einwohner-
dichte:
134 Einw./km²
– Hauptstadt:
Prag (1,3 Mio.
Einw.)

M1

M2 Tschechien; Naturräume, ausgewählte Nationalparks und Sehenswürdigkeiten

T1 Ein Staat zerbricht

1918, am Ende des Ersten Weltkrieges, entstand der Staat Tschechoslowakei. In ihm
lebten Tschechen und Slowaken zusammen.
Der tschechische Bevölkerungsteil im Westen
war etwa doppelt so groß wie der slowakische
im Osten. Die Slowaken fühlten sich politisch
deshalb benachteiligt und versuchten lange,
mehr Selbstverwaltungsrechte zu bekommen.
Dies führte 1993 dann zur Trennung der beiden
Volksgruppen und zur Gründung der beiden
neuen Staaten Tschechien und Slowakei.

M3 Karlsbrücke in Prag mit Blick zum Hradschin

M4 Škoda-Werk in Mladá Boleslav

M5 Automontage im Škoda-Werk

Wirtschafts-sektoren
Man unterscheidet drei große Wirtschaftssektoren:
1. Sektor: Land-, Forstwirtschaft und Fischerei
2. Sektor: Industrie
3. Sektor: Dienstleistungen

Beide Länder suchten danach schnell Anschluss an die Europäische Union und traten der EU im Jahr 2004 bei.

T2 **Strukturwandel in Tschechien**
Schon früher gehörte das Gebiet des heutigen Tschechiens zu den gut entwickelten Wirtschaftsgebieten in Europa. Es gibt eine vielfältige Industrie mit den Bereichen Maschinenbau, Automobil-, Lebensmittel-, Holz- und chemische Industrie. Auch der Bergbau sowie die Keramik und Glasindustrie waren früher bedeutend, spielen aber heute keine so große Rolle mehr. Mehr als die Hälfte des Landes wird landwirtschaftlich genutzt, der Anteil an der Wirtschaftsleistung geht aber ständig zurück. Wichtigster Wirtschaftssektor in Tschechien ist heute der Dienstleistungsbereich.

M6
Škoda – größte Firma in Tschechien
Die Geschichte der Firma beginnt im Jahr 1895 als Fahrradhersteller, gegründet von zwei tschechischen Brüdern. Schon 1905 wurde das erste Automobil gefertigt. 1925 wurde die Firma in den Maschinenbaukonzern Škoda eingegliedert. Ab 1945 bis 1990 gehörte die Firma dem Staat. 1991 übernahm VW die Automobilsparte. Ein anderer Teil der Firma ist die Škoda Transportation, die Lokomotiven, Busse und Straßenbahnen herstellt.

T3 **Tschechien heute**
Der Beitritt zur EU führte zu neuem Aufschwung. Ausländische Firmen gründen seitdem Niederlassungen in Tschechien und nutzen die gut ausgebildeten Arbeitskräfte und die niedrigen Lohnkosten. Das bekannteste Beispiel ist das Automobilwerk Škoda, das heute zum VW-Konzern gehört. Wichtigster

Handelspartner für Tschechien ist mit großem Abstand Deutschland, mit dem das Land fast ein Drittel seines Außenhandels abwickelt.
Eine große Rolle in der Wirtschaft spielt auch der Tourismus. Mehr als zwölf Millionen Menschen besuchen Tschechien jährlich. Das wichtigste Ziel ist die schöne Hauptstadt Prag.

Rotterdam – Europas „Tor zur Welt"

Der Rotterdamer Hafen ist der größte Hafen Europas. Dank der Lage an den tiefen Mündungsarmen im Flussdelta von Maas und Rhein können auch die größten Seeschiffe dort anlegen.

Wahl-
bereich 3

← **Wahlbereich 1**
Zusammenarbeit in Europa: Airbus
Seite 138/139

← **Wahlbereich 2**
Nachbarstaaten von Sachsen:
Polen
Seite 140/141
Tschechien
Seite 142/143

1 Verschaffe dir einen Überblick über das Thema, indem du die Materialien dieser Seite betrachtest. Lies auch die Aufgaben.

2 Werte das Satellitenbild nach den erlernten Methodenschritten aus.

3 Arbeite mit einem Lernpartner: Löst die folgenden Aufgaben mithilfe der Materialien dieser Seite und mit einer Internetrecherche da, wo ihr weitere Angaben braucht.

a) Beschreibt die Entwicklung des Rotterdamer Hafens (T1, T2, M6).
b) Wie viele Schiffsbewegungen gibt es pro Jahr im Rotterdamer Hafen?
c) Wie viele Arbeitsplätze gibt es?
d) Welche Arten von Gütern werden im Hafen unterschieden?
e) Nennt mindestens fünf Hafenabteilungen des Rotterdamer Hafens.

f) Wie viele Container werden pro Jahr in Rotterdam umgeschlagen?
g) Erkundet die Möglichkeiten für Hafenrundfahrten in Rotterdam. Tipp: Sucht auf der Homepage des Hafens das Stichwort: FutureLand.

4 Wählt eine Präsentationsform (Plakat, Vortrag, PC-Präsentation, Infoblatt) und informiert eure Klasse.

○1 ●2, 3, 4   ♡ Lösungshilfen ab S.164

T1 Die günstige Lage ist entscheidend

Der Aufstieg Rotterdams zum führenden Seehafen Europas begann um 1870: In dieser Zeit wurde der „Nieuwe Waterweg", der Neue Wasserweg, fertiggebaut. Er stellte die direkte Verbindung vom Rhein über dessen Mündungsarm Lek zur Nordsee her. Damit konnten auch große Seeschiffe in den Rotterdamer Hafen einfahren. Außerdem konnten viele Güter noch besser auf Binnenschiffen in die Rheinanliegerstaaten weitertransportiert werden. Der Warenumschlag nahm beständig zu und es wurden immer mehr Hafenflächen notwendig. So entwickelte sich der Rotterdamer Hafen durch den Ausbau im 20. Jahrhundert bis zur Nordsee. Für Massengüter wie Erze und Erdöl, Stückgüter wie Autos oder Container entstanden eigene große Hafenanlagen.

T2 Immer größere Seeschiffe

Größere Seeschiffe verbilligen die Transportkosten. Der Transport eines Containers von Singapur nach Rotterdam ist heute billiger als der Weitertransport an Land von Rotterdam bis München. Die Schiffe werden deshalb immer größer. Heute sind die größten Containerschiffe und Massengutfrachter über 400 m

Rotterdam	14,5
Antwerpen	11,1
Hamburg	8,7
Bremerhaven	5,5
Valencia	5,1
Piräus	4,9
Algeciras	4,8
Felixstowe	4,2
Marsaxlokk	3,3
Barcelona	3,4

M2 Die größten Häfen Europas Containerumschlag in Mio. TEU (2018)

TEU – Twenty foot equivalent unit
Maßeinheit für die Kapazität von Containerschiffen
1 TEU = ein 20-Fuß-Container mit 6 m Länge

⊕ **Linktipp:** Hafen Rotterdam
7i2i33

M3 **Satellitenbild vom Hafen Rotterdam**

/

Einige Daten zum Hafen Rotterdam
– Hafentyp: Tidehafen (Wasserstand richtet sich nach Ebbe und Flut)
– Fläche: 127 km²
– Tiefe der Fahrrinne: 24 – 26 m
– Güterumschlag 2018: 469 Mio. t

M6

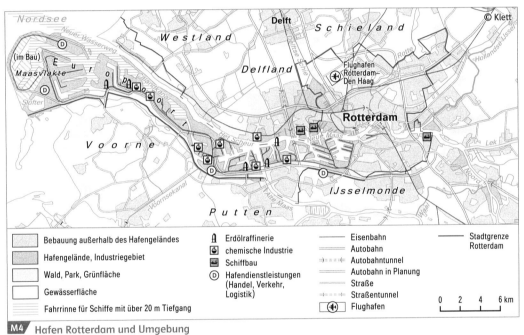

Bebauung außerhalb des Hafengeländes	⛟ Erdölraffinerie	——— Eisenbahn	——— Stadtgrenze Rotterdam
Hafengelände, Industriegebiet	◉ chemische Industrie	===== Autobahn	
Wald, Park, Grünfläche	⛴ Schiffbau	=)====(Autobahntunnel	
Gewässerfläche	Ⓓ Hafendienstleistungen (Handel, Verkehr, Logistik)	Autobahn in Planung	
Fahrrinne für Schiffe mit über 20 m Tiefgang		——— Straße	
		=)====(Straßentunnel	0 2 4 6 km
		✈ Flughafen	

M4 **Hafen Rotterdam und Umgebung**

lang und 60 m breit. Auch diese Riesenschiffe können in Rotterdam anlegen – als einzigem Hafen an der gesamten Nordseeküste. Der Weitertransport der Güter geschieht etwa zur Hälfte mit Lkw, zu einem Drittel mit Binnenschiffen und etwa einem Sechstel mit der Eisenbahn. Dafür werden auch die Autobahnen, die Binnenschifffahrtsstraßen von Lek und Maas und das Eisenbahnnetz immer weiter ausgebaut.

M5 **Im Rotterdamer Hafen**

8

Arbeitsanhang

In diesem Arbeitsanhang findet ihr wertvolle Hilfen für die selbstständige Arbeit im Geographieunterricht.

8

Europa in Zahlen

Fläche:	10 532 000 km²
Bevölkerung:	747 183 000 Einw.
	(9,7 % der Erdbevölkerung)

Die Europäische Union zum Vergleich:

Fläche:	4 200 000 km²
Bevölkerung:	512 517 000 Einw.

Die Einwohnerzahlen beziehen sich auf das Jahr 2019.

Die flächengrößten Staaten

Russland (einschließlich asiatischer Teil)		
	17 098 000 km²	145 872 000 Einw.
Ukraine		
	603 700 km² (mit AR Krim)	43 994 000 Einw.
Frankreich		
	544 000 km² (europäischer Teil)	65 130 000 Einw.
Spanien		
	505 000 km²	46 737 000 Einw.
Schweden		
	450 000 km²	10 036 000 Einw.
Deutschland		
	357 000 km²	83 517 000 Einw.

Die größten Verdichtungsräume und Städte (Einwohner in Mio.)

Moskau	17,2
Istanbul	15,8
London	14,7
Paris	11,4
Madrid	6,5
Ruhrgebiet	5,7
St. Petersburg	5,6
Mailand	5,2
Köln/Düsseldorf	5,0
Berlin	4,8
Barcelona	4,7
Neapel	4,2

Die häufigsten Sprachen in Europa

Russisch	160 Mio. Menschen
Deutsch	94 Mio. Menschen
Französisch	60 Mio. Menschen
Englisch	60 Mio. Menschen
Italienisch	60 Mio. Menschen
Spanisch	42 Mio. Menschen

Die höchsten Berge

Alpen: Mont Blanc	4 810 m
Pyrenäen: Pico de Aneto	3 404 m
Ätna	3 323 m
Apenninen: Gran Sasso	2 914 m
Karpaten: Gerlsdorfer Spitze	2 655 m
Dinarisches Gebirge: Durmitor	2 522 m
Skandinavisches Gebirge: Galdhøpiggen	2 489 m
Ural: Narodnaja	1 894 m

Die längsten Flüsse

Wolga	3 531 km
Donau	2 858 km
Ural	2 428 km
Dnipro	2 201 km

Die größten Seen

Ladogasee (Russland)	17 703 km²
Onegasee (Russland)	9 720 km²
Vänersee (Schweden)	5 585 km²

Die größten Inseln

Großbritannien	219 331 km²
Island	103 000 km²
Irland	84 500 km²
Spitzbergen (Norwegen)	39 000 km²
Sizilien (Italien)	25 400 km²
Sardinien (Italien)	23 300 km²
Zypern	9 300 km²
Korsika (Frankreich)	8 700 km²
Kreta (Griechenland)	8 300 km²

Klimastationen

		J	F	M	A	M	J	J	A	S	O	N	D	Jahr
Mitteleuropa														
Berlin (Dahlem), 49 m	°C	1	1	5	9	14	17	18	18	14	9	4	2	9
	mm	43	36	41	38	53	67	56	62	45	37	46	57	581
Warschau, 107 m	°C	−3	−2	2	8	13	17	18	17	13	8	3	−1	8
Polen (mittlere Weichsel)	mm	22	21	28	32	59	72	67	63	43	38	42	32	519
München, 515 m	°C	0	1	5	9	13	17	19	18	15	10	4	3	9
	mm	69	52	59	81	110	132	117	127	86	56	62	58	1 009
Zugspitze, 2 962 m	°C	−11	−11	−10	−7	−3	0	2	2	0	−4	−7	−10	−5
	mm	115	112	136	195	234	317	344	310	242	135	111	139	2 390
Nordeuropa														
Helsinki, 12 m	°C	−6	−6	−3	2	8	13	17	15	10	6	1	−4	4
Finnland (Südküste)	mm	53	51	43	40	47	49	62	82	73	66	69	61	696
Narvik, 32 m	°C	−4	−4	−3	1	6	10	14	13	9	4	0	−2	4
Norwegen (Nordküste)	mm	55	49	60	44	43	62	59	84	97	86	58	58	758
Reykjavík, 5 m	°C	−1	−1	−1	2	6	9	11	10	8	4	1	−1	4
Island (Südwestküste)	mm	98	84	69	62	48	49	48	51	90	87	95	89	871
Stockholm, 44 m	°C	−3	−3	−1	3	9	14	17	15	12	6	2	−2	6
Schweden (Ostseeküste)	mm	36	33	33	38	38	43	61	74	48	46	48	48	546
Westeuropa														
London, 36 m	°C	3	4	6	9	12	16	17	17	14	10	6	4	10
Großbritannien	mm	50	37	38	40	48	52	62	58	55	70	56	48	614
Paris, 50 m	°C	2	4	6	10	13	17	18	18	15	10	6	3	10
Frankreich	mm	35	36	39	41	49	56	50	48	49	58	47	44	552
Shannon, 2 m	°C	5	6	7	9	12	14	16	16	14	11	8	6	10
Irland (Westküste)	mm	94	67	56	53	61	57	77	79	86	86	96	117	929
Südeuropa														
Athen, 107 m	°C	9	10	12	15	20	25	27	27	23	18	15	11	18
Griechenland (Küste)	mm	44	48	42	29	18	10	3	4	12	50	51	66	377
Lissabon, 96 m	°C	10	11	13	14	17	19	21	22	20	17	14	11	16
Portugal (Westküste)	mm	86	83	86	78	45	14	4	6	33	61	92	110	698
Madrid, 667 m	°C	5	6	9	11	16	20	23	24	19	13	8	5	13
Zentralspanien	mm	25	46	37	35	40	34	7	5	35	46	57	43	410
Marseille, 75 m	°C	6	7	9	13	16	20	22	22	19	15	10	7	14
Frankreich (Rhône-Delta)	mm	45	33	41	49	43	29	16	27	52	89	71	53	548
Rom, 46 m	°C	7	8	11	14	18	23	26	26	22	18	13	9	16
Italien	mm	74	87	79	62	57	38	6	23	66	123	121	92	828
Ost-, Südosteuropa														
Archangelsk, 4 m	°C	−13	−12	−8	−1	6	12	16	13	8	1	−5	−10	−1
Russland (Weißes Meer)	mm	33	28	28	28	39	59	63	57	66	55	44	39	539
Bukarest, 90 m	°C	−2	1	6	12	17	21	22	22	17	12	6	1	11
Rumänien (Donautiefland)	mm	47	39	42	48	78	73	57	52	43	47	54	48	628
Kiew, 180 m	°C	−6	−5	−1	7	14	18	20	18	14	8	1	−4	7
Ukraine (mittlerer Dnjepr)	mm	30	29	42	44	50	73	81	56	44	47	40	36	572
Moskau, 144 m	°C	−10	−8	−4	4	13	16	19	17	11	4	−2	−7	4
Russland (obere Wolga)	mm	28	23	31	38	48	51	71	74	56	36	41	38	535

8

Methoden im Überblick

Einen Geohefter anlegen und führen
(Band 5, S. 10/11)

1. Schritt: Den Ordner anlegen

Für den Geohefter brauchst du folgende Materialien: einen Ringordner oder Schnellhefter, einige Blätter liniertes, kariertes und unliniertes Papier. Sinnvoll sind auch Trennstreifen. Wenn du sie einheftest, ragen sie etwas über die anderen Blätter hinaus. Du beschriftest die Trennstreifen und kannst so alles schnell finden.

2. Schritt: Ein Deckblatt gestalten

Das erste Blatt in deinem Geohefter ist das Deckblatt. Auf diesem notierst du das Fach „Geographie", deinen Namen, deine Klasse, das Schuljahr und den Namen deiner Schule. Du kannst das Deckblatt dann weiter gestalten, indem du ein Foto aufklebst oder selbst etwas darauf zeichnest.

3. Schritt: Das Inhaltsverzeichnis anlegen

Die zweite Seite deines Geohefters ist das Inhaltsverzeichnis. Damit findest du schnell einzelne Themen und Materialien wieder. So erstellst du dir ein Inhaltsverzeichnis: Als Überschrift schreibst du „Inhaltsverzeichnis". Darunter legst du eine Tabelle mit einer breiten Spalte und zwei schmalen Spalten an. Die Überschrift der breiten Spalte lautet „Thema", über den zwei schmalen Spalten steht „Datum" und „Seite".

4. Schritt: Den Hauptteil gestalten

Im Hauptteil kannst du, wenn gewünscht, einen persönlichen Teil gestalten. Außerdem sammelst du alles, was zum Geographie-Unterricht gehört. Das sind Aufgabenlösungen, deine Notizen aus dem Unterricht und die Hausaufgaben. In den Geohefter kommen natürlich auch alle weiteren Materialien, z. B. Arbeitsblätter. Vielleicht findest du in Zeitungen oder Zeitschriften zu manchen Themen interessante Bilder oder Texte. Auch diese gehören in deinen Hefter. Nutze die Trennstreifen zur Abgrenzung der einzelnen Themen.

5. Schritt: Testteil gestalten

Hier sammelst du Tests und Ähnliches, wie z. B. den Atlasführerschein oder Urkunden über die Teilnahme an Geographie-Wettbewerben. Du kannst auch selbst überprüfen, was du gelernt hast. Dafür gibt es zu allen Themen dieses Schulbuches Bögen zur Selbsteinschätzung, die du aus dem Internet herunterlädst (TERRA-Code auf den grünen Trainingsseiten). Zusätzlich kannst du die Ergebnisse der Trainingsseiten abheften. Verabrede mit deiner Lehrerin oder deinem Lehrer, wann du deinen Geohefter jeweils vorlegst.

Wie du mit dem Atlas arbeitest
(Band 5, S. 22/23)

Bestimmte Karten auffinden

Die schnellste Möglichkeit, eine bestimmte Karte zu finden, bietet die Kartenübersicht ganz vorn im Atlas. Die Einrahmung des gesuchten Kontinents ist mit einer Seitenzahl versehen, auf der du die gesuchte Karte findest. Außerdem enthält jeder Atlas ein Inhaltsverzeichnis. Darin kannst du verschiedene Karten, z. B. zu Sachsen, Deutschland, den Kontinenten und der Welt finden.

1. Schritt: Karte suchen

Schlage das Inhaltsverzeichnis auf und suche nach der gewünschten Karte, z. B. Deutschland – Tourismus und Naturschutz – Tourismus, Karte 48.1.

2. Schritt: Karte prüfen

Schlage die Seite im Atlas auf. Prüfe, ob die Karte die gesuchten Informationen enthält. Wenn im Inhaltsverzeichnis mehrere Karten angegeben sind, schlage diese ebenfalls auf.

Ein Bild beschreiben
(Band 5, S. 38/39)

Entfernungen bestimmen
(Band 5, S. 48/49)

Geographische Objekte auffinden

Jeder Atlas enthält auf den letzten Seiten ein Verzeichnis geographischer Namen von Orten, Flüssen, Seen, Meeren, Bergen usw. Die geographischen Namen sind alphabetisch geordnet. Du nutzt dieses Register in folgender Weise:

1. Schritt: Objekte im Register suchen

Suche zuerst das geographische Objekt im Register. Hinter dem Namen stehen zwei Angaben: Atlasseite und Feld im Gitternetz. Beachte: Wenn der Ort auf einer der Gitternetzlinien liegt, werden im Register beide angrenzenden Felder angegeben. Liegt z. B. der gesuchte Punkt auf der Linie zwischen B und C, dann ist die Angabe der Spalte BC. Auch bei größeren geographischen Objekten, z. B. Flüssen oder Staaten, sind mehrere Felder im Gitternetz angegeben.

2. Schritt: Feld im Gitternetz finden

Schlage die Atlasseite auf und suche das angegebene Feld im Gitternetz. Dafür suchst du am oberen oder unteren Rand den Buchstaben und am seitlichen Rand die Ziffer. Folge den Linien mit deinen Zeigefingern. Wenn sich deine Finger treffen, hast du das Feld gefunden. Suche anschließend innerhalb des Feldes nach dem geographischen Objekt.

3. Schritt: Lage beschreiben

Wenn du das gesuchte geographische Objekt gefunden hast, kannst du aus der Karte Informationen entnehmen und die Lage beschreiben.

1. Schritt: Sich orientieren

Informiere dich über den Ort. Oft stehen direkt unter dem Bild erste Informationen. Nutze einen Atlas und finde heraus, in welchem Land und in welcher Region der Ort liegt. Notiere auch, zu welcher Jahreszeit und Tageszeit das Bild vielleicht aufgenommen wurde.

2. Schritt: Beschreiben

Unterteile das Bild. Eine Möglichkeit ist die Gliederung in Vordergrund, Mittelgrund und Hintergrund. Zeichne eine Skizze, in der die Gliederung deutlich wird. Betrachte nun die drei Bildteile und beschreibe sie.

3. Schritt: Fragen an das Bild stellen

Stelle Fragen an das Bild, z. B.: Welche …? Wo …? Was …? Wie …? Notiere die Antworten in ganzen Sätzen.

4. Schritt: Kernaussagen formulieren

Äußere wichtige Aussagen des Bildes oder schreibe sie auf.

Entfernungen mit dem Lineal bestimmen

1. Schritt: Start und Ziel auf einer Karte finden

Bestimme einen Startort und einen Zielort. Suche im Atlas-Register oder Inhaltsverzeichnis eine geeignete Karte und schlage sie auf. Suche die Orte auf der Karte.

2. Schritt: Entfernung messen

Miss mit einem Lineal auf der Karte die Entfernung zwischen zwei Orten. Das entspricht der Luftlinie.

3. Schritt: Entfernung an der Maßstabsleiste ablesen oder errechnen

Halte das Lineal an die Maßstabsleiste der Karte an und lies die Entfernung ab. Sollte die gemessene Entfernung zwischen zwei Orten länger sein als die Maßstabsleiste, dann halte das Lineal entsprechend oft an die Maßstabsleiste an. Vergiss dann nicht, die Meter bzw. Kilometer zu addieren.

Gekrümmte Strecken ermitteln

Außer mit dem Flugzeug, legst du selten ganz gerade Strecken zurück. Straßen und Flüsse verlaufen meist kurvig. Die Strecken sind also länger als die Luftlinie. Die tatsächliche Länge solcher gekrümmten Strecken ermittelst du, indem du einen Faden entlang der Krümmung legst und dann gestrafft an die Maßstabsleiste. Sollte die gemessene Entfernung länger sein als die Maßstabsleiste, dann hältst du den Faden entsprechend oft an die Maßstabsleiste und addierst anschließend die Meter bzw. Kilometer.

8

Methoden im Überblick

Lernen an Stationen
(Band 5, S.58/59)

1.Schritt: Arbeitsregeln erstellen

Bevor ihr mit der Arbeit beginnt, lest bitte die Regeln, wie ihr euch während der Arbeit an den Stationen verhalten sollt.

– Ich störe nicht.
– Gespräche führe ich leise.
– Wenn eine Station besetzt ist, suche ich mir eine andere.
– Ich beende die begonnene Station.
– Mit den Materialien gehe ich sorgsam um.
– Ich kennzeichne erledigte Aufgaben auf meinem Stationszettel.
– Wenn ich mit der Aufgabe fertig bin, verlasse ich die Station ordentlich.
– Bei Problemen frage ich leise meine Mitschüler um Rat.

Ihr könnt weitere Regeln vereinbaren.

2.Schritt: Stationen gestalten

Baut das Klassenzimmer so um, dass Stationsarbeitsplätze entstehen. Kennzeichnet sie mit Stationsschildern und legt das nötige Informations- und Arbeitsmaterial aus.

Legt alle Lösungen an einer Kontrollstation ab (d.h. auf einem der Tische).

3.Schritt: Stationszettel anfertigen

Erstellt einen persönlichen Stationszettel, um zu kontrollieren, welche Stationen ihr bereits bearbeitet habt.

4.Schritt: An den Stationen arbeiten

Löst die Aufgaben vollständig und überprüft an der Kontrollstation, ob die Lösungen richtig sind. Berichtigt mit einer anderen Farbe! Haltet die wichtigsten Aussagen auf dem Stationszettel fest. Wenn noch Zeit ist, löst eine Extraaufgabe. Bearbeitet die Stationen in vier bis fünf Unterrichtsstunden.

5.Schritt: Ergebnisse überprüfen und kritisch betrachten

Präsentiert anderen eure wichtigsten Aussagen zu jeder Station. Betrachtet eure eigenen Ergebnisse kritisch:

– Was ist mir schwergefallen?
– Was fand ich interessant?
– Wie könnte ich meinen Arbeitsstil noch verbessern?

Eine thematische Karte auswerten
(Band 5, S.102/103)

1.Schritt: Raum und Inhalt erkennen

Welcher Raum ist dargestellt? Welches Thema hat die Karte?

2.Schritt: Die Legende der Karte lesen

Welche Bedeutung haben die Signaturen (Farben, Linien und Symbole)? Welchen Maßstab hat die Karte?

3.Schritt: Karteninhalt beschreiben

Welche Unterschiede in der Verteilung der Signaturen kannst du beobachten? Erkennst du Regelmäßigkeiten oder Besonderheiten?

4.Schritt: Karteninhalt erklären

Welche Ursachen hat die unterschiedliche Verteilung der Signaturen? Nutze evtl. weitere Karten oder andere Informationsquellen zur Erklärung.

Tabellen lesen und Diagramme auswerten

(Band 5, S. 106/107)

Tabellen lesen

1. Schritt: Sich orientieren

Lies ab: den Titel bzw. das Thema, evtl. die Einheit und den Zeitraum.

2. Schritt: Lesen und Inhalte klären

Jede Tabelle hat einen Tabellenkopf und eine Vorspalte: Den Inhalten, die in der Vorspalte aufgelistet sind, werden andere Punkte des Tabellenkopfes gegenübergestellt.

3. Schritt: Zahlen vergleichen

Betrachte die Zahlen einer Zeile oder einer Spalte und werte sie aus. Achte auf besonders große und kleine Werte.

4. Schritt: Aussagen formulieren

Formuliere die wichtigsten Aussagen der Tabelle. Vielleicht hast du auch schon eine Idee, wie du die veränderten Zahlen erklären kannst. Achte auf Entwicklungen wie Wachstum, Rückgang, Stillstand, Schwankung.

Diagramme auswerten

1. Schritt: Sich orientieren

Nenne das Thema sowie den Ort und den Zeitraum, für die das Diagramm Angaben macht.

2. Schritt: Beschreiben

Formuliere die wichtigsten Aussagen der Darstellung, vor allem höchste und niedrigste Werte oder eine Entwicklung, die du ablesen kannst.

3. Schritt: Erklären

Versuche nun, typische Zusammenhänge aus dem Diagramm herauszulesen. Erkläre diese auch mithilfe anderer Informationsquellen. Was kannst du am Ende nur vermuten?

Eine Kartierung durchführen

(Band 5, S. 144/145)

Eine Einkaufsstraße kartieren

Bei einer Kartierung schlüpft ihr in die Rolle von Stadtplanern und erhebt bestimmte Daten vor Ort, z. B. wie Gebäude in einer Straße genutzt werden. Anschließend wertet ihr diese Daten grafisch aus. Für die Kartierung benötigt ihr:
– einen Stadtplan,
– einen Fotoapparat,
– einen karierten Schreibblock,
– Bleistifte und Buntstifte,
– ein Lineal.
Folgt nun den Arbeitsschritten:

1. Schritt: Fragestellung formulieren

Damit ihr eine gute Kartierung erstellen könnt, müsst ihr im Vorfeld bestimmen, welche Frage ihr beantworten möchtet, z. B.: Wie werden die Häuser in der Einkaufsstraße genutzt?

2. Schritt: Daten vor Ort sammeln

Legt fest, welche Gebäude ihr in einer Straße kartieren wollt. Ihr könnt gruppenweise auch unterschiedliche Häuser kartieren. Fertigt nun auf kariertem Papier eine Skizze an. Lauft die Breite der einzelnen Häuser ab und zeichnet sie in den Block. Fünf Meter entsprechen zwei Kästchen. Zeichnet ebenfalls die Stockwerke ein. Ein Stockwerk entspricht zwei Kästchen. Notiert, wie die einzelnen Stockwerke genutzt werden. Hierbei hilft ein Blick auf das Klingelschild.

3. Schritt: Daten auswerten und ordnen

Überlegt nun, wie ihr die einzelnen Nutzungsarten sinnvoll zusammenfassen könnt. Entwickelt daraus eine Legende mit verschiedenen Farben bzw. Signaturen.

4. Schritt: Die Kartierung fertigstellen

Zeichnet eure Skizze aus Schritt 3 ordentlich und sauber auf ein neues Blatt. Vergesst nicht, die Hausnummern sowie den Straßennamen anzugeben. Gestaltet eure Kartierung farbig entsprechend der Legende.

8

Methoden im Überblick

Eine Exkursion durchführen

(Band 5, S. 138/139)

1. Schritt: Exkursion vorbereiten
Wohin soll es gehen? Legt gemeinsam mit eurer Lehrerin oder eurem Lehrer fest, an welchen Ort die Exkursion führen soll. Wählt z. B. aus zwischen einer Stadtexkursion, einer Exkursion aufs Land oder in die Natur.
Bildet kleine Arbeitsgruppen – das erleichtert euch später die Bewältigung der Aufgaben. Vereinbart Verhaltensregeln.
Welche Aufgaben sollt ihr erfüllen? Macht euch vor der Exkursion genau mit den Arbeitsaufträgen vertraut und sprecht ab, was zu tun ist.
Welche Materialien braucht ihr dazu? Legt alle benötigten Materialien rechtzeitig vor der Exkursion bereit. Achtet auf Vollständigkeit.

2. Schritt: Exkursion durchführen und Arbeitsaufträge erfüllen
Erledigt alle Aufgaben. Beobachtet genau und macht euch Notizen. Fertigt Fotos an, um das Gesehene zu dokumentieren.

3. Schritt: Ergebnisse auswerten
Wertet die Untersuchungsergebnisse entsprechend der Aufgabenstellung aus. Achtet auf Vollständigkeit, Sauberkeit und Anschaulichkeit. Diskutiert Unklarheiten untereinander, fragt nach oder recherchiert zusätzlich.

4. Schritt: Präsentation vorbereiten
Legt fest, wie ihr eure Ergebnisse präsentieren wollt – z. B. als Fotosammlung, Plakat, Exkursionsbericht oder auch als digitale Pinnwand.

Eine Befragung durchführen

(Band 5, S. 148/149)

1. Schritt: Zielsetzung klären
Überlegt euch, was ihr mit der Befragung herausfinden möchtet und wen ihr befragen wollt.

2. Schritt: Fragebogen erstellen
Überlegt, welche Fragen für eure Zielsetzung sinnvoll sind. Formuliert eure Fragen und nummeriert sie in der richtigen Reihenfolge. Erstellt den Fragebogen mithilfe eines Computerprogramms und druckt genügend Exemplare aus.

3. Schritt: Befragung durchführen
Stellt einen Zeitplan für die Befragung auf und sprecht alle Befragungstermine ab. Führt die Befragung in der verabredeten Zeit durch.

4. Schritt: Befragung auswerten
Ist die Befragung beendet, nummeriert die Fragebögen. Tragt die Ergebnisse zusammen und erstellt Diagramme oder Tabellen. Hakt die Fragebögen ab, die ihr schon ausgewertet habt. Formuliert Ergebnisse.

5. Schritt: Ergebnisse präsentieren
Präsentiert die Ergebnisse als Wandzeitung, als Bericht für die Schülerzeitung oder auf eurer Schulhomepage.

6. Schritt: Befragung auswerten
Prüft, ob durch eure Befragung alle Fragen geklärt sind oder ob sich sogar neue Fragen ergeben haben. Überlegt: Was ist bei der Befragung gut oder schlecht gelaufen? Was solltet ihr beim nächsten Mal besser machen?

Eine Kartenskizze zeichnen

(Band 5, S. 152/153)

1. Schritt: Kartenausschnitt festlegen und Objekte auswählen
Suche im Atlas eine geeignete Karte. Lege Transparentpapier oder eine Folie auf und hefte beides mit Büroklammern fest. Zeichne darauf einen rechteckigen Rahmen, etwa zehn Zentimeter breit. Er begrenzt den Kartenausschnitt deiner Skizze.

2. Schritt: Flüsse einzeichnen
Zeichne als erstes die größeren Flüsse mit einem blauen Farbstift nach. Dabei kannst du die kleinen Flussbiegungen begradigen.

3. Schritt: Gebirge einzeichnen
Wähle für Gebirge einen braunen Farbstift. Damit markierst du zunächst die Grenze zwischen den Großlandschaften. Male die Flächen des Mittelgebirgslandes hellbraun an. Hebe dann die einzelnen Gebirge durch kräftigere Brauntöne hervor.

4. Schritt: Grenzen und Städte markieren
Markiere mit einem roten Stift die Landesgrenzen und Städte. Kennzeichne unterschiedlich große Städte entsprechend.

5. Schritt: Karte beschriften
Beschrifte nun deine stumme Karte. Übertrage dazu die Namen aus dem Atlas. Verwende für Städte einen schwarzen Farbstift, für Gebirge einen braunen und für Flussnamen einen blauen Farbstift.

6. Schritt: Karte beschreiben
Betrachte deine Kartenskizze und beschreibe sie.

Ein Klimadiagramm auswerten

(Band 6, S. 30/31)

1. Schritt: Ort einordnen
Lies den Namen und die Höhe der Messstation ab.

2. Schritt: Temperaturwerte ablesen
Lies die mittlere Jahrestemperatur ab. Ermittle den kältesten und den wärmsten Monat.

3. Schritt: Jahresschwankung der Temperaturen berechnen
Berechne die Jahresschwankung der Temperatur, das heißt die Temperaturdifferenz zwischen dem wärmsten und dem kältesten Monat.

4. Schritt: Niederschlagswerte ermitteln
Lies den mittleren Jahresniederschlag ab und ermittle die Monate mit dem höchsten und dem niedrigsten Niederschlag.

5. Schritt: Temperaturverlauf und Niederschlagsverteilung beschreiben
Beschreibe den Temperaturverlauf und die Verteilung der Niederschläge im Jahresverlauf.

Ein Rollenspiel durchführen

(Band 6, S. 78/79)

1. Schritt: Situation erfassen
Macht euch mit der Situation vertraut. Worum geht es? Wertet dazu alle vorhandenen Materialien aus.

2. Schritt: Rollen verteilen
Stellt Rollenkarten her, auf denen ihr kurz die Person beschreibt und ihre Argumente notiert. Bestimmt für jede Interessengruppe einen Rollenspieler als Vertreter.

3. Schritt: Rollenspiel durchführen
Die Rollenspieler spielen nun die gegebene Situation. Dabei solltet ihr beachten, dass ihr nicht eure eigene Meinung vertretet, sondern die der darzustellenden Interessengruppe. Alle anderen Mitspieler haben die Aufgabe, Gemeindemitglieder zu spielen. Sie beobachten alles ganz genau und können sich ebenfalls zu Wort melden. Am Ende stimmen alle über den Streitfall ab.

4. Schritt: Rollenspiel auswerten
Diskutiert das Verhalten und die Argumente der Rollenspieler. Haben sie die Situation so dargestellt, wie ihr sie selbst erfasst habt? Was hat euch besonders überzeugt? Wie habt ihr euch in euren Rollen gefühlt? Was habt ihr dabei gelernt?

Eine Mindmap erstellen

(Band 6, S. 114/115)

1. Schritt: Informationen sammeln
Notiere dir zu deinem Thema alles, was dir einfällt bzw. was du recherchiert hast. Beschränke dich auf Stichworte oder kurze Wortgruppen.

2. Schritt: Begriffe ordnen
Nun beginnst du, die aufgeschriebenen Begriffe zu ordnen. Suche Oberbegriffe, denen du deine Gedanken zuordnen kannst. Dabei hilft es dir, wenn du eine Tabelle anlegst.

3. Schritt: Mindmap erstellen
Schreibe den zentralen Begriff in die Mitte.
Oberbegriffe als Äste: Zeichne mit einer neuen Farbe nun von der Mitte nach außen die Äste. Schreibe die Oberbegriffe so auf die Äste, dass man die Begriffe gut lesen kann.
Unterbegriffe als Zweige: Zeichne mit einer dritten Farbe an die Äste dünnere Zweige. Beschrifte auch diese mit den Begriffen, die zu den Oberbegriffen gehören. Du kannst die Anschaulichkeit erhöhen durch Symbole, Bilder, Farben …

Methoden im Überblick

Ein Satellitenbild auswerten
(Band 6, S.126/127)

1. Schritt: Die Lage beschreiben
Ermittle mithilfe des Atlas die Lage des Gebietes. Lege die Nordrichtung des Bildausschnittes fest.

2. Schritt: Das Satellitenbild beschreiben
Suche auf dem Satellitenbild Merkmale, die du im Atlas wiederfindest, z.B. Flüsse, Straßen, Städte, Küstenlinien, Eisenbahnlinien, landwirtschaftlich genutzte Flächen, Inseln. Gliedere das Bild nach verschiedenen Kriterien. Unterscheide dabei z.B. Land- und Wasserfläche, bebaute Fläche gegenüber Feld-, Wald- und Wasserflächen.

3. Schritt: Den Bildinhalt deuten
Stelle Beziehungen zwischen den einzelnen Bildelementen her und suche nach Zusammenhängen, z.B. zwischen Verkehrswegen und einzelnen Nutzungen. Ermittle mithilfe anderer Informationsquellen Ursachen für die in Schritt 2 beschriebene Verteilung.

4. Schritt: Informationen zuordnen
Erstelle einen Text oder einen Vortrag zum Satellitenbild, in dem du das Foto ausführlich erläuterst. Dazu kannst du dir auch eine Skizze anlegen. Lege dazu eine Folie auf das Satellitenbild und zeichne mit dem Folienstift deutlich erkennbare Umrisse nach. Unterscheide Gebiete mit ähnlichen Strukturen. Lege Grenzen zwischen den Räumen fest und trage diese als dünne Linien auf der Folie ein. Lege eine Farblegende an. Trage einige wichtige Orientierungshilfen in die Skizze ein.

Eine Internetrecherche durchführen
(Band 6, S.136/137)

1. Schritt: Suchmaschine aufrufen
Es gibt viele Suchmaschinen. Beispiele dafür sind Startpage, Google, Bing oder DuckDuckGo. Rufe im Internetbrowser eine Suchmaschine auf. Achte darauf, dass du vor der Suche den Suchbereich eingrenzt, zum Beispiel auf „deutschsprachige Seiten" oder „Seiten aus Deutschland". Du kannst auch gezielt nach Bildern, Karten, Satellitenbildern oder Videos suchen.

2. Schritt: Geeignete Suchbegriffe eingeben
Überlege dir zu deinem Thema einen oder mehrere Suchbegriffe. Gib den Begriff in die Suchmaschine ein.

3. Schritt: Ergebnisse prüfen
Dieser Schritt ist der wichtigste und gleichzeitig der schwierigste. Du musst selbst feststellen, ob die Treffer auf dem Bildschirm weiterhelfen. So befinden sich am Beginn oft Werbeanzeigen, die zu den Stichworten passen. Da du dich erst einmal neutral informieren möchtest, solltest du weiter nach unten scrollen bis zu den Seiten ohne Werbeanzeigen.

4. Schritt: Ergebnisse bewerten
Welche Ergebnisse sind für die Beantwortung deiner Frage hilfreich? Reichen die Ergebnisse aus? Lies die Informationen auf deiner Ergebnisseite und prüfe, welche Informationen gut zu deiner Suche passen. Möglicherweise kannst du hier schon einige Seiten ausschließen.

Betrachte nicht nur die erste Ergebnisseite, sondern schau dir auch die nächste und die übernächste Seite an. Gute Ergebnisse stehen nicht unbedingt am Anfang.
Achte auf die Web-Adressen. Wenn man sich eher neutral über etwas informieren möchte oder möglichst aktuelle Informationen braucht, bieten sich Lexika, Statistik-Seiten oder offizielle Seiten an, z.B. Wikipedia oder die Seiten des Statistischen Bundesamtes oder von Ministerien und Ämtern.

5. Schritt: Gezielt Seiten besuchen und speichern
Gehe nun zu den ausgewählten Seiten und mache dir Notizen, die zu deiner Suche passen. Wenn die Seite sehr gut passt und du sie noch einmal besuchen möchtest, speichere sie im Browser als Lesezeichen.

Wichtige Begriffe

A

Ablagerungsgebiet: Gebiet, in dem die Oberflächenformen überwiegend durch Ablagerung von Materialien entstanden sind, welche durch Eis, Wind oder Flüsse transportiert wurden.

Abtragungsgebiet: Gebiet, in dem die Oberflächenformen überwiegend durch Abtragung entstanden sind.

Alpenpass: Übergang über eine Gebirgskette in den Alpen an einer möglichst niedrig gelegenen Stelle. Pässe verbinden Täler und Landschaften miteinander.

B

Beleuchtungszone: Bereiche der Erdoberfläche, die im Verlauf eines Jahres von der Sonne unterschiedlich beleuchtet werden. Man unterscheidet die Polarzone, die Gemäßigte Zone und die Tropenzone. Die Grenzen werden von den Polar- und Wendekreisen gebildet.

Bevölkerungsdichte: Sie gibt die durchschnittliche Zahl der Einwohner pro Quadratkilometer Fläche an, z. B. 253 Einwohner/km².

Bevölkerungsverteilung: Verteilung der Bevölkerung in einem bestimmten Gebiet.

Bewässerungsfeldbau: Form der landwirtschaftlichen Bodennutzung in Gebieten, die für Nutzpflanzen zu wenig Niederschlag erhalten. In niederschlagsarmen Monaten wird Wasser aus Flüssen oder dem Grundwasser entnommen und mithilfe von Bewässerungsanlagen auf die Felder geleitet. In den Tro-ckenklimaten der Erde ist Bewässerungsfeldbau oftmals die einzige Möglichkeit, Nutzpflanzen anzubauen. Gegensatz: Regenfeldbau.

Bodenerosion: bei Gestein und Boden die Abtragung und damit auch Zerstörung durch Kräfte wie fließendes Wasser, Wind und → Gletscher. Bodenerosion kann durch den Menschen verursacht sein, z. B. durch Abholzen von Wäldern oder Umpflügen der Grassteppen. Maßnahmen zum Bodenschutz, z. B. das Anlegen von Windschutzstreifen, verringern das Ausmaß der Bodenerosion.

Boreale Nadelwaldzone: Vegetationszone der Nordhalbkugel, in der aufgrund langer, kalter Winter ein artenarmer Nadelwald (Fichten, Kiefern, Tannen, Lärchen) als natürliche Vegetation vorherrscht. Als Laubbaum ist die Birke verbreitet. Der spärliche Unterwuchs des Waldes besteht aus Zwergsträuchern, Gräsern, Moosen und Flechten. Der boreale Nadelwald wird auch als nördlicher Nadelwald bezeichnet. In Russland nennt man ihn Taiga.

D

Delta: Mündungsgebiet eines Flusses, das im Grundriss meist ein Dreieck bildet. Die Bezeichnung geht auf die Griechen der Antike zurück, die den Grundriss der Nilmündung mit ihrem Buchstaben Δ (= Delta) verglichen. Ein Delta entsteht durch die Ablagerungen der von Flüssen mitgeführten festen Materialien. Die Mündung wächst dadurch immer weiter ins Meer hinaus.

E

Eiszeitalter: Zeitabschnitte in der Erdgeschichte, in denen weltweit meist niedrigere Temperaturen herrschten als heute. Man unterscheidet Abschnitte, in denen es kälter war (Kaltzeiten), und andere, in denen es vergleichsweise wärmer war (Warmzeiten).

Endmoräne: am Rande des Inlandeises oder vor der Zunge eines → Gletschers abgelagertes Material, vor allem Gesteinsschutt.

Erdbeben: Erschütterung an der Erdoberfläche, die durch ruckartige Bewegungen als Folge von erdinneren Spannungen zustande kommen. Bei Seebeben liegt der Erdbebenherd unter dem Meeresboden.

Europäische Union (EU): Zusammenschluss von 27 europäischen Staaten (Stand 2020) mit dem Ziel der wirtschaftlichen und politischen Zusammenarbeit. Der Verbund wurde durch den Maastrichter Vertrag gegründet. Diesen Vertrag unterzeichneten am 7. Februar 1992 die zwölf Mitgliedsstaaten der Europäischen Gemeinschaften (EG) in der niederländischen Stadt Maastricht. Großbritannien hat 2017 den Austritt aus der EU beantragt. Seit 2020 ist Großbritannien nicht mehr Mitglied der EU.

F

Fjell: wellige bis hügelige Hochflächen in Skandinavien, die durch das → Inlandeis geformt wurden und heute meist mit Tundrenvegetation bewachsen sind.

8

Wichtige Begriffe

Fjord: Meeresarm, der häufig weit in das Festland hineinreicht und durch das Eindringen des Meeres in die vom → Inlandeis geformten → Trogtäler entstand.

G

Gemäßigte Zone: eine der vier großen → Klimazonen der Erde. Die Gemäßigte Zone liegt zwischen der → Kalten Zone und der → Subtropischen Zone. Kennzeichen sind die deutlich ausgeprägten vier Jahreszeiten mit unterschiedlich langen Tagen und Nächten. Die Gemäßigte Zone ist ein Gunstraum für die Landwirtschaft. Je nach Meeresnähe herrscht → Landklima oder → Seeklima vor. Die durchschnittliche Jahrestemperatur beträgt ca. 8 °C.

glaziale Serie: die Abfolge von Formen, die beim Abschmelzen einer Inlandeismasse entstanden sind. Dazu gehören → Grundmoräne, → Endmoräne und → Sander.

Gletscher: Eisstrom, der durch Anhäufung von Schnee und durch Druck entsteht und langsam talabwärts fließt. Gletscher bilden sich in Polargebieten und → Hochgebirgen oberhalb der Schneegrenze (in den Alpen etwa oberhalb von 3 000 m). Hier fallen die Niederschläge fast immer als Schnee.

Golfstrom: Nordatlantikstrom. Meeresströmung, die wärmeres Wasser aus dem Bereich des Golfs von Mexiko über den Atlantik bis an die Küsten West- und Nordeuropas führt. Sie bedingt dort ein milderes Klima als in anderen Gebieten dieser Breitenlage.

Grundmoräne: Ablagerungen am Grunde von Inlandeis oder → Gletschern, die überwiegend aus zerkleinertem und lehmigem Material bestehen.

H

Hartlaubgewächse: immergrüne Pflanze, die sich mit lederartigen, harten, oft kleinen Blättern an die sommerliche Trockenheit in der Subtropischen Zone, z. B. im Mittelmeerraum, angepasst hat.

Hochgebirge: Bereiche der Erdoberfläche, die eine Höhe von über 2 000 m aufweisen. Ein Merkmal sind schroffe Formen mit großen Höhenunterschieden. In den hoch gelegenen Gebieten sind häufig → Gletscher anzutreffen.

Höhengrenze: Grenze zwischen verschiedenen → Höhenstufen.

Höhenstufen: die Abfolge unterschiedlicher Vegetation (Pflanzenwuchs) mit zunehmender Höhe. Ursachen für die Ausbildung von Höhenstufen sind mit der Höhe abnehmende Temperaturen, zunehmende Niederschläge und höhere Windgeschwindigkeiten.

I

Industrialisierung: Prozess, der etwa 1760 in England einsetzte (in Deutschland ab etwa 1840) und bis heute andauert. Handarbeit wurde zunehmend durch Maschinen, das Handwerk durch Fabrikarbeit abgelöst. Voraussetzung waren neue Energiequellen wie die Dampfkraft und später die Elektrizität.

Inlandeis: große Eismassen, die weite Teile des Festlandes fast vollständig überdecken. Die maximale Eisdicke kann bis zu 4 000 m betragen. Auf Grönland bedeckt das Inlandeis beispielsweise 1,8 Mio. km² und in der Antarktis 13,5 Mio. km².

J

Jahresniederschlag: umfasst die Summe aller Niederschläge eines Jahres. In → Klimadiagrammen ist als Jahresniederschlag der Mittelwert der Jahresniederschläge von 30 Jahren eingetragen.

Jahrestemperatur: berechnet sich aus dem Mittelwert der → Monatsmitteltemperaturen. Im → Klimadiagramm ist als Jahrestemperatur der Mittelwert der Jahrestemperaturen von 30 Jahren eingetragen.

K

Kalte Zone: Die Kalte Klimazone ist die nördlichste der vier großen → Klimazonen der Erde. Sie weist eine durchschnittliche → Jahrestemperatur von 0 °C oder weniger auf. Die Winter sind kalt und lang.

Kaltzeit: → Eiszeitalter

Klima: durchschnittlicher Wetterablauf über einen längeren Zeitraum (üblicherweise 30 Jahre) an einem bestimmten Ort oder in einem bestimmten Gebiet.

Klimadiagramm: Schaubild, in dem das Klima an einem Ort mittels einer Temperaturkurve und Niederschlagssäulen dargestellt wird.

Klimazone: Gebiet der Erde mit gleichartigem Klima, das sich infolge unterschiedlicher Sonneneinstrahlung gürtelartig um die Erde ausdehnt. Die unterschiedliche Land-Meer-Verteilung und große Gebirgszüge bewirken Abweichungen. Vom Äquator zu den Polen unterscheidet man vier Klimazonen: Tropische Zone, → Subtropische Zone, → Gemäßigte Zone und → Kalte Zone. Europa hat Anteil an der Kalten, der Gemäßigten und der Subtropischen Klimazone.

Küstenschutz: Maßnahmen, um das tief gelegene Küstenland gegen Zerstörung durch das Meer, z. B. durch die Brandung oder eine Sturmflut, zu schützen. Dies geschieht hauptsächlich durch Deiche, aber auch durch Buhnen (Pfahlreihen), Steinwälle, Mauern, Sträucher sowie durch aufgespülte Sandbänke.

L

Landklima (kontinentales Klima): Klima, das in größerer Entfernung der Ozeane im Inneren der Kontinente vorherrscht. Weil die ausgleichende Wirkung des Meeres fehlt, kennzeichnen dieses Klima geringe Jahresniederschläge und heiße Sommer sowie kalte bis sehr kalte Winter.

Laub- und Mischwaldzone: → Vegetationszone, in der aufgrund des gemäßigten Klimas Laub- und Mischwälder die natürliche Vegetation bilden.

Lava: Bei einem Vulkanausbruch tritt das Magma an die Erdoberfläche und wird dann als Lava bezeichnet. Lava kühlt an der Luft sehr rasch ab.

Lawine: Massen von Schnee oder Eis, die sich von Berghängen ablösen und zum Tal gleiten oder stürzen. Lawinen entstehen, wenn die Schneedecke am Hang zu dick wird. Dann drückt sie mit ihrer gesamten Masse in Richtung Tal und der innere Zusammenhalt reicht nicht mehr aus, um den Schnee am Hang zu halten. Eine weitere Ursache ist häufig auch der Mensch, der mit seinen Bewegungen den Zusammenhalt der Schneemassen zerstört.

Löss: gelbliches, feinkörniges und kalkhaltiges Lockergestein. In Mitteleuropa entstand Löss im → Eiszeitalter. Der Wind wehte aus den damals pflanzenlosen → Grundmoränen und → Sandern feines Material aus und lagerte es am Nordrand der Mittelgebirge ab. Auf Löss als Ausgangsgestein entwickeln sich fruchtbare Böden.

M

Macchie: italienische Bezeichnung für eine immergrüne Gebüschformation der Hartlaubvegetation des Mittelmeerraumes. Sie verbreitete sich, nachdem die Menschen die ursprünglichen Wälder gerodet hatten.

Magma: glutflüssige, etwa 1 000 °C heiße Gesteinsschmelze aus der Tiefe der Erde. Tritt Magma an der Erdoberfläche aus, wird es als → Lava bezeichnet.

Massentourismus: Form des Tourismus, bei der sich eine große Anzahl von Touristen in einem bestimmten Gebiet aufhält, z. B. Badeferien am Mittelmeer oder Wintersporturlaub in den Alpen. Dadurch können große Umweltprobleme entstehen.

Metropole: Großstadt, die politischer, wirtschaftlicher und gesellschaftlicher Mittelpunkt eines Staates ist und viele Großstädte an Größe, Einwohnerzahl und Bedeutung weit überragt. In ihr konzentrieren sich Wirtschaft und Verkehr, Wissenschaft und Verwaltung.

Mittelgebirgsland: Bezeichnung für eine Großlandschaft, zu der die Mittelgebirge und ihre Vorländer, aber auch tiefer gelegene Bereiche wie das Thüringer Becken oder die Oberrheinische Tiefebene gehören.

Monatsmitteltemperatur: Aus den → Tagesmitteltemperaturen wird ein Monatsmittel berechnet, indem alle Tagesmitteltemperaturen summiert und durch die Anzahl der Tage im Monat geteilt werden.

Mure: ein Gemisch aus Wasser, Boden und Gesteinsblöcken, das sich im → Hochgebirge nach Starkregen oder Schneeschmelzen an Berghängen meist sehr rasch zu Tal bewegt.

N

nachhaltiger Tourismus: → sanfter Tourismus

Nachhaltigkeit: Sorgen Menschen in der Gegenwart dafür, dass zukünftige Generationen gleich gute Lebensbedingungen haben, spricht man von Nachhaltigkeit. In der Forstwirtschaft bedeutet Nachhaltigkeit, dass man nicht mehr Bäume fällt, als Bäume nachwachsen.

8

Wichtige Begriffe

Nährgebiet: Gletscherbereich oberhalb der Schneegrenze. Hier gewinnt der → Gletscher durch die Umwandlung von Schnee in Firn und Gletschereis an Masse.

P

Polarnacht/Polartag: In der Zeit der Polarnacht steigt die Sonne in den Polargebieten nicht über den Horizont. In der Zeit des Polartags sinkt die Sonne nicht unter den Horizont. Die Dauer von Polarnacht und Polartag ist je nach Breitenlage unterschiedlich, zwischen einem Tag an den Polarkreisen und einem halben Jahr an den Polen. Die Erscheinung kommt durch die Schrägstellung der Erdachse gegenüber der Erdbahnebene zustande.

Polder: 1. Eingedeichtes, dem Meer abgerungenes Neuland. 2. Eingedeichte Rückhaltefläche, die bei Bedarf geflutet werden kann und so dem Hochwasserschutz dient.

R

Rohstoff: unverarbeiteter Stoff, der in der Natur vorkommt und vom Menschen verwendet wird, um Gebrauchsgegenstände herzustellen oder Energie zu gewinnen. Nach Herkunft und Entstehung unterscheidet man mineralische (bergbauliche), pflanzliche und tierische Rohstoffe. Mineralische Rohstoffe werden auch Bodenschätze genannt.

S

Sander: durch Schmelzwasser des → Inlandeises abgelagerte Sand- und Kiesflächen. Sander sind Teil der → glazialen Serie.

sanfter Tourismus: eine Form des Tourismus, bei der die Touristen nicht stören sollen – weder die Natur noch die einheimischen Menschen. Sanfter Tourismus ist das Gegenteil von → Massentourismus.

Satellit: In der Raumfahrt meint man damit ein technisches Gerät, das die Erde im Weltraum umkreist. Diese Satelliten liefern z. B. Bilder und Messdaten oder können der Ortsbestimmung dienen.

Schären: vom → Inlandeis abgeschliffene und überformte Felskuppen, die durch den Anstieg des Meeresspiegels Felsinseln vor den Küsten Norwegens, Schwedens und Finnlands bilden.

Schichtvulkan: kegelförmiger Vulkan, der aus wechselnden Lavaschichten und vulkanischen Lockermaterialien aufgebaut ist, z. B. der Ätna und der Vesuv.

Schwarzerde: typischer Boden der → Steppen, der aufgrund seines Humusreichtums und seines gut durchmischten und lockeren Bodengefüges zu den fruchtbarsten Böden der Erde zählt.

Seeklima (ozeanisches Klima): von der ausgleichenden Wirkung des Meeres beeinflusstes Klima im Gegensatz zum → Landklima. Merkmale sind: hohe Niederschläge, die landeinwärts abnehmen, milde Winter, kühle Sommer bei geringen jährlichen und täglichen Temperaturschwankungen.

Seismograf: Messgerät zur Aufzeichnung von Erdbebenwellen. Die Schwankungen des Erdbodens werden auf einem Papierstreifen (Seismogramm) aufgezeichnet.

Sonderwirtschaftszone: Gebiet innerhalb eines Staates, in dem besondere Gesetze für das Wirtschafts- und Steuerrecht gelten. Das Ziel der Einrichtung einer solchen Zone ist die Steigerung von in- und ausländischen Investitionen.

Standortfaktor: Gründe, die dazu führen, dass sich ein Betrieb an einem bestimmten Standort ansiedelt. Wichtige Standortfaktoren sind z. B. ein guter Verkehrsanschluss, gut ausgebildete Arbeitskräfte, günstige Versorgung mit → Rohstoffen oder Energie.

Steppe: → Vegetationszone, in der Gräser überwiegen und Bäume nur vereinzelt auftreten. Durch das vorherrschende → Landklima wird die → Vegetationszeit durch die Winterkälte und Sommerdürre mehrmals unterbrochen. An diese Bedingungen sind Gräser besonders gut angepasst. In der Gemäßigten Zone bilden Steppen die Übergangszone zwischen den sommergrünen Laub- und Mischwäldern und den Wüsten.

Strukturwandel: eine lang dauernde und grundsätzliche Veränderung, z. B. der Wirtschaftsstruktur eines Gebietes. Bestimmte Wirtschaftszweige verkleinern sich oder fallen weg. Dafür entstehen neue Zukunftstechnologien.

Subtropische Zone: eine der vier großen → Klimazonen der Erde zwischen der Tropischen Zone und der Gemäßigten Zone. Merkmale des subtropischen Klimas sind: feuchte, milde Winter mit Niederschlägen und heiße und im Mittelmeergebiet trockene Sommer. Die durchschnittliche → Jahrestemperatur beträgt etwa 18 °C.

T

Tiefland: Gebiete, die nicht mehr als 200 m Höhe erreichen. Das Norddeutsche Tiefland, eine der vier Großlandschaften in Deutschland, reicht von der Nordseeküste und Ostseeküste bis zum Rand der Mittelgebirge.

Transitverkehr: Personenverkehr und Güterverkehr durch ein Land, das weder Ausgangsort noch Zielort der Fahrt ist. So führt der Verkehr von Deutschland nach Italien durch die Transitländer Österreich, Schweiz oder Frankreich.

Trogtal: ein ehemaliges Kerbtal (v-förmig), das von → Gletschern ausgetieft und u-förmig ausgeweitet wurde. Trogtäler an der Küste, in die Meerwasser eingedrungen ist, nennt man → Fjord.

Tröpfchenbewässerung: Form der Bewässerung, bei der durch Löcher in den Schläuchen eine genaue Wassermenge direkt an die Pflanze geleitet wird.

Tundra: weitgehend baumlose und artenarme → Vegetationszone in der → Kalten Klimazone nördlich des → borealen Nadelwaldes. Die Vegetation besteht aus Moosen, Flechten, Gräsern und Zwergsträuchern. Das kalte Klima mit kurzen, kühlen Sommern lässt keinen Baumwuchs zu. Der Boden ist ständig gefroren und taut auch im Sommer nur oberflächlich auf.

U

Urstromtal: Urstromtäler sind breite, flache Täler, die in Mitteleuropa parallel zum ehemaligen Eisrand verlaufen. In diesen flossen die Schmelzwasser des → Inlandeises zum Meer.

V

Vegetation: Pflanzenwelt; Gesamtheit der Pflanzen, die in einem bestimmten Gebiet wachsen.

Vegetationszeit: Zeit im Jahr, in der pflanzliches Wachstum (Keimen, Reifen und Fruchten) möglich ist. Dazu muss die Tagesmitteltemperatur mindestens 5 °C betragen.

Vegetationszone: Verbreitungsgebiete bestimmter Pflanzengesellschaften auf der Erdoberfläche. Die Verbreitung der natürlichen Vegetation ist durch das → Klima bedingt.

Verkehrsknotenpunkt: Ort, an denen sich verschiedene Verkehrswege kreuzen.

Verkehrsmittel: technische Einrichtung bzw. Gerät, um Personen und Güter zu befördern. Hierzu zählen Pkw, Lkw, Eisenbahn, Schiff und Flugzeug.

Verkehrsnetz: Gesamtheit aller Verkehrswege des Straßen-, Schienen- und Flugverkehrs in einem Gebiet.

Vulkan: schild- oder kegelförmiger Berg, der durch den Austritt von → Magma und Asche entstanden ist. Beim Vulkanausbruch werden flüssige und feste Materialien sowie Gase an die Erdoberfläche befördert.

W

Warmzeit: → Eiszeitalter

Wetter: Das Zusammenwirken von Temperatur, Luftdruck, Bewölkung, Windrichtung und Windstärke sowie Niederschlag zu einem bestimmten Zeitpunkt und an einem bestimmten Ort.

Wirtschaftssektor: Die Wirtschaft eines Landes wird in drei große Bereiche eingeteilt:
- primärer Sektor: Land- und Forstwirtschaft, Fischerei und Bergbau;
- sekundärer Sektor: produzierendes Gewerbe (Industrie und Handwerk);
- tertiärer Sektor: Dienstleistungen.

Z

Zehrgebiet: Gletscherbereich unterhalb der Schneegrenze. Hier verliert der → Gletscher an Masse, er schmilzt ab.

Zone der Hartlaubgewächse: → Vegetationszone mit immergrünen Pflanzen, die sich mit lederartigen, harten und oft sehr kleinen Blättern an die sommerliche Trockenheit, z. B. im Mittelmeerraum, angepasst haben. Neben Hartlaubgewächsen gibt es auch Nadelbäume wie Pinien, Kiefern oder Zypressen.

Sachwortverzeichnis

Alle **fett** gedruckten Begriffe sind
als „Wichtige Begriffe" im Anhang
erläutert.

8

Lösungshilfen

1 Europa im Überblick

S. 6/7

1 In M 5 stehen zwei Erklärungen. Lies die erste Erklärung.
2 Lies die zweite Erklärung („Aus der Wissenschaft").
3 A) –
   B) Suche in den Materialien nach Dingen, die du aus deinem Alltag kennst.
4 –
5 –
6 –

S. 8/9

1 Überlege, wo es in Europa sehr kalt ist und wo die Meere liegen.
2 Fahre mit dem Finger einmal um den Kontinent Europa herum.
3 Berücksichtige in deinem Text die Zahlen links am Diagramm (y-Achse).
4 Nutze im Atlas eine Karte „Europa physisch".
5 –
6 Beachte auch deine Ergebnisse aus Aufgabe 4.

S. 10/11

1 –
2 Gib Informationen zum Relief, zum Gewässernetz und zur Vegetation.
3 Zähle auf, was zu einem Gewässernetz gehört.
4 a–b) Fange ganz im Westen Europas an und arbeite dich nach Osten vor. Du kannst auch eine Tabelle mit den Begriffen „Orte", „Gewässer" und „Landmassen" anlegen.
5 –
6 –

S. 12/13

1 Bevölkerungsdichte = … / 1 km²
2 a) Arbeite mit Himmelsrichtungen oder mit Ländernamen, die du kennst.
   b) –
3 –
4 Zeige mit den Zeigefingern gleichzeitig auf die gleichen Stellen im Satellitenbild und in der Karte und beschreibe, was du siehst.
5 Nutze die Satzmuster: … ist der bevölkerungsreichste Kontinent. Die wenigsten Menschen leben in … Europa liegt auf Platz …
6 Denke an das Relief und das Klima.

S. 14/15

1 –
2 Welches schlimme Ereignis ist im Text genannt? Was hat das mit der Entstehung der Europäischen Union zu tun?
3 Tipp: Der Begriff hat mit Geld zu tun.
4 a) Die Bahnhofsschilder haben die gleichen Farben wie die dazu gehörenden Waggons.
   b) –
5 Nutze auch einen Atlas zur Lagebestimmung der Staaten.

S. 16/17

1 Unter einem Verkehrsnetz versteht man … An einem Verkehrsknotenpunkt kann man …
2 a) –
   b) Verwende folgende Formulierungen: In Mitteleuropa gibt es … In Skandinavien sind dagegen … Auch in Osteuropa …
   c) Schau auch auf die Karte mit der Bevölkerungsdichte auf S. 13.

3 a–b) Fahre mit dem Finger eine lange Straße lang und notiere bei deiner „Fahrt" die Städte, die auf dem Weg liegen.
4 Betrachte Deutschland in Karte M 2 und überlege, was so viel Verkehr bedeutet.

S. 18/19

1 a–b) Geht die Materialien nacheinander durch und notiert jeweils zwei Fragen zu jedem Material.
2 Beginne so: Ein Hochgeschwindigkeitsnetz ist sinnvoll, weil … Ein Problem dabei ist aber …

S. 20/21

–

S. 22/23

1 –
2 Beachte auch die Tabelle aus Aufgabe 1. Hier kannst du dir Ideen holen. Schreibe in Briefform: Liebe Jane, mein Name ist … Ich lebe in Deutschland in der Stadt … Dort …
3 Diese Formulierungen können dir bei der Begründung helfen: …, weil … Ich würde gerne in … leben. Mir gefällt besonders, dass …

S. 24/25

1 –
2 Gib den Namen der Landschaft in die Suchmaschine zusammen mit dem Stichwort „Reise" ein.
3 Dein Text sollte zum Beispiel folgende Angaben enthalten: Name der Sehenswürdigkeit, Lage, Beliebtheit/Bekanntheit, Sehenswertes …
4 –

2 Klima und Vegetation in Europa

S. 28/29

1 Schreibe dir die Messgeräte für jedes Wetterelement heraus, betrachte dazu M 2. Beginne so: Die Temperatur misst man mit einem …

2 Beschreibe in eigenen Worten, was man unter Klima und Wetter versteht. Lies dazu noch einmal T 1 und T 2.

3 a) Lest in den Textkästen M 3 – M 5 nach, welche Materialien ihr benötigt.

b) –

c) –

d) Überlegt euch, woher die Unterschiede in den jeweiligen Messwerten kommen können. Lebt ein Schüler auf dem Land, ein anderer in der Stadt? Vielleicht wohnt ein Schüler in einer hoch gelegenen Etage und ein anderer im Erdgeschoss? Vergleicht eure Messorte, so könnt ihr Unterschiede erklären.

S. 30/31

1 a) Lies den Text T 1 erneut. Beginne so: Ein Klimadiagramm besteht aus einer x-Achse und zwei y-Achsen. Auf der x-Achse sind die Monate aufgetragen …

b – c) –

2 Tipp: In einem Klimadiagramm werden Durchschnittswerte dargestellt.

3 –

S. 32/33

1 a) –

b) Merkmal sind zum Beispiel: kurze, kühle Sommer und lange, kalte Winter.

c) –

2 –

3 Vergleiche für die Klimadiagramme zum Beispiel:
- Jahresdurchschnittstemperatur
- Verteilung des Niederschlags über das Jahr
- Temperatur im wärmsten/kältesten Monat

S. 34/35

1 a) Lege eine Tabelle an:

Beleuchtungszone	Lage
Polarzone	liegt zwischen den Polarkreisen und den Polen
…	…

b) Beginne so: Verantwortlich für die unterschiedlichen Beleuchtungszonen sind:
- die Schrägstellung der Erde
- …

2 Denke an die Sonne und die Neigung der Erdachse. Wie beeinflusst die Beleuchtung der Erde durch die Sonne das Klima?

3 a – b) –

4 Schau dir M 2 genau an.

S. 36/37

1 Finde Paare, zum Beispiel: Kalte Zone – Tundra.

2 a) –

b) Findet die Lage Deutschlands auf den beiden Karten M 3 und M 4. Vergleicht die Vegetation früher und heute. Findet in T 2 Erklärungen, weshalb es zu diesen Veränderungen kam.

3 Erstellt ein Plakat zum Thema.

S. 38/39

1 –

2 Folge den Schritten auf S. 30.

3 Finde im Text Merkmale der Pflanzen, die sie vor der Trockenheit schützen.

4 a – b) –

5 Sieh dir den farbigen Balken unter dem Klimadiagramm an und die dazugehörige Legende. Kommen alle Farben der Legende im Balken vor? Welche fehlt? Lies dann erneut T 2. Schreibe die Merkmale der Pflanzen heraus. Fasse deine Informationen zusammen und löse die Aufgabe.

6 –

S. 40/41

1 a) –

b) Nimm dir den Atlas zu Hilfe. Finde die Länder, an denen der Golfstrom vorbeifließt. Beginne so: Der Golfstrom erwärmt sich im Golf von Mexiko. Von hier fließt er …

c) Die Erklärung findest du am Ende von T 2.

d) Lies T 2 erneut. Schreibe die Faktoren heraus, die den Golfstrom antreiben. Bilde Sätze.

2 –

3 Lest auch in T 3 nach.

4 a – b) –

S. 42/43

–

S. 44/45

1 In M 1 sind drei Gefahren durch das Klima genannt.

2 –

3 Lies am Ende von M 1 nach.

Lösungshilfen

3 Im Norden Europas

S. 48/49

1 **a–b)** Lies jeden Text ganz genau und ordne ihm ein Foto zu. Notiere für jeden Text den darin genannten Ort. Suche den Ort mithilfe des Atlas und benenne den gesuchten Staat.

c) Ergänze die Tabelle:

Staat	Hauptstadt	Besonderheiten
...	Reykjavík	...
Norwegen	...	...
...	...	IKEA
...	...	Lappland

2 **a–c)** –

3 **a–b)** Nutze den Atlas auf den Seiten „Statistik – Staaten" oder das Internet.

4 –

S. 50/51

1 –

2 Beginne deine Erklärung so: Wenn immer neuer Schnee fällt, drückt das Gewicht dieser Flocken die unteren zusammen. Steigen die Temperaturen zum Beispiel bei Sonneneinstrahlung, verschmelzen die Flocken und bilden ...

3 **a–b)** Tipp: Der Begriff „Nährgebiet" kommt von Nahrung – also „etwas aufnehmen". Der Begriff „Zehrgebiet" kommt von „zehren" – das bedeutet „aufbrauchen" oder „kleiner werden".

4 –

5 Denke an verschiedene Lebensbereiche: zu Hause, auf dem Schulweg, in der Schule ...

6 **a)** Ergänze: Im Jahr 2012 reichte der Gletscher bis ..., im Jahr 2017 reichte der Gletscher bis ... Er ist also ... geworden.

b) Ursachen findest du in T3.

7 Lies zuerst die Legende in M5 und beende die Sätze: Rot dargestellt sind Gletscher, die sich ... Blau dargestellt sind Gletscher, die ...
Lies dann die Bezeichnung der Achsen und triff je eine allgemeine Aussage zur Gletscherentwicklung in Norwegen. Verwende den Satzanfang:
Seit 1990 hat die Anzahl der Gletscher, die sich zurückziehen, ...
Seit 1990 hat die Anzahl der Gletscher, die vorstoßen (sich vergrößern), ...

S. 52/53

1 **a)** Betrachte die Legende von Karte M3 und entnimm ihr, wie die Eisbedeckung dargestellt ist. Lege den Atlas mit einer physischen Karte Europas daneben und vergleiche.

b) –

2 Nutze auch den Arbeitsanhang (Wichtige Begriffe).

3 –

4 Lies T1 aufmerksam. Suche das Skandinavische Gebirge im Atlas und nenne die Staaten, die Anteil am Gebirge haben.

5 –

S. 54/55

1 **a–b)** –

2 Nutze die Bildunterschriften für deine Erklärung.

3 **a–b)** –

4 –

S. 56/57

1 **a)** Ergänze:
Endmoränen entstanden durch ...
Sander bildeten sich durch ..., das Kiese und Sande ablagerte.
In den Urstromtälern flossen ...
Die Grundmoräne entstand durch das große Gewicht ...

b–c) –

2 –

3 –

S. 58/59

1 –

2 Ergänze: Die Holzernte erfolgt mit ... Der Waldarbeiter sitzt in einem ... Welche Bäume gefällt werden sollen, erfährt der Arbeiter über ...

3 **a)** Lies den ersten Satz in M4.

b) Ergänze: Das Nachhaltigkeitsdreieck besteht aus den Bereichen ... Verschiebt sich ein Bereich ... Nachhaltigkeit in allen Bereichen ist eine wichtige ...

4 **a–c)** Betrachte jeden Teil des Nachhaltigkeitsdreiecks (M4) noch einmal und mache dir bewusst, worum es darin geht.

d) Überlege, was passiert, wenn sich ein Bereich des Dreiecks verschiebt und dort nicht nachhaltig gehandelt wird.

5 Denke an deinen Schulalltag, an dein Familienleben, an deine Freizeitaktivitäten ...

6 Sprich mit deinen Eltern über das Thema oder recherchiere im Internet, z.B. unter dem Stichwort „Nachhaltigkeit in Sachsen".

S. 60/61

–

–

S. 64/65

1. Entnimm zuerst der Legende, wie die Lössverbreitungsgebiete dargestellt sind.

2. Ergänze: Der Wind nahm aus den vegetationslosen Gebieten … In den Vorländern der Mittelgebirge …

3. Lies auch in M1 nach bei den Eigenschaften von Löss.

4. Nimm dir eine physische Übersicht von Sachsen im Atlas zu Hilfe.

5. –

4 In den Alpen

S. 68/69

1. a) Nutze eine Atlaskarte, zum Beispiel „Alpenländer physisch". Beginne mit den Staaten im äußersten Westen, bestimme dann die jeweiligen Nachbarstaaten. Gehe bei den anderen Suchaufgaben genauso vor.
   b) Stellt euch zum Beispiel Aufgaben zum Topografie-Lernen: Heißt wie? Ist was? Liegt wo?

2. –

S. 70/71

1. Vier Merkmale findest du in T1, ein weiteres in T2 und M3.

2. Beachte die Symbole im M3.

3. Bestimme zunächst im Foto M2 die Vegetation, suche dann die Höhenstufe in M3.

4. a) Nutze die Angaben im rechten Teil der Grafik M3. Vergleiche die orangen bzw. roten Abschnitte.

b) Erkläre so: Weil die Temperatur …, wenn man höher kommt, haben die Pflanzen nicht mehr so viel Zeit zum … Je … ein Ort liegt, desto länger ist die Vegetationszeit.

5. Die Temperatur sinkt um 0,5 °C je 100 m. Gehe so vor, um die Temperatur in 2 400 m Höhe zu erhalten:
   - Berechne zunächst den Höhenunterschied: $2\,400 - 800 = …$
   - Teile ihn durch 100.
   - Multipliziere dann mit 0,5 °C.
   - Ziehe das Ergebnis von 10 °C ab.

6. Im Steckbrief kann stehen: Größe, Aussehen, Anpassungsmerkmale (zum Beispiel Winterschlaf, haariger Bewuchs, Kriechpflanze).

S. 72/73

1. Gehe vom großen Raum zum kleinen Raum, zum Beispiel: Wolkenstein liegt in den … Größere Städte in der Nähe sind Ma… und M…

2. Gehe auf die Arbeit der Menschen, ihre Sprache, ihre Kultur und die Verkehrswege ein.

3. Beginne mit dem rot eingekreisten Gebiet auf den beiden Fotos. Achte auf Veränderungen wie: Art der Bebauung, Anzahl der Gebäude, landwirtschaftlich genutzte Fläche, Freizeiteinrichtungen …

4. Nenne Berufe, die man im Hotel, an Parkflächen, bei Sporteinrichtungen usw. ausüben kann. Unterscheide auch nach Sommersaison und Wintersaison.

5. Werte zunächst getrennt nach Sommer und Winter aus. Nutze Begriffe wie „Verdopplung" oder „Verdreifachung". Formuliere dann einen Abschlusssatz.

6. a–c) Sammelt die positiven und negativen Folgen des Tourismus in einer Tabelle.

Folgen des Tourismus für	positive	negative
Anwohner	…	Lärm, …
Urlaubsgäste	…	…
Umwelt	…	…

7. Wähle dir für das Streitgespräch eine Position aus Aufgabe 6. Vertretet die Positionen mit den jeweiligen Argumenten.

S. 74/75

1. Unterscheide nach Vorteilen/Nachteilen für Touristen und für Anwohner. Gehe auf Berufe, Verkehr, Kultur und Natur ein.

2. Beschreibe und nenne Beispiele/Belege. Gehe auf Verkehr (Anfahrt/vor Ort), Freizeit, Müll, Strom, Kultur, Essen … ein. Nutze diesen Satzanfang: Im Gegensatz zum Massentourismus …

3. Das Plakat kann zum Beispiel Wohnen, Freizeit, Arbeiten und Verkehr ansprechen.

4. Beispiele: Pflanzen bestimmen, Tiere …, Bäche …, Schwimmen in …

5. Schreibe das Thema „Tourismus" in einen Kreis in die Mitte. Suche Oberbegriffe zum Thema wie Natur, Verkehr, Freizeit … Beschrifte weitere Nebenäste.

8

Lösungshilfen

S. 76/77

1 Vergleiche die Reisezeiten für die vier Zeitpunkte: um 1700, ab 1830, ab 1882, heute. Stelle Vergleiche an wie „…mal so lange", „Verkürzung um das …-Fache".

2 a) Benutze Begriffe wie „Kurven", „Brücken", „Autobahn" …
b) Denke an Abgase, Stau, die Anzahl der Fahrspuren und den Fernverkehr.

3 Denke an die großen Steigungen und die langen Fahrzeiten von früher. Gehe auf die Vorteile der Tunnel ein.

4 Denkt an Touristen, Anwohner und den Fernverkehr. Überlegt alternative Möglichkeiten, wie ihr als Touristen ans Urlaubsziel gelangen könnt. Spielt auch die Entfernung zum Urlaubsort eine Rolle?

5 Arbeite mit einer Staatenkarte und einer physischen Karte „Alpenländer".

6 Nutze die Maßstabsleiste und einen Faden. Lies im Anhang auf S. 151 nach.

S. 78/79

–

S. 80/81

–

S. 82/83

1 Überlege auch, was passieren kann, wenn man in eine solche Situation gerät.

2 Lies die Sätze im Bereich der fett gedruckten Begriffe.

3 Achte auf die Informationen zum Wetter.

4 –

5 –

S. 84/85

1 –

2 –

3 a) Schreibe die Höhenmeterangaben aus dem Text in deinen Hefter. Achte darauf, ob Lisa bergauf oder bergab läuft. Bilde jeweils die Summe.
b) Schreibe die Kilometer-Angaben heraus und bilde die Summe.

4 –

5 –

5 Im Süden Europas

S. 88/89

1 a–e) –

2 a) Nutze den Atlas.
b) Nimm bekannte Länder oder Meere als Orientierung.

3 a–b) Nutze die Karte M 7. Auch der Atlas kann dir helfen.

4 Die Länderabkürzungen können dir helfen. Beachte, dass Länderabkürzungen oft aus der Landessprache kommen.

S. 90/91

1 a) Schreibe als Definition einen Satz.
b) Beschreibe das dazu passende Bild.

2 Werte das Diagramm aus. Triff eine Aussage zu den Touristenzahlen in verschiedenen Zeiträumen. Betrachte auch die Einwohnerzahlen.

3 a) –
b) So könnte die Tabelle aussehen.

Vorteile	Nachteile
Einnahmequelle	Kosten für Straßenbau
…	…

c) –

4 –

S. 92/93

1 a) Schreibe als Definition einen Satz.
b) Äußere deine Meinung zu Maßnahmen, die für dich besonders sinnvoll sind.

2 –

3 Erinnert euch an die Bilder zum Massentourismus. Leitet Ideen für eure Urlaubsplanung ab, die auf den Schutz der Umwelt abzielen. Lasst eure eigenen Erfahrungen einfließen.

4 Erinnere dich an die Nord- und Ostseeküste und die deutschen Mittelgebirge. Wiederhole auch den Begriff Nationalpark.

S. 94/95

1 Hier kannst du einen Steckbrief anfertigen. Beachte auch, wo die Apfelsine ursprünglich beheimatet ist.

2 a) Lies intensiver die 2. Spalte von M 4.
b) Denke an das Klima und daran, wo das Wasser herkommt.

3 a) Nutze die Karte „Europa Verkehr" im Atlas.
b) Miss mit einem Faden. Rechne dann mit dem Maßstab um.

4 –

S. 96/97

1 –

2 a) Finde zunächst die Ursache für Erdbeben. Beschreibe dann, was passiert. Fertige eine eigene Skizze auf der Grundlage von M 4 an, in der du deine Erkenntnisse aus T 2 einträgst.
b) Wie kann man Erdbeben mit kleinerer/großer Stärke merken?

3 Schau dir die Materialien an. Beschreibe das Bild M 2. Überlege auch, welche Folgeschäden auftreten können.

4 Wie kann man sich vor einem Erdbeben schützen? Berücksichtige besonders die Vorhersage der Ereignisse, die Bauweise von Häusern und Maßnahmen in Schulen und Betrieben.

5 Überlegt euch, wie man sich während und nach einem Erdbeben verhalten sollte.

6 a – b) Arbeite mit einer Welt-Karte zu „Tektonik und Vulkanismus".

7 –

S. 98/99

1 –

2 Beginne so: „In der Magmakammer …"

3 Schau dir das Blockbild genauer an. Wie ist der Vulkan aufgebaut?

4 Zeichne einen kegelförmigen Berg. Trage die Schichten farbig ein.

5 Was kann passieren, wenn ein Vulkan ausbricht? Denke auch an den Flugverkehr.

6 –

S. 100/101

1 Suche in der Legende das Symbol für aktive Vulkane. Du kannst auch die Umrisse Südeuropas abpausen und die Vulkane eintragen.

2 a) Denke bei deiner Antwort daran, wie der Mensch das Gebiet nutzt.
b) Bis zu welcher Höhe findest du Symbole der landwirtschaftlichen Nutzung?
c) Nutze die Symbole in der Karte M 3 und lies im zweiten Absatz von T 1 nach.

3 Fertigt euch Kärtchen in Rot und Grün an. Notiert Vorteile auf der grünen Karte und Nachteile auf der roten Karte.

4 Ideen findest du in T 2. Informiere dich auch im Internet.

S. 102/103

–

S. 104/105

–

6 Europa zwischen Atlantik und Ural

S. 108/109

1 a) –
b) Tipp: Die Karpaten erstrecken sich über sieben Länder.
c) –

2 Das könntest du berücksichtigen: Name und Ort der Landschaft, die Höhe über dem Meeresspiegel, die Ausdehnung (von … bis …) und was euch an der Landschaft auffällt.

3 Zur Recherche kannst du das Internet benutzen.

S. 110/111

1 Beginne mit den Fotos, die du eindeutig zuordnen kannst. Nutze auch M 3.

2 Nutze die Methodenseite zur Auswertung von Klimadiagrammen (S. 30/31), um die Tabelle zu vervollständigen. T 3 und T 4 informieren über die Klimatypen.

3 a – c) Lies T 1 und T 2.

4 Legt die Tabelle so an:

Merkmale	Landklima	Seeklima
Niederschlag		
Temperaturen		
Ursachen		

5 Zur Orientierung kannst du M 1 benutzen und anschließend mithilfe des Atlas weitere Orte lokalisieren.

S. 112/113

1 Achte bei deiner Beschreibung auf folgende Aspekte: Vegetation, Relief, Nutzung durch den Menschen.

2 Nutze die Methodenseite zur Auswertung von Klimadiagrammen (S. 30/31). Lies noch einmal T 4 auf S. 111.

3 Beachte das Klima und den Boden in den Steppen.

4 a) Welche Rolle spielt der Mensch bei der Bodenerosion?
b) Lies auf S. 59 zum Begriff der Nachhaltigkeit nach. Nutze auch M 6.

S. 114/115

1 Mit dem MindManager Smart kannst du deine Mindmap am Computer oder am Tablet erstellen.

Lösungshilfen

S. 116/117

1 Nutzt zur Recherche die Materialien auf dieser Seite, ein Englischbuch und das Internet.

S. 118/119

1 Nutzt zur Recherche die Materialien auf dieser Seite, ein Französischbuch und das Internet.

S. 120/121

1 Nutzt zur Recherche die Materialien auf dieser Seite und das Internet.

S. 122/123

1 Solche Voraussetzungen können z. B. Erfindungen und Rohstoffe sein.

2 Beginne z. B. so: Noch vor 250 Jahren wurden Textilien in Mittelengland durch die Handarbeit der Menschen hergestellt. Durch die Erfindung der Dampfmaschine … Für die Dampfmaschine benötigte man viel Energie. Diese konnte z. B. mithilfe von … erzeugt werden. Gleichzeitig wuchsen die Gebiete der …industrie. Immer mehr Menschen zogen …, sodass …

3 a) Schreibe z. B. so: Während die Bevölkerungszahl in Manchester im Jahre 1800 bei nur 90 000 lag, wuchs sie innerhalb von 100 Jahren bis auf … und sank bis … auf … Liverpool konnte im gleichen Zeitraum …

b) Schreibe z. B. so: Dieses rasche Wachstum lässt sich vor allem dadurch begründen, dass …

4 a–b) –

5 Denke zum Beispiel an Rohstoffe, Industrie, Wirtschaft, Wohnen und Kultur.

6 Nutze das Internet für deine Recherche.

S. 124/125

1 a–b) Beschreibe jeweils wirtschaftliche Entwicklung, Bevölkerung und politische Entscheidungen.

2 Vergleiche die Aspekte Rohstoffe, Industrie, Wirtschaft, Leben der Menschen miteinander. So könntest du beginnen: In beiden Regionen bildeten die Rohstoffe Steinkohle und Eisenerz wichtige Voraussetzungen für die Industrialisierung …

S. 126/127

1 Ergänze die Texte.

2 Nutze eine Atlaskarte zur Wirtschaft.

S. 128/129

1 a) Beginne mit einer Lokalisierung: Das Zuiderseeprojekt ist … und liegt in …

b) In T1 sind zwei Hauptziele genannt.

c) Erläutere die Oberbegriffe.
Folgen für die Menschen:
– Schutz vor Hochwasser
– Nordsee-Hafenstädte
– Ackerbau
– Fischerei
– Verkehrswege
Folgen für die Natur:
– Gezeiten
– Salzgehalt
– Fischbestände

d) Markiere positive Folgen in Grün, negative Folgen in Rot.

2 Nutze bei Bedarf die Sprachtipps auf S. 126.

3 a–b) Nutze für deine Recherche das Internet.

S. 130/131

–

S. 132/133

1 Lies besonders in der ersten Spalte von M 2 nach.

2 Suche die Orte mithilfe des Registers im Anhang.

3 Zur Recherche kannst du das Internet benutzen.

7 Wirtschaften in Europa

S. 136/137

–

S. 138/139

1 Lies zuerst alle Texte sorgfältig und kläre unbekannte Begriffe. Betrachte die Abbildungen mit allen Einzelheiten. Achte zum Schluss beim Lesen der Aufgaben auf die Operatoren, damit du genau weißt, was die jeweilige Aufgabe verlangt.

2 a–f) Lest die einzelnen Fragen genau. Sucht gemeinsam die Textstellen und Materialien, die euch bei der Beantwortung helfen. Eine Internetrecherche hilft euch außer bei Aufgabe f) auch bei b).

3 Wählt die Präsentationsform aus, die ihr in eurer Lernpartnerschaft und für das Thema am sinnvollsten haltet und euch am besten zutraut.

S. 140/141

1 Lies zuerst alle Texte sorgfältig und kläre unbekannte Begriffe. Betrachte die Abbildungen mit allen Einzelheiten. Achte zum Schluss beim Lesen der Aufgaben auf die Operatoren, damit du genau weißt, was die jeweilige Aufgabe verlangt.

2 a–f) Lest die einzelnen Fragen genau. Sucht gemeinsam die Textstellen und Materialien, die euch bei der Bearbeitung helfen. Eine Internetrecherche hilft bei allen Aufgaben außer d). Nutzt für d) den Haack-Kartenteil im Anhang eures Schülerbuches.

3 Wählt die Präsentationsform aus, die ihr in eurer Lernpartnerschaft und für das Thema am sinnvollsten haltet und euch am besten zutraut.

S. 142/143

1 Lies zuerst alle Texte sorgfältig und kläre unbekannte Begriffe. Betrachte die Abbildungen mit allen Einzelheiten. Achte zum Schluss beim Lesen der Aufgaben auf die Operatoren, damit du genau weißt, was die jeweilige Aufgabe verlangt.

2 a–f) Lest die einzelnen Fragen genau. Sucht gemeinsam die Textstellen und Materialien, die euch bei der Bearbeitung helfen. Eine Internetrecherche hilft bei allen Aufgaben außer d). Nutzt für d) den Haack-Kartenteil im Anhang eures Schülerbuches.

3 Wählt die Präsentationsform aus, die ihr in eurer Lernpartnerschaft und für das Thema am sinnvollsten haltet und euch am besten zutraut.

S. 144/145

1 Lies zuerst alle Texte sorgfältig und kläre unbekannte Begriffe. Betrachte die Abbildungen mit allen Einzelheiten. Achte zum Schluss beim Lesen der Aufgaben auf die Operatoren, damit du genau weißt, was die jeweilige Aufgabe verlangt.

2 Wenn du die Methodenschritte nicht mehr genau weißt, schau noch einmal im Kapitel „Ein Satellitenbild auswerten" auf S. 126/127 in deinem Schülerbuch nach.

3 a–g) Lest die einzelnen Fragen genau. Sucht gemeinsam die Textstellen und Materialien, die euch bei der Bearbeitung helfen. Eine Internetrecherche hilft bei allen Aufgaben außer a). Nutzt für a) T1, T2 und M6.

4 Wählt die Präsentationsform aus, die ihr in eurer Lernpartnerschaft und für das Thema am sinnvollsten haltet und euch am besten zutraut.

Nachweise

Cover Corbis (F. Bilger Photodesign/F1 Online), Berlin; **2.1** Butz, Steffen, Karlsruhe; **2.2** Steinert, Lorenz, Leipzig; **2.3** Alamy stock photo (Wei Hao Ho), Abingdon, Oxon; **2.4** Butz, Steffen, Karlsruhe; **3.5** Alamy stock photo (robertharding/Charles Bowman), Abingdon, Oxon; **3.6** Alamy stock photo (Oleg Kozlov), Abingdon, Oxon; **3.7** imago images (ITAR-TASS), Berlin; **3.8** Getty Images (E+/FatCamera), München; **3.9** Klett-Archiv, Stuttgart; **4.1** Butz, Steffen, Karlsruhe; **6.1** Getty Images (AFP Photo/Alexey Sazonov), München; **6.2 Mitte** Fotolia.com (joselitofp), New York; **6.2 links** iStockphoto (RF/James Wooten), Calgary, Alberta; **6.2 rechts** iStockphoto (Elzbieta Sekowska), Calgary, Alberta; **6.3 oben** iStockphoto (Zoran Kolundzija), Calgary, Alberta; **6.3 unten** UEFA, Nyon 2; **7.4** iStockphoto (Holger Mette), Calgary, Alberta; **7.6** Mauritius Images (Peter Lehner), Mittenwald; **8.1** Diana Jäckel, Erfurt; **8.2 A** Alamy stock photo (Erlend Haarberg), Abingdon, Oxon; **8.2 B** ddp images GmbH (ddp images/lianem/Shotshop.com), Hamburg; **8.2 C** Alamy stock photo (Kevin Su), Abingdon, Oxon; **8.2 D** Alamy stock photo (Evgeny Prokofyev), Abingdon, Oxon; **8.3** Mauritius Images (TNT Magazine/Alamy), Mittenwald; **9.4** Klett-Archiv, Stuttgart; **10.1 A** iStockphoto (Tokarsky), Calgary, Alberta; **10.1 B** iStockphoto (ZU_09), Calgary, Alberta; **10.1 C** Getty Images (Corbis Documentary/O. Alamany & E. Vicens), München; **11.2** Klett-Archiv, Stuttgart; **12.1** Jäckel, Diana, Erfurt. Quelle: http://worldpopulationreview.com/continents/ (Zugriff: 28.06.2019); **12.2** NASA, Washington, D.C.; **13.3** Klett-Archiv, Stuttgart; **14.1 A** Steinert, Lorenz, Leipzig; **14.1 B** imago images (Eibner), Berlin; **14.1 C** Thinkstock (johannes86), München; **14.1 D** Picture-Alliance (dpa-Zentralbild), Frankfurt; **15.2** Oser, Liliane, Hamburg; **16.1** Ullstein Bild GmbH (euroluftbild.de), Berlin; **17.2** Klett-Archiv, Stuttgart; **18.1** Schaar, Wolfgang, Grafing; **18.2** Schaar, Wolfgang, Grafing; **19.4** Alamy stock photo (Novarc Images), Abingdon, Oxon; **19.5** Klett-Archiv, Stuttgart; **19.6** Schaar, Wolfgang, Grafing; **19.7** Schaar, Wolfgang, Grafing; **20.1** Schaar, Wolfgang, Grafing; **21.2** Klett-Archiv, Stuttgart; **21.3** Klett-Archiv, Stuttgart; **22.1** Wolfgang Schaar; **22.2** Fotolia.com (Duplass), New York; **23.3** Hungreder, Rudolf, Leinfelden-Echterdingen; **23.4** ShutterStock.com RF (Denis Kuvaev), New York, NY; **23.5** Fotolia.com (ajlatan), New York; **24.A** Alamy stock photo (Simon Tranter Photography), Abingdon, Oxon; **24.B** laif (Francis Cormon/hemis.fr), Köln; **24.C** Action Press GmbH (McPHOTO /J. Webeler/blickwinkel), Hamburg; **25.D oben** Alamy stock photo (kpzfoto), Abingdon, Oxon; **25.D unten** Alamy stock photo (Nature Picture Library), Abingdon, Oxon; **25.E** Alamy stock photo (GFC Collection), Abingdon, Oxon; **26.1 A** Steinert, Lorenz, Leipzig; **26.1 B** Picture-Alliance (blickwinkel/K. Salminen), Frankfurt; **27.1 C** Blickwinkel, Witten; **27.1 D** Picture-Alliance (Arco Images GmbH); Frankfurt; **28.1** imago images (Arnulf Hettrich), Berlin; **28.2** ddp images GmbH (Christian Beier), Hamburg; **29** Jähde, Steffen, Sundhagen; **31.1** Jäckel, Diana, Erfurt. Quelle: Deutscher Wetterdienst, Offenbach; **32.1** Butz,

Steffen, Karlsruhe; **32.1** Jäckel, Diana, Erfurt; **32.1** Butz, Steffen, Karlsruhe; **33.2** Klett-Archiv, Stuttgart; **34.1** Schaar, Wolfgang, Grafing; **34.2** creanovo, Kempf, Axel, Hannover; **35.3** VISUM Foto GmbH (Hendel), München; **35.5** Schaar, Wolfgang, Grafing; **36.1** Schaar, Wolfgang, Grafing; **36.2 Mitte links** stock.adobe.com (John Smith), Dublin; **36.2 Mitte rechts** ShutterStock.com RF (Solodov Alexey), New York, NY; **36.2 oben links** ShutterStock.com RF (Gregory A. Pozhvanov), New York, NY; **36.2 oben rechts** Picture-Alliance (blickwinkel/W. Seeliger), Frankfurt; **36.2 unten rechts** Leicht, Jürgen, Mutlangen; **37.3** Klett-Archiv, Stuttgart; **37.4** Klett-Archiv, Stuttgart; **38.1 Lavendel** Fotolia.com (Andreas Berheide), New York; **38.1 Lorbeer** Fotolia.com (Dalmatin.o), New York; **38.1 Pinie** Getty Images (Dorling Kindersley/Matthew Ward), München; **38.1 Steineiche** Fotolia.com (pixmics), New York; **38.1 Ölbaum** Fotolia.com (Miguel Garcia Saaved), New York; **38.2** Mauritius Images (age fotostock), Mittenwald; **39.3** Jäckel, Diana, Erfurt; **39.4** Klett-Archiv, Stuttgart; **39.5** laif (Clemens Zahn), Köln; **39.6** Butz, Steffen, Karlsruhe; **40.1** Schaar, Wolfgang, Grafing; **40.2 oben** Alamy stock photo (McPhoto/Baesemann), Abingdon, Oxon; **40.2 unten** Jäckel, Diana, Erfurt; **40.3 oben** Alamy stock photo (Bill Coster LA), Abingdon, Oxon; **40.3 unten** Jäckel, Diana, Erfurt; **40.4** Butz, Steffen, Karlsruhe; **41.5** Schaar, Wolfgang, Grafing; **42.1** ShutterStock.com RF (Natalia Davidovich), New York, NY; **42.2** ShutterStock.com RF (Pecold), New York, NY; **42.3** Leicht, Jürgen, Mutlangen; **42.4** Leicht, Jürgen, Mutlangen; ; **43.5** Jäckel, Diana, Erfurt; **43.6** Diana Jäckel; **43.6 Bilderrätsel** Jähde, Steffen, Sundhagen; **43.7** Diana Jäckel; **44.2** ShutterStock.com RF (Cathy Keifer), New York, NY; **44.3** Okapia (Michel Gunther/BIOS), Frankfurt; **45.4** Mauritius Images (foodcollection), Mittenwald; **45.5** Fotolia.com (M.R. Swadzba), New York; **45.6** Leicht, Jürgen, Mutlangen; **45.7** ShutterStock.com RF (Matteo photos), New York, NY; **46.1** Alamy stock photo (Wei Hao Ho), Abingdon, Oxon; **48.1** Wolfgang Schaar; **48.2 A** ShutterStock.com RF (Puripat Lertpunyaroj), New York, NY; **48.2 B** Fotolia.com (Mikael Damkier), New York; **48.2 C** laif (Max Galli), Köln; **48.2 D** Mauritius Images (Rainer Mirau), Mittenwald; **49.7** Klett-Archiv, Stuttgart; **49.8** Klett-Archiv, Stuttgart; **49.9** Fotosearch Stock Photography (Eyewire RF), Waukesha, WI; **50.1** Schaar, Wolfgang, Grafing; **50.2** Klett-Archiv, Stuttgart; **51.3** stock.adobe.com (villorejo), Dublin; **51.4** stock.adobe.com (linjerry), Dublin; **51.5** Jäckel, Diana, Erfurt. Quelle: https://wiki.bildungsserver.de/klimawandel/index.php/Gletscher_in_Nordeuropa. Eigene Darstellung nach Andreassen, L.M., and S.H. Winsvold (Eds., 2012): Inventory of Norwegian Glaciers. https://creativecommons.org/licenses/by-sa/4.0/deed.de; **52.1** Getty Images Plus (aleks1949), München; **52.2** Picture-Alliance (Stephan Persch), Frankfurt; **53.3** Klett-Archiv, Stuttgart; **53.4** Klett-Archiv, Stuttgart; **54.1** ShutterStock.com RF (F8 studio), New York, NY; **54.2** Schaar, Wolfgang, Grafing; **54.3** Schaar, Wolfgang, Grafing; **54.4** Getty Images Plus (saxony), München; **55.5** ShutterStock.com RF (Umomos), New York, NY; **55.6** Schaar, Wolfgang, Grafing; **56.1** CC-BY-SA-4.0/

https://creativecommons.org/licenses/by-sa/4.0/deed.de (Mehlauge, https://commons.wikimedia.org/wiki/File:Endmor%C3%A4ne_Schwiggerow.JPG#/media/File:Endmor%C3%A4ne_Schwiggerow.JPG), siehe *3; **56.2** Wilhelmi, Volker, Wackernheim; **57.3** Schaar, Wolfgang, Grafing; **58.1** Schaar, Wolfgang, Grafing; **58.2** Alamy stock photo (Taina Sohlman), Abingdon, Oxon; **58.3** Getty Images Plus (iStock Unreleased/Gannet77), München; **59.4** creanovo, Kempf, Axel, Hannover; **59.5** Alamy stock photo (FLPA), Abingdon, Oxon; **60.1** Klett-Archiv, Stuttgart; **60.2** Schaar, Wolfgang, Grafing; **61.5** creanovo, Kempf, Axel, Hannover; **61.6** Jähde, Steffen, Sundhagen; **62.1** Schaar, Wolfgang, Grafing; **62.2** stock.adobe.com (soerenschaper), Dublin; **63** stock.adobe.com (Stuart Monk), Dublin; **63.2** stock.adobe.com (Hans und Christa Ede), Dublin; **64.2** Schaar, Wolfgang, Grafing; **64.3** Meszner, Sascha, Dresden; **64.4** Müller, Ute, Dresden; **65.5** Klett-Archiv, Stuttgart; **65.7** Schaar, Wolfgang, Grafing; **66** Butz, Steffen, Karlsruhe; **68.1** Schaar, Wolfgang, Grafing; **68.2** NASA (MODIS Rapid Response Project at NASA/GSFC), Washington, D.C.; **69.3** Klett-Archiv, Stuttgart; **69.4** Interfoto (Gerald Schwabe), München; **69.5** Getty Images (Andia/UIG), München; **70.1** Schaar, Wolfgang, Grafing; **70.2** Alamy stock photo (Paul Mayall Italy), Abingdon, Oxon; **71.4** iStockphoto (ArturKo), Calgary, Alberta; **71.5** Fotolia.com (wolfgang67), New York; **72.1** Schaar, Wolfgang, Grafing; **72.2** Butz, Steffen, Karlsruhe; **72.3** imago images (Arkivi), Berlin; **73.4** ShutterStock.com RF (Daniel Prudek), New York, NY; **73.5** Datengrundlage Gästebetten 1930: www.selvafoto.it/de/buch-wolkenstein.html?article_id=27; Einwohner 2018: Landesinstitut für Statistik: astat info Nr. 26, 04/2019 Gästebetten (Landesamt für Statistik ASTAT, Onlineabfrage, letzter Zugriff 01.08.2019); **73.6** Daten von Tourismusverband Wolkenstein; **74.1** iStockphoto (NetMartin), Calgary, Alberta; **74.2** ShutterStock.com RF (Sasimoto), New York, NY; **75.3** Fotolia.com (Internetter), New York; **75.5** iStockphoto (IsaacLKoval), Calgary, Alberta; **76.1** Picture-Alliance (REUTERS/Arnd Wiegmann), Frankfurt; **76.2** Alamy stock photo (The History Collection), Abingdon, Oxon; **76.3** Action Press GmbH, Hamburg; **77.4** Schaar, Wolfgang, Grafing; **78.1** Butz, Steffen, Karlsruhe; **79.2** Klett-Archiv, Stuttgart; **80.1** Klett-Archiv, Stuttgart; **80.2** Klett-Archiv, Stuttgart; **80.4** Jähde, Steffen, Sundhagen; **81.3 A** Jürgen Leicht, Mutlangen; **81.3 B** Fotolia.com (Netzer Johannes), New York; **81.3 C** Alamy stock photo (imagebroker), Abingdon, Oxon; **81.3 D** iStockphoto (DanielPrudek), Calgary, Alberta; **81.4** Schaar, Wolfgang, Grafing; **82.1** Klett-Archiv, Stuttgart; **82.2** Alamy stock photo (StockShot), Abingdon, Oxon; **83.4** Picture-Alliance (Reuters/Andreas Meier), Frankfurt; **83.8** ddp images GmbH (G. Fischer/Bildagentur-online), Hamburg; **83.9** Geiger, Michael, Landau; **84.1** Schaar, Wolfgang, Grafing; **84.2** Lookphotos (Wothe, Konrad), München; **84.3** Alamy stock photo (volkerpreusser), Abingdon, Oxon; **85.4** Satellitenbild: Google Earth. © 2019 Google LLC, used with permission. Google and the Google logo

9

Haack-Kartenteil

Die folgenden Karten bieten dir eine schnelle Orientierung. Sie zeigen einen Überblick über die Räume, die im Unterricht behandelt werden. Mit dem Register kannst du geographische Objekte suchen, ganz so, wie du es von der Arbeit mit dem Atlas gewohnt bist.

Für alle physischen Karten gilt die Kartenlegende auf dieser Seite.
Interessierst du dich für Einzelheiten oder Karten mit bestimmten thematischen Inhalten, so schlage in deinem Haack Weltatlas nach.

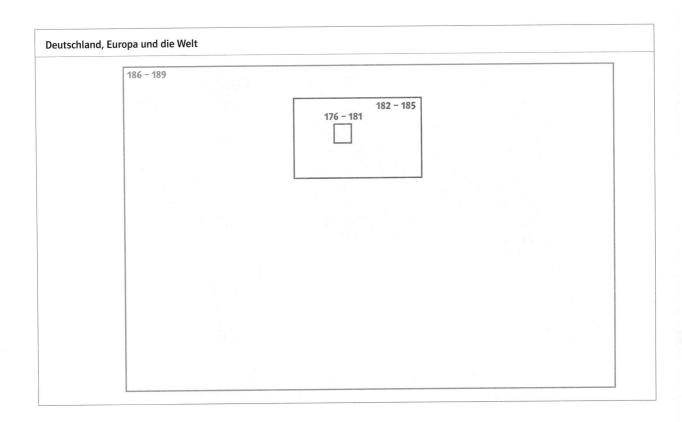

Deutschland, Europa und die Welt

186 – 189

182 – 185

176 – 181

Kartenlegende

Orte

- über 5 000 000 Einwohner
- 1 000 000 – 5 000 000
- 500 000 – 1 000 000
- 100 000 – 500 000
- unter 100 000

Grenzen

- Staatsgrenze
- Grenze eines Bundeslandes oder Verwaltungsgebietes
- umstrittene Grenze, Waffenstillstandslinie
- **TOGO** Staat
- Lomé Hauptstadt eines Staates
- **Färöer** abhängiges Gebiet mit Selbstverwaltung
- **Bayern** Bundesland oder Verwaltungsgebiet
- München Hauptstadt eines Bundeslandes oder Verwaltungsgebietes

Flüsse, Seen

- Fluss
- zeitweise Wasser führender Fluss
- zeitweise gefüllter See
- See
- Schifffahrtskanal
- Stausee mit Staudamm

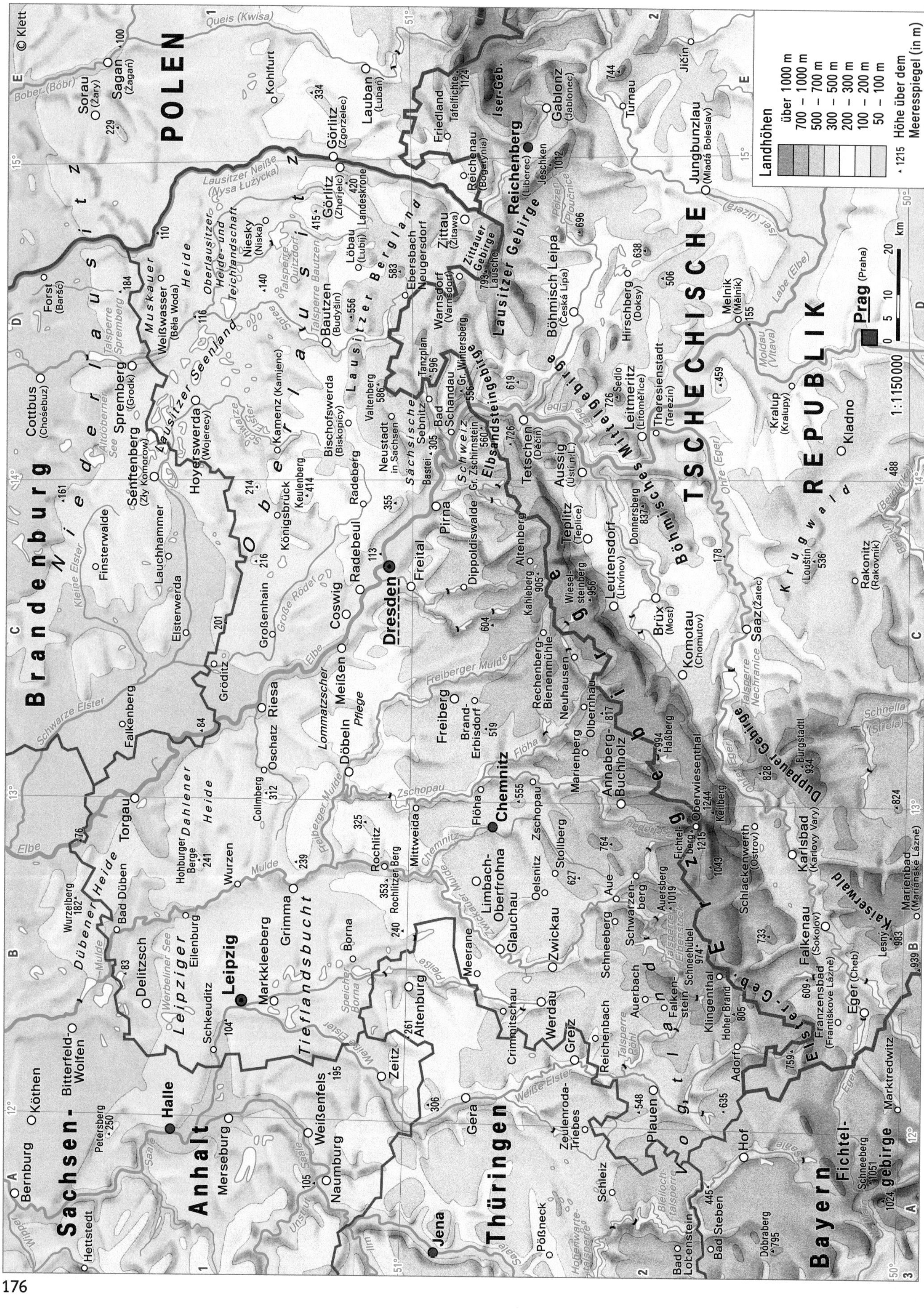

© Klett
Landhöhen
über 1000 m
700 – 1000 m
500 – 700 m
300 – 500 m
200 – 300 m
100 – 200 m
50 – 100 m
▲1215 Höhe über dem Meeresspiegel (in m)
1:1150000
0 5 10 20 km
POLEN
TSCHECHISCHE REPUBLIK
Brandenburg
Sachsen-Anhalt
Thüringen
Bayern
Niederlausitz
Oberlausitz
Lausitzer Bergland
Lausitzer Gebirge
Zittauer Gebirge
Iser-Geb.
Sächsische Schweiz
Elbsandsteingebirge
Erzgebirge
Vogtland
Elster-Geb.
Fichtelgebirge
Kaiserwald
Duppauer Gebirge
Böhmisches Mittelgebirge
Krugwald
Leipziger Tieflandsbucht
Dübener Heide
Dahlener Heide
Muskauer Heide
Lausitzer Seenland
Lommatzscher Pflege
Oberlausitzer Heide- und Teichlandschaft
Dresden
Leipzig
Chemnitz
Halle
Jena
Prag (Praha)
Görlitz
Bautzen
Zwickau
Plauen
Zittau
Reichenberg (Liberec)
Elbe
Mulde
Lausitzer Neiße (Nysa Łużycka)

Deutschland

© Klett

1 : 4 000 000

Landhöhen

über 2000 m
1000 – 2000 m
500 – 1000 m
200 – 500 m
100 – 200 m
0 – 100 m
unter 0 m

Gletscher

▲ 4807 Höhe über dem Meeresspiegel (in m)

177

1 : 2 000 000

0 10 20 30 km

A · 6° · B · 8° · C

D Ä N E M

N o r d s e e

D e u t s c h e

B u c h t

Rømø

Wester-land
Sylt

Westerland

Föhr

Amrum

Halligen

Pellworm

Nordfriesische Inseln

Nordfriesland

Flensburg

Schleswig

Husum

Eckernf

106

St. Peter-Ording

Helgoland

Heide

83

Nord-Ostsee-Kanal

Helgoländer

Neumüns

54°

Bucht

Neuwerk

Brunsbüttel

Cuxhaven

Elbe

Elmshor

Ostfriesische Inseln

Wangerooge

Spiekeroog

Langeoog

Norderney

Juist

Norddeich

Weser

Norderste

Oste

Hambu

Borkum

Ostfriesland

Wilhelms-haven

Jade-busen

74

Bremerhaven

W e s t f r i e s i s c h e   I n s e l n

Schiermonnikoog

Ameland

-1,9

-1,4

Emden

Wilseder B

16

Lü

Terschelling

Dollart

Vlieland

Leeuwarden

-1,4

Groningen

Hondsrug

Papenburg

Oldenburg

Bremen

Texel

25

West-friesland

Ems

Küstenkanal

Hunte

Delmenhorst

Soltau

Den Helder

-1,9

24

Emmen

Hümmling

73

Cloppenburg

Weser

9

N I E D E R -

IJssel-meer

Hase

Vechta

57

Alkmaar

Kampen

-5

Dortmund-Ems-Kanal

17

Nienburg

24

Flevoland

Vechte

89

Emsland

Dümmer

Steinhuder Meer

D E U

Haarlem

107

37

181

Mittellandkanal

Hannov

Amsterdam

-4,2

Hilversum

IJssel

Wiehengebirge

Minden

Deister

405

Apeldoorn

Berkel

Osnabrück

320

Wesergebirge

Herford

Hameln

Hils

70

Hildes-heim

Utrecht

Arnheim
(Arnhem)

Enschede

Teutoburger Wald

Bielefeld

Detmold

Weser-

Solling

528

52°

Lek

Waal

Nimwegen
(Nijmegen)

94

Münster

51

Gütersloh

66

Velmerstot

468

bergland

96

L A N D E

17

Wesel

W e s t f ä l i s c h e

Ems

Paderborn

Eggegebirge

Göttingen

Breda

Rhein

B u c h t

Lippe

Soest

389

Eder

Hann. Münd

3

Recklinghausen

Hamm

H a a r

843

Venlo

Gelsenkirchen

Oberhausen

Essen

Dortmund

Arnsberg

Ruhr

Diemel

Kassel

Duisburg

Bochum

Krefeld

Mülheim

Hagen

Sauerland

Kahler Asten
841

Eder-stausee

754
Meißner

Landhöhen

Düsseldorf

Wuppertal

Ebbegebirge

663

Biggetalsperre

675

BELGIEN

Mönchen-gladbach

Neuss

Solingen

Leverkusen

Rothaargebirge

649

K e l l e r -

Erft

Kölner

Gummersbach

C w a l d

Ville

Bucht

Köln

Landhöhen

	über 2000 m
	1000 – 2000 m
	500 – 1000 m
	200 – 500 m
	100 – 200 m
	0 – 100 m
	unter 0 m
	Gletscher
▲ 2962	Höhe über dem Meeresspiegel (in m)

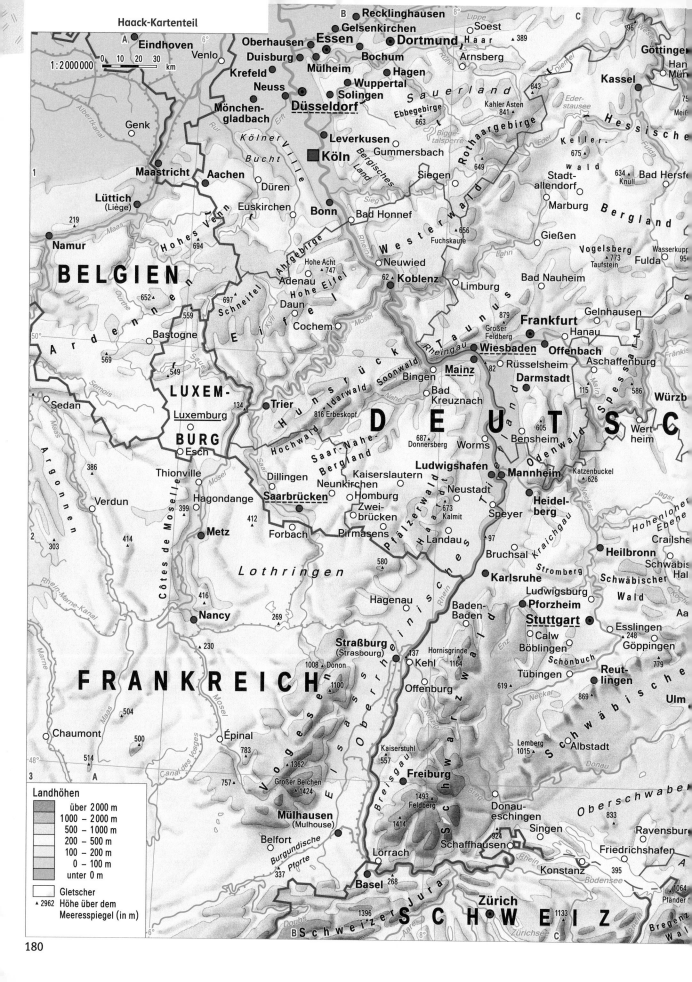

1 : 2 000 000

0 10 20 30
km

A Eindhoven

Venlo

Recklinghausen
Gelsenkirchen
Oberhausen Essen Dortmund
Duisburg Bochum Arnsberg
Mülheim Hagen
Krefeld Wuppertal
Neuss Solingen
Mönchen- Düsseldorf
gladbach

Genk

Maastricht Aachen

Lüttich
(Liège)

Namur

BELGIEN

Düren

Euskirchen

Bonn

Bad Honnef

Hohes Venn

Ahrgebirge

Hohe Acht
747
Adenau

Hohe Eifel

Daun

Cochem

Schneifel

Bastogne

Ardennen

Sedan

Argonnen

Verdun

Chaumont

LUXEM-
BURG

Luxemburg

Esch

Thionville

Hagondange

Metz

Nancy

FRANKREICH

Lothringen

Trier

Hunsrück
Idarwald
816 Erbeskopf
Hochwald
Saar-Nahe-
Bergland
Dillingen
Neunkirchen
Saarbrücken
Homburg
Zwei-
brücken
Forbach
Pirmasens

Straßburg
(Strasbourg)

Kehl

Offenburg

Mülhausen
(Mulhouse)

Belfort

Lörrach

Basel

Eindhoven
Oberhausen Essen
Duisburg Bochum
Mülheim
Krefeld
Neuss
Düsseldorf

Leverkusen

Köln

Gummersbach

Siegen

Neuwied

Koblenz

Limburg

Rhein

Westerwald

Taunus

Wiesbaden

Mainz

Bingen

Bad
Kreuznach

Donnersberg

Worms

Ludwigshafen
Mannheim

Kaiserslautern

Neustadt

Kalmit

Speyer

Landau

Bruchsal

Karlsruhe

Hagenau

Baden-
Baden

Hornisgrinde

Freiburg

Kaiserstuhl

Feldberg

Donau-
eschingen

Schaffhausen

Zürich

SCHWEIZ

Göttingen

Kassel

Sauerland

Kahler Asten
841

Rothaargebirge

Hessische

Stadt-
allendorf

Marburg

Gießen

Vogelsberg

Fulda

Bad Nauheim

Frankfurt

Hanau

Offenbach

Aschaffenburg

Rüsselsheim

Darmstadt

Odenwald

Bensheim

Katzenbuckel

Heidel-
berg

Kraichgau

Stromberg

Ludwigsburg

Pforzheim

Stuttgart

Esslingen

Göppingen

Reut-
lingen

Tübingen

Ulm

Albstadt

Oberschwabe

Ravensbur

Friedrichshafen

Konstanz

Bodensee

Würzb

Wert-
heim

Heilbronn

Schwäbis

Crailshe

Hohenloher
Ebene

Schwäbischer

Wald

Böblingen

Schönbuch

Calw

Schwäbische

Donau

Lemberg

Singen

Landhöhen

über 2000 m
1000 – 2000 m
500 – 1000 m
200 – 500 m
100 – 200 m
0 – 100 m
unter 0 m

Gletscher

2962 Höhe über dem
Meeresspiegel (in m)

© Klett

POLEN

Halle
Merseburg
298
Kyffhäuser
474
Dün
Hainleite
622
nich
Eisenach
Gotha
Thüringer
Finne
Becken
105
Weißenfels
Borna
Leipzig
Tieflandsbucht
Leipziger
312
Collmberg
84
214
Hoyerswerda
Neiße
Ober-
Bautzen
Lauban
(Lubań)
Görlitz
1124
Isergebirge
793
lausitz
F
1
Meißen
Coswig
Dresden
Freiberg
Elbsandstein-
gebirge
726
Tetschen
(Děčín)
Lausitzer Gebirge
Reichenberg
(Liberec)
Erfurt
Weimar
Jena
Gera
Altenburg
Chemnitz
Annaberg-
Buchholz
Aussig
(Ústí n.L.)
Böhmisches Mittelgebirge
638
Jungbunzlau
(Mladá Boleslav)
916
ü r i n g e r
547
Rudolstadt
Großer Beerberg
983
275
Suhl
Meiningen
679
Sonneberg
Coburg
Greiz
Zwickau
Plauen
661
Vogtland
Zwickauer Mulde
Freiberger Mulde
Zschopau
Fichtelberg
1215
1244
Keilberg
Fichtelberg
g e b i r g e
E r z
Brüx
(Most)
Karlsbad
(Karlovy Vary)
536
934
Duppauer Gebirge
Eger
155
h
ö
m
e
n
Eger
Elbe
Kladno
Prag (Praha)
50°
Wald
Fichtel-
gebirge
Franken-
795
Hof
759
Eger (Cheb)
983
Tepler Hochland
B
TSCHECHISCHE
REPUBLIK
504
weinfurt
singen
Haßberge
Main
Steigerwald
231
Bamberg
Bayreuth
Fränkische
614
Schweiz
682
1051
Schneeberg
Waldnaab
Oberpfälzer
Mies
Beraun
Pilsen
(Plzeň)
Brdywald
862
Příbram
Moldau
744
Tábor
862
Neuhaus
(Jindřichův Hradec)
ILAND
Herzogen-
aurach
Erlangen
Fürth
Nürnberg
Ansbach
Schweiz
Regnitz
Fränkische
Alb
652
Main-
Donau-
Kanal
Weiden
771
Wald
Schwarzkopf
1042
Klattau
(Klatovy)
W o t a u
Beraun
347
Luschnitz
Sazawa
REPUBLIK
Schwandorf
Naab
Regen
B a y e r i s c h e r
Großer
Arber 1456
B ö h m e r w a l d
1362
1453
Grafenau
Budweis
(České Budějovice)
2
688
Hesselberg
79
Ries
430
Franken
Altmühl
Neumarkt
338
Regensburg
Straubing
Donau
Ingolstadt
N i e d e r b a y e r n
1121
Einödriegel
Plöckenstein
1378
Moldau
Lippener
Stausee
1125
Weinsberger
Wald
1060
Lech
Isar
Hallertau
530
Pfaffenhofen
Landshut
Isar
Passau
Inn
876
Donau
245
Linz
576
Augsburg
Fürsten-
feldbruck
Freising
Erding
München
624
Inn
Alz
Hausruck
801
Traun
Steyr
Landsberg
mmingen
Starnberg
533
O b e r b a y e r n
518
Chiemsee
Salzburg
ÖSTERREICH
Atter-
see
Traun-
see
2523
Totes Gebirge
2244
Gesäuse
Ems
48°
3
Kaufbeuren
584
Starnberger
See
Ammer-
see
Rosenheim
Chiemgauer Alpen
Reit im Winkl
Berchtesgaden
Königs-
see
Salzkammergut
Salzburger
Alpen
2995
Dachstein
2863
Hochgolling
2365
Eisenerzer Alpen
2449
n
gäu
gäuer
lpen
Mädelegabel
2645
2047
2962
Zugspitze
Garmisch-
Partenkirchen
2299
2749
B a y e r i s c h e   A l p e n
1838
2344
Kitzbüheler Alpen
2558
Königs-
see
2941
Salzach
e
2244
Gesäuse
N i e d e r e   T a u e r n
Mur
14°
A
l
p
e
n
Innsbruck
12°
A
D
l
E
F

181

Landhöhen

über 5000 m
2000 – 5000 m
1000 – 2000 m
500 – 1000 m
200 – 500 m
100 – 200 m
0 – 100 m
unter 0 m

Gletscher

▲ 4807 Höhe über dem
Meeresspiegel (in m)

1 : 20 000 000

0 100 200   500
km

Europäisches

Nordme

nördlicher Polarkreis

Reykjavík *Island* ▲2119

Färöer

Shetlandinseln

Trondhe

Galdhøpiggen
2469

Bergen

Oslo

ATLANTISCHER

Hebriden

▲1343

Belfast **Glasgow**

Nordsee

Götebo

*Orkney-
Inseln*

Skand

Skagerra

Slea Head **Dublin** **Manchester**

Cork **Sheffield**

Birmingham

London

Land's End Bristol

Der Kanal

Kopenhage

Hambu

Amsterdam
Rotterdam

Ber

Elbe

Brüssel **Köln** Dortmund

OZEAN

Bretagne

Normandie

Paris

Luxemburg Frankfurt Pr

Loire *Seine* *Rhein* *Donau*

*Golf von
Biscaya*

Münchem

Kap Finisterre

Galicien

Vogesen

*Kantabrisches
Gebirge* Bilbao Bordeaux

**Zentral-
massiv**

Lyon Zürich

▲4810
Mont Blanc

Azoren

Porto

Garonne

Toulouse

A l p e

Mailand

Ponta *São Miguel*
Delgada

Duero

Pyrenäen

Turin

Genua

▲3404

Marseille

Apennin

Nizza

Lissabon **Madrid**

Tejo *Ebro*

Barcelona

Korsika

Rom

Valencia

B a l e a r e n

Neapel

Sevilla

Palma *Mallorca*
de Mallorca

Sardinien

Cagliari

Funchal *Madeira*

Málaga Murcia

M

i

Straße von Gibraltar

Gibraltar

Paler

Casablanca **Rabat**

Oran

Algier

Sizilien

Atl

Cata

Fès

Tellatlas

Tunis

Marrakech

Mittlerer Atlas

▲2328

Saharaatlas

Kanarische Inseln

▲4165

Agadir

Hoher Atlas

Atlasgebirge

Sfax *Malta*

Teneriffa

*Fuerte-
ventura*

Antiatlas

*Kleine
Syrte*

*Gran
Canaria* Las Palmas

El Aaiún

Hamada des Draa

Westlicher Großer Erg

Tripolis

nördlicher Wendekreis

S

a

h

a

r

a

Östlicher Großer Erg

Tripolitanien

182

© Klett

F 20° **G** 30° **H** 40° **I** 50° **J** 60° **2** **K** 70° **L** 60°

Barentssee

Nordkap
Hammerfest

Murmansk

*Halbinsel
Kola*

2123

Westsibirisches

Narodnaja
1894

Surgut

Ob

3

Lappland

Oulu

*Weißes
Meer*

Archangelsk

Nördliche Dwina

Serow

Tjumen

Tobolsk

Omsk

Tiefland

*Finnische
Seenplatte*

Karelien

Onegasee

Jekaterinburg

Petropawlowsk

*Ladoga-
see*

Helsinki

Perm

Tscheljabinsk

Nur-Sultan

Uppsala

Tallinn

St. Petersburg

*Peipus-
see*

Jaroslawl

Kasan

Kama

Ufa

1640

Rudny

50°

Stockholm

Waldaihöhe

323

Wolga

Nischni
Nowgorod

Uljanowsk

Magnitogorsk

Gotland

Riga

Moskau

Samara

Kasachensteppe

Aral

Syr-Darja

Ostsee

Düna

Tula

Kasachensteppe

Königsberg
(russisch)

Wilna

Minsk

Saratow

Ural

Danzig

Masuren

Gomel

Woronesch

Kaspische Senke

Moynoq

Amudarja

osen

Weichsel

Warschau

Wolynien

Kiew

Charkiw

Wolgograd

-28

Wolga

Astrachan

Aktau

Nukus

Daşoguz

chlesien

Krakau

Lemberg

Dnipropetrowsk

Luhansk

Don

Manytschniederung

Kaspisches Meer

Pressburg

Karpaten

Chişinău

Donezk

Rostow

Krasnodar

Turkmen-
baschi

Aschgabat

Budapest

Odessa

Dnipro

1545

Kaukasus

Elbrus
5642

Aschgabat

Zagreb

Siebenbürgen

2543

*Halbinsel
Krim*

Sewastopol

Sotschi

Tiflis

Baku

5

Belgrad

Südkarpaten

Bukarest

Walachei

Constanța

Schwarzes Meer

Trabzon

*Armen.
Hochland*

Ararat
5165

Eriwan

Täbris

Ardabil

Elburs

5604 Demawend

Sarajewo

Donau

Varna

Pontisches Gebirge

Ostanatolien

Teheran

aatien

Balkan

Rhodopen

Istanbul

Bosporus

Kızılırmak

Qom

Meer

Tirana

Sofia

Ankara

Anatolien

Diyarbakır

Vansee

*Tumien-
see*

Mosul

Kirkuk

Zagrosgebirge

Isfahan

2911

Saloniki

Bursa

Kızılırmak

Konya

3585

Adana

Atatürk-
Stausee

Tigris

Mesopotamien

4548

Izmir

Taurus

Aleppo

Euphrat

Bagdad

Shiraz

Athen

Westanatolien

*Ägäisches
Meer*

30°

Peloponnes

Kykladen

Nikosia

Zypern

Beirut

Damaskus

Al Basrah

Kreta

Tel Aviv-Jaffa

Amman

Kuwait

l

m

e

e

r

Jerusalem

Port Said

Persischer Golf

6

Banghazi

Alexandria

Manama

*Große
Syrte*

Cyrenaika

Kairo

Nil

Aqaba

Gise

*Halbinsel
Sinai*

Doha

20° **G** 30° **H** 40° **I** 50° **J**

183

ABKÜRZUNGEN:

BOS. U.	BOSNIEN UND
HERZEG.	HERZEGOWINA
LIECHT.	LIECHTENSTEIN
LUX.	LUXEMBURG
NORDM.	NORDMAZEDONIEN
SLOW.	SLOWENIEN
SLOWAK.	SLOWAKISCHE
REP.	REPUBLIK

1 : 20 000 000

0 100 200   500 km

3
40° 60°   A   30°   B   20°   C   10°   D   0°

Europäisches
Nordme

2

Reykjavík
ISLAND

nördlicher Polarkreis

Färöer
(dän.)

Shetlandinseln

NORWE

Orkney-Inseln

4

Hebriden

**GROß-
BRITANNIEN**

Os

Nordsee

DÄNEMA

IRLAND **Man**
(brit.)
Dublin

Kopenhag

ATLANTISCHER

London

**NIEDER-
LANDE**
Amsterdam

Be

40°

**Kanal-
inseln**
(brit.)

Brüssel
BELGIEN
Luxemburg
Paris **LUX.**

DEUTSCHLA

Seine

Rhein

Donau

Loire

50°

OZEAN

Golf von

Biscaya

FRANKREICH

Bern Vaduz
SCHWEIZ **LIECHT.**

Rhône

Po

Ljub

5

Azoren
(port.)

PORTUGAL

Duero

Madrid

Ebro

ANDORRA

Korsika

MONACO

**SAN
MARINO**

Ö

ITALIE

Lissabon

Tajo

SPANIEN

Guadalquivir

Balearen

VATIKAN- Ror
STADT

30°

Sardinien

M

Madeira
(port.)

Gibraltar (brit.)
Ceuta
(span.)

Melilla
(span.)

Algier

i

Chelliff

Sizi

Rabat

Mouloutya

Tunis

Valletta

MA

6

Kanarische Inseln
(span.)

MAROKKO

TUNESIEN

Trip

nördlicher Wendekreis

El Aaiún

A L G E R I E N

SAHARA
(marokkanische
Verwaltung)

MAURETANIEN

MALI

C   10°   D   0°   E   10°   F

Landhöhen

	über 5000 m
	2000 – 5000 m
	1000 – 2000 m
	500 – 1000 m
	200 – 500 m
	0 – 200 m
	unter 0 m
	Gletscher

▲ 8846 Höhe über dem Meeresspiegel (in m)

Nordpolarmeer
Beaufortsee
Kanadischer
Victoria-Insel
Archipel
Brookskette
▲2749
Alaskakette
▲6168
● Denali
Anchorage
Kodiak *Alexander-*
Golf v. Alaska
archipel
nördl. Polarkreis
Baffin
Bay
Baffin-
insel
Hudson-Str.
Davisstraße
▲2926
Ellesmereland
Grönland
▲3231
▲3360
3700
3360
Jan Mayen
Island
2119
Reykjavik
Dänemarkstraße
Nuuk
(Godthåb)
Färöer
Europäisches
Nordmeer
Spitzb
17
N
Shetland-
inseln 2469
Oslo
Sto

Edmonton
4042
Vancouver
Vancouver-I.
Seattle
4392
Küstengebirge
Yukon
NORDAMERIKA
Winnipeg
Große Seen
Montreal
Toronto
Detroit
Chicago
Missouri
Boston
New York
Philadelphia
Washington
Cincinnati
St. Louis
Ohio
Mississippi
Atlanta
2037
Dallas
3658
Houston
New Orleans
Golf von
Mexiko
Miami
Havanna
Hudson
Bay
Ungava-
Halbinsel
Labradorsee
Neufundland
St. John's
Halifax
Bermuda-Inseln
Sargassosee
ATLANTISCHER
Azoren

Britische
Inseln
Glasgow
Nordsee
Amster-
dam
Hamburg
London
Brüssel
Prag
Paris
Mont Blanc
4810
Mailand
Madrid
Lissabon
3404
3478
Algier
Oran
Tunis
2328
Tripo
Casablanca
Madeira
Kanarische Inseln 4165
Atlasgebirge
Ber
E U
Wi
Bud
Rom
3340
Si
Mi
Tripo

San
Francisco
4418
Sierra Nevada
85
Los Angeles
3078
Küstenkette
Großes
Becken
Denver
4399
Rocky Mountains
Great Plains
Appalachen
nördl. Wendekreis
Monterrey
Hochland v. Mexiko
Guadalajara
4265
Mexiko
5700
4217
Guatemala
3820
Managua
Panama
Große Antillen
Hispaniola
Jamaika
Karibisches Meer
Kleine
Antillen
Caracas
5007
5493
Medellín
5750
Bogotá
3014
Georgetown
Orinoco
Bergland von Guayana
2810
Rio Negro
Manaus
Amazonas
Amazonas
Belém
Fortaleza
Amazonastiefland
S a h a r a
Ahaggar
2918
Tib
A F R
Niamey
1781
N'Djam
Dakar
Niger
Conakry
Monrovia
Abidjan
Accra
Lagos
Oberguinea
4070
Hochland vo
Adamaoua
Jaunde Ba
Ko
bec
Tscha

PAZIFISCHER
Äquator
Galápagos-
inseln
Quito
6272
Iquitos
Anden
6768
Lima
6613
Arequipa
6520
Atacama
(Kordilleren)
6421
La Paz
Santa
Cruz
Madeira
3014
SÜDAMERIKA
Brasilianisches
893
Brasilia
Bergland
Tocantins
Recife
Salvador
2890
Belo Horizonte
São
Paulo
Rio de Janeiro
Gran Chaco
Pantanal
Asunción
Curitiba
Uruguay
Porto Alegre
OZEAN
Ascension
St. Helena
Niederguinea
Luanda
26
Namib
Kins

Oster-I.
6880
Aconcagua
6959
Santiago
de Chile
4708
Córdoba
Buenos
Aires
Montevideo
Pampa
3776
4058
Patagonien
OZEAN
südl. Wendekreis
Kapstadt
Kap der
Guten Hoffn
Tristan da Cunha

Punta Arenas
Feuerland
Kap Hoorn
Drakestraße
Falklandinseln
Südgeorgien
Südsandwich-
inseln
Südshetland-
inseln
Palmer-
archipel
Antarktische
Halbinsel
Alexander-
insel
▲4190
Weddellmeer
A N T
4300▲
G

Nordpolarmeer

Arktisches Kap
Sewernaja Semlja
Kap Tscheljuskin
Neusibirische Inseln
Ostsibirische
See
Wrangel-
insel
Anadyrgebirge
St.-Lorenz-I.
Franz-Josef-Land
Nowaja Semlja
Karasee
Laptewsee
·1590
Norilsk ·1701
Werchojansker Gebirge
·3147
Magadan
Beringmeer
Aleuten
Murmansk
Halbinsel
Kola
Jakutsk
Kamtschatka
S   i   b   i   r   i   e   n
St. Petersburg
·1894
Uralgebirge
Jenissej
Ob
Westsibirisches
Tiefland
Omsk
Lena
2412
Stanowoi-Geb.
·4750
Ochotskisches
Meer
Sachalin
OPA
Moskau
N. Nowgorod
Samara
Tscheljabinsk
Orsk
Nowosibirsk
Irkutsk
Sajan
Baikalsee
Jablonowy Geb.
Chabarowsk
Sichote-Alin
Kurilen
Hokkaido
Charkiw
Kaspische
Senke
·-28
Aralsee
Kasachensteppe
Balchasch-
see
Altai
·4506
·3905
Ulan-Bator
Mandschurei
Harbin
Wladiwostok
Japan.
Meer
(Ostmeer)
Sapporo
Honshu
Odessa
ASIEN
Gobi
Großer Hingan
Shenyang
Peking
Fudschijama
·3778
Tokyo
Istanbul
Schwarzes
Meer
·5642
Kaukasus
Tiflis
Elbrus
Almaty
Taschkent
Tian Shan
·7439
Ürümqi
·-154
Tarimbecken
Nan Shan
·6346
Lanzhou
Große
Hwangho
Tsingtau
Seoul
Korea
Pjöngjang
Osaka
Ankara
·5165
Baku
·3585
Ararat
·4821
Elburs
·5604
Pamir
·7495
·7723
Xi'an
Jinan
Gelbes
Meer
Nanjing
Shanghai
Zypern
Ararat
Hindukusch
·7690
Karakorum
·8611
Kunlun Shan
Qin Ling
·8846
Kabul
Himalaya
Tibet
Transhimalaya
·7756
Wuhan
Ostchines.
Meer
Damaskus
·4548
Zagrosgebirge
Teheran
Punjab
Delhi
Mt. Everest
Jangtsekiang
Bagdad
·-422
Kuwait
·2637
Hindustan
Ganges
Dhaka
Yunnan-
plateau
Hanoi
Kanton
Südchinesisches
Bergland
Taipeh
·3952
Bonin-
inseln
Vulkaninseln
nördl. Wendekreis
Riad
Karachi
Kalkutta
Hongkong
Taiwan
PAZIFISCHER
·3019
Arabien
Mekka
Bombay
Dekkan
·1680
Golf v.
Bengalen
Rangun
Hainan
Südchines.
Meer
·2928
Luzon
Marianen
Arabisches
Meer
Westghats
Osghats
Madras
Bangkok
·3280
Manila
Mindoro
Cebu
Philippinen
Karolinen
·4620
Aden
·3760
Golf von Aden
Lakshadweep-In.
·2698
Ceylon
·2524
Nikobaren
Andamanen
Ho Chi Minh
Mekong
Palawan
Mindanao
Sulu-
Inseln
·4101
Chuuk-In.
Pohnpei
Hochland
von
Äthiopien
·4307
Addis Abeba
Somali-
halbinsel
Colombo
Malediven
Kuala Lumpur
Singapur
Pontianak
·2988
Sulawesi
Molukken
·3000
OZEAN
·5109
·5199
Mogadischu
Seychellen
Diego Garcia
Sumatra
·3805
Borneo
·3455
Neuguinea
·4884
Bismarck-
Archipel
Äquator
Nairobi
·5895
Kilimandscharo
Daressalam
Komoren
Jakarta
Java
Makassar
Surabaya
Port
Moresby
·4072
Salomon-
inseln
·3000
·2876
Antananarivo
INDISCHER
Arafurasee
Timorsee
Carpen-
taria-
golf
Korallen-
see
Harare
·3482
Durban
Madagaskar
Réunion
Arnhem-
land
Kimberley-
plateau
Kap-
York-
H.-I.
Neukaledonien
südl. Wendekreis
Große
Sandwüste
Macdonnellkette
·1510
Great Dividing Range
·-12
Amsterdam-
insel
St.-Paul-Insel
OZEAN
Perth
AUSTRALIEN
Große
Victoriawüste
Nullarborebene
Brisbane
Crozetinseln
Große
Australische
Bucht
Adelaide
·2230
Sydney
Nordinsel
Prinz-Eduard-Inseln
Kerguelen
Melbourne
Darling
Murray
Tasmansee
Auckland
Neuseeland
·3764
Tasmanien
Hobart
Wellington
Christchurch
Südinsel
Kap Batterbee
·2300
ARKTIS
·3355
Mt. Menzies
·3061
·3176
Balleny-
Inseln
südl. Polarkreis

© Klett

Nordpolarmeer

Alaska
(USA)

Kalaallit Nunaat
(dän.)

Spitzberg
(norw.)

nördl. Polarkreis

ISLAND
Reykjavik

Färöer
(dän.)

NORWEGEN

SCHWE.

K A N A D A

Oslo

DÄN. Kopenhagen

GROSS-
BRITANNIEN

Berlin

IRLAND
Dublin

London

NL.

Amst.

B.

DEUTSCH-
LAND

PO.

TS.

Ottawa

Paris

Lux.

W.

SL.

2

VEREINIGTE STAATEN
(USA)

St-Pierre u.
Miquelon
(franz.)

FRANKREICH

Ber.

Ljublj.

SM.

KR.

Washington

AND.

MON.

VAT. Rom

ITALIEN

PORTUGAL

Madrid

SPANIEN

Lissabon

Azoren
(port.)

Madeira
(port.)

Algier Tunis

Va

MAL

nördl. Wendekreis

30°

MEXIKO

Bermuda
(brit.)

Kanarische Inseln
(span.)

Rabat

MAROKKO

TUNESIEN

Tripolis

Nassau

El Aaiún

ALGERIEN

LIB

Havanna

A T L A N T I S C H E R

SAHARA
(marokkan.
Verwaltung)

BAHAMAS

KAP VERDE

MAURETANIEN

KUBA

Mexiko

Nouakchott

MALI

NIGER

TS

Kingston

DOMINIK.
REP.

Puerto Rico
(USA)

ANTIGUA U. BARBUDA

Praia

Dakar

BELIZE

HAITI

Guadeloupe (franz.)

SENEGAL

Bamako

BURKINA

Niamey

N'Dja

Belmopan

JAMAIKA

DOMINICA

GAMBIA

FASO

GUATEMALA

HONDURAS

Port-au-Prince

ST. K.

Martinique (franz.)

Banjul

Bissau

Ouagadougou

NIGERIA

Guatemala

Tegucigalpa

Sto. Domingo

ST. LUCIA

BARBADOS

GUINEA-BISSAU

GUINEA

Abuja

San Salvador

NICARAGUA

GRENADA

ST. VINCENT U. D. GRENADINEN

Conakry

Yamous-

GHANA

Porto Novo

EL SALVADOR

Managua

TRINIDAD U. TOBAGO

Freetown

soukro

KAMERUN

ZEN

COSTA RICA

Panama

Caracas

Port-of-Spain

SIERRA LEONE

Monrovia

CÔTE

Accra

Lomé

Bangu

San José

PANAMA

VENEZUELA

Georgetown

LIBERIA

D'IVOIRE
(ELFENBEIN-

Malabo

ÄQUAT.

Jaunde

Bogotá

GUYANA

Paramaribo

SÃO TOMÉ

KÜSTE)

U. PRÍNCIPE

GUINEA

GABUN

KOLUMBIEN

SÚRINAME

Franz.-Guayana

São Tomé

Libreville

KONGO

Quito

Äquator

Brazzaville

ECUADOR

Kinsh

Galápagos-
inseln (ecuad.)

Luanda

B R A S I L I E N

P E R U

ANG

4

P A Z I F I S C H E R

Lima

St. Helena
(brit.)

NAMIE

BOLIVIEN

Brasilia

Windhuk

Sucre

südl. Wendekreis

PARAGUAY

Pitcairn
(brit.)

Asunción

O Z E A N

30°

C
H
I
L
E

A
R
G
E
N
T
I
N
I
E
N

URUGUAY

Santiago
de Chile

Montevideo

OZEAN

Buenos Aires

AL.	ALBANIEN	EST.	ESTLAND
AND.	ANDORRA	GEO.	GEORGIEN
AR.	ARMENIEN	GR.	GRIECHENLA
E.	Eriwan	ISR.	ISRAEL
AS.	ASERBAIDSCHAN	JORD.	JORDANIEN
B.	BELGIEN	K.	KOSOVO
Br.	Brüssel	KR.	KROATIEN
BO.	BOSNIEN UND HERZEGOWINA	Z.	Zagreb
		L.	LUXEMBURG
Sa.	Sarajewo	Lux.	Luxemburg
BUL.	BULGARIEN	LET.	LETTLAND
DÄN.	DÄNEMARK	LI.	LIECHTENSTE

Maßstab 1 : 75 000 000

H 60° I 90° J 120° K 150° L 180° M

Nordpolarmeer

nördl. Polarkreis

R U S S L A N D

Moskau

Nur-Sultan

Ulan-Bator

K A S A C H S T A N

M O N G O L E I

Peking

NORDKOREA
Pjöngjang
Seoul
SÜDKOREA

Tokyo

GEO. Tiflis
AR. AS.
E. Baku
USBEKISTAN
Taschkent
Bischkek
KIRGISISTAN
Duschanbe
TURKMENISTAN **TADSCHIKISTAN**
Aschgabat

Ankara
TÜRKEI

Teheran

Kabul

Islamabad

C H I N A

JAPAN

Taipeh

Taiwan

PAZIFISCHER

nördl. Wendekreis

Nik. **SYRIEN**
Bei.
Bagdad
LIB. Dam.
Je. **IRAK** **IRAN**
ISR. Amman
JORD.

AFGHANISTAN

New Delhi
NEPAL
Kathmandu
Thimphu
BHUTAN

PAKISTAN

KUWAIT
Kuwait
SAUDI-
Manama **KATAR**
Riad Doha Abu Dhabi
V.A.E. Maskat
ARABIEN **OMAN**

BAHRAIN

Dhaka
BANGLADESCH MYANMAR
(BIRMA)

I N D I E N

Naypyidaw
Vientiane
THAI-
LAND
Bangkok
Hanoi

VIETNAM

PHILIPPINEN

Manila

ERITREA
Sanaa
Asmara **JEMEN**

ÄTHIOPIEN

SOMALIA

DSCHIBUTI Dschibuti

Andamanen
(ind.)

Colombo

SRI LANKA

KAMBODSCHA
Phnom
Penh

BRUNEI Bandar Seri
Begawan

Kuala Lumpur

MALAYSIA

Singapur

Nördliche
Marianen
(USA)

MARSHALL-
INSELN

Guam
(USA)

O Z E A N

Melekeok
Palikir

PALAU **M I K R O N E S I E N**

ÜDSUDAN
Juba

Addis Abeba

UGANDA
Kampala
Kigali **KENIA**
Bujumbura Nairobi
BURUNDI
Dodoma
TANSANIA

Mogadischu

MALEDIVEN Male

Victoria
SEYCHELLEN

I N D I S C H E R

SINGAPUR

I N D O N E S I E N

Jakarta

Dili
TIMOR-LESTE

PAPUA-
NEUGUINEA

Port
Moresby

Äquator 0°

SALOMONEN
Honiara

MALAWI
Lilongwe

KOMOREN
Moroni

Antananarivo

MAURITIUS

Port Louis

MADAGASKAR

O Z E A N

VANUATU

Neu-
kaledonien
(franz.)

4

BIA
ka
Harare
MBABWE
UANA
rone
Pretoria
bane
ESWATINI
Maseru
LESOTHO
KA

Maputo

MOSAMBIK

A U S T R A L I E N

südl. Wendekreis

Canberra

30°

N E U S E E L A N D

Wellington

5

B.	LIBANON	S.	SCHWEIZ	TS. R.	TSCHECHISCHE	
ei.	Beirut	Be.	Bern		REPUBLIK	
IT.	LITAUEN	SER.	SERBIEN	Pg.	Prag	
IO.	MONTENEGRO	Bel.	Belgrad	U.	UNGARN	
OL.	MOLDAU	SK. R.	SLOWAKISCHE	Bud.	Budapest	
ON.	MONACO		REPUBLIK	V.A.E.	VEREINIGTE	
L.	NIEDERLANDE	Pb.	Pressburg		ARABISCHE	
M.	NORDMAZEDONIEN	SL.	SLOWENIEN		EMIRATE	
mst.	Amsterdam	Ljub.	Ljubljana	VAT.	VATIKAN	
.	ÖSTERREICH	SM.	SAN MARINO	Dam.	Damaskus	
V.	Wien	ST. K.	ST. KITTS UND	Je.	Jerusalem	
UM.	RUMÄNIEN		NEVIS	Nik.	Nikosia	

H 60° I 90° J 120° K 150° L 180° M 6

© Klett

Mit Operatoren arbeiten

Operatoren sind Verben, die dir signalisieren, wie du eine Aufgabe bearbeiten sollst.
Achte auf inhaltliche und sprachliche Anforderungen.
Die Operatoren sind in drei Anforderungsbereiche gegliedert.

Anforderungsbereich I: Informationen erfassen, Inhalte wiedergeben (Wissen und Reproduktion)

Operatoren	Arbeitsschritte	SP Sprachtipp
Informationen erfassen und richtig benennen		
zähle auf, liste auf, nenne, benenne	• Entnimm aus dem Material (z. B. Bild, Karte, Tabelle) die gesuchten Begriffe oder Informationen. • Führe sie nacheinander auf. • Verwende, wenn möglich, Fachbegriffe.	· Folgende Punkte kann ich nennen: … · … heißt … · … wird … genannt.
definiere	• Formuliere kurz und genau (ohne Beispiele), was der Begriff bedeutet.	· Mit … bezeichnet man … · … bedeutet: …
Prozesse, Ereignisse und Sachverhalte widerspiegeln		
beschreibe	• Gib wieder, was du auf dem Bild oder im Text wahrnimmst. • Achte auf wesentliche Merkmale (d. h., erfasse den Kern einer Sache). • Verwende, wenn möglich, Fachbegriffe. • Beachte bei Vorgängen die zeitliche Reihenfolge.	· Ich sehe/erkenne … · Das Material/Bild zeigt … · Im Vordergrund befindet sich … · Dahinter/davor/neben … · Zuerst …, dann …, danach …
verorte/ lokalisiere	• Sage/schreibe auf, wo der Ort liegt. • Nutze dazu eine Karte. • Verwende Bezugspunkte wie Himmelsrichtungen, die Lage im Gradnetz der Erde, Großlandschaften, Staaten, Flüsse oder Gebirge.	· … befindet sich in/bei … · … liegt in der Nähe von … · … im Norden/Westen/östlich/südlich von … · … grenzt an … · … liegt im Gradnetz auf … Grad … Breite und … Grad … Länge.

Anforderungsbereich II: Wissen verarbeiten und anwenden (Reorganisation und Transfer)

Prozesse, Ereignisse oder Strukturen erklären und erläutern		
erkläre	• Setze dich vertieft mit den Einzelheiten einer Sache auseinander. • Formuliere Ursachen bzw. Gründe, Folgen und Gesetzmäßigkeiten. • Stelle die Sache so dar, dass ein anderer sie versteht.	· Dies kann man erklären mit … · Es bedeutet, dass …/Das heißt, … · Da/weil/aufgrund … · Infolgedessen …
begründe	• Gib den Grund/die Ursache für etwas an. • Stütze eigene oder fremde Aussagen durch Argumente (das sind stichhaltige und plausible Belege).	· Da … / weil … / denn … · Deshalb … / dadurch … · Aufgrund … / Aus diesem Grund …
erläutere	• Stelle Prozesse oder Ereignisse ausführlich dar. • Wie beim Erklären sollst du Ursachen, Folgen und Gesetzmäßigkeiten deutlich machen. • Gib zusätzliche Informationen, Belege und Beispiele an.	· Aufgrund von … · Das ist darauf zurückzuführen, dass … · Infolge von …, sodass … · Deshalb/dadurch … · Zum Beispiel …
analysiere/ untersuche	• Werte ein Material (z. B. eine Abbildung oder einen Text) gezielt aus. • Stelle (in Gedanken) Fragen an das Material nach festgelegten oder eigenen Kriterien. • Suche nach wichtigen Merkmalen bzw. Antworten. • Stelle diese Merkmale strukturiert bzw. übersichtlich dar.	· Betrachtet man …, dann … · Folgende Merkmale kann ich ablesen: … · Daraus geht hervor, dass … · Besonders wichtig ist …